电子商务类专业
创新型人才培养系列教材

微课版
★
第 2 版

网络营销
策划与推广

赵轶 / 主编

人民邮电出版社
北京

图书在版编目（CIP）数据

网络营销：策划与推广：微课版 / 赵轶主编. --
2版. -- 北京：人民邮电出版社，2023.9（2024.2重印）
电子商务类专业创新型人才培养系列教材
ISBN 978-7-115-61782-8

Ⅰ. ①网… Ⅱ. ①赵… Ⅲ. ①网络营销－高等学校－
教材 Ⅳ. ①F713.365.2

中国国家版本馆CIP数据核字(2023)第083571号

内 容 提 要

本书是中国特色高水平高职学校建设项目成果之一，全书贯彻《国家职业教育改革实施方案》《教育部 财政部关于实施中国特色高水平高职学校和专业建设计划的意见》等文件精神，进一步深化产教融合，有行业领先企业参与开发，在融入新技术、新工艺、新规范的基础上，借鉴德国"学习领域"课程理论，力争搭建起具有"工作过程导向"特征的"理实一体化"内容框架。

本书完整讲述了网络营销职业工作活动，共12个学习任务，包括网络营销初步认知、网络营销活动准备、搜索引擎营销、网络广告营销、网络视频营销、网络直播营销、网络软文营销、网络病毒营销、网络事件营销、社会化媒体营销、电商平台营销和网络营销策划。

本书可作为应用型本科院校和高等职业院校财经商贸类专业的教材，也可作为在职人员参加职业资格考试、工作实践的参考书。

◆ 主　编 赵　轶
　　责任编辑 刘　尉
　　责任印制 王　郁　彭志环

◆ 人民邮电出版社出版发行　　北京市丰台区成寿寺路11号
　　邮编 100164　　电子邮件 315@ptpress.com.cn
　　网址 https://www.ptpress.com.cn
　　固安县铭成印刷有限公司印刷

◆ 开本：787×1092　1/16
　　印张：13.75　　　　　　　　　　2023年9月第2版
　　字数：307千字　　　　　　　2024年2月河北第2次印刷

定价：49.80元

读者服务热线：(010)81055256　印装质量热线：(010)81055316
反盗版热线：(010)81055315
广告经营许可证：京东市监广登字 20170147号

前言
FOREWORD

本书第1版自出版以来,先后印刷多次,深受广大院校师生的喜爱。为适应院校实际教学需求的变化,我们对其进行了改版。在此次修订过程中,本书响应党的二十大报告中"加快发展数字经济,促进数字经济和实体经济深度融合"的号召,以网络营销数字化职业工作任务为内容框架,突出思想性、体现时代性,充分反映中国特色社会主义人才培养新要求,力争做到以下创新。

(1)学习任务驱动教学过程。本书以任务驱动教学过程的实施,促进学生学习的自主性、积极性,从过去单一的教师讲、学生听的被动行为转变为学生的主动探索行为(完成某项实训活动),使学生通过课程学习逐步培养所需的职业能力,完成"从实践到理论、从具体到抽象、从个别到一般"和"提出问题、解决问题、归纳总结"的教学程序。

(2)学习内容衔接职业技能。行业、企业技术专家参与编写本书,使教学目标具体、明确,教学内容先进、取舍合理,理论的基础地位变为了服务地位。本书内容结构清晰、层次分明,信息传递高效,在引领学生归纳知识的同时,也方便学生获取职业技能。

(3)体例创新增强趣味性。本书体例一方面吸纳了国外教学参考书的优点,另一方面基于我国职业本科、专科学生吸纳知识的习惯,增强了趣味性。本书在心理结构构建、兴趣动机发展等方面进行了有益的尝试,形成了包括学习目标、任务解析、课前阅读、正文及服务于正文的资讯、小结、学生自我学习总结等内容的完整教材功能体系。

(4)职业素养催化育人功能。本书围绕"中国式现代化"大目标,融入党的二十大精神及"新时代十年的伟大变革""人与自然和谐共生""推进文化自信自强"等价值元素,与互联网营销活动高度融合,进而打造具有中国风格的本土数字化营销体系和学术话语体系,力图增强用中国互联网市场运作管理理论推进中国式现代化的自觉自信,帮助学生从思想到行动全面实现提升,形成正确的世界观、人生观和价值观。

本书推荐学时为讲授部分39学时、实训部分33学时,具体见以下学时分配表。

学时分配表

任务	任务内容	学时分配(72)	
		讲授	实训
任务1	网络营销初步认知	3	2
任务2	网络营销活动准备	3	3
任务3	搜索引擎营销	2	3
任务4	网络广告营销	4	3
任务5	网络视频营销	4	3

book

第2版

续表

任务	任务内容	学时分配（72）	
		讲授	实训
任务6	网络直播营销	3	3
任务7	网络软文营销	3	3
任务8	网络病毒营销	3	2
任务9	网络事件营销	3	2
任务10	社会化媒体营销	3	3
任务11	电商平台营销	4	3
任务12	网络营销策划	4	3
学时小计		39	33

本书由中国特色高水平高职学校建设项目组组长赵轶担任主编，王雪花、李婷、薛宇婷等企业专家与一线教师参与了课程开发、教材框架研讨以及内容确定、编写。在编写本书的过程中，我们参考了国内外一些专家学者的研究成果及相关文献，多家管理咨询公司为课程开发、横向课题的研发提供了实践便利，在此表示衷心的感谢。

由于编者水平有限，书中难免有不足之处，恳请广大读者批评指正。

编　者

2023年8月

目录
CONTENTS

任务 1 网络营销初步认知

学习目标

1. 知识目标
- 能认知市场营销的含义
- 能认知网络营销的含义
- 能认知网络营销职业

2. 能力目标
- 能形成网络营销观念
- 能说明网络营销主要策略
- 能对网络营销有整体认识

3. 素养目标
- 崇尚健康网络文化
- 树立网络诚信意识
- 理解网络强国的重大意义

视野拓展

网络营销行业
发展前景预测

任务解析

根据网络营销职业学习活动顺序，本任务可以分解为以下子任务。

1.1　市场营销基本认知

1.2　网络营销基础认知

1.3　网络营销职业认知

课前阅读

据齐鲁晚报消息，2021年11月12日零点，天猫"双十一"总成交额定格在5 403亿元，相较2020年4 982亿元的成交额，再度刷新纪录，提高了421亿元。2021年天猫"双十一"成交额继续稳健增长，折射出大众的消费活力和我国的经济韧性。

天猫平台上，开售第一小时，2 600个商家的成交额就超过了这些商家在2020年首日全天的成交额；截至2021年11月11日23时，698个中小商家的成交额实现从百万级到千万级的跨越；78个2020年"双十一"成交额达到千万级的商家，在2021年"双十一"的成交额突破了1亿元大关。成交额增长的背后，正是大众涌动的消费热情。

新供给满足新需求，2021年天猫"双十一"，新的消费热点在不断涌现。

滑雪板、户外电源、宠物玩具、考古盲盒与手办、氛围灯、文房四宝、预制菜、扫地机器人、儿童安全座椅……天猫"双十一"的趋势单品背后是人们消费的原动力，可以说，一次次下单满足了人们对美好生活的需要。

"银发族"和年轻人以更大的热情参与"双十一"。"90后"与"00后"消费者占比超过45%，"00后"参与"双十一"的人数比2020年增长了25%；随着淘宝长辈版App的上线，每天有110万"银发族"逛淘宝，他们喜爱购买的商品以智能手机、羽绒服和毛呢外套为主。和年轻人喜欢"夜游"淘宝不同，"银发族"更喜欢在早上7点网购。

中小商家在2021年的天猫"双十一"中收获了更高的增长，也实实在在感受到减负增效、营商环境加速向好。

河南农产品商家李轲是第二次参加天猫"双十一"。开售半小时，店铺的销售额就超过了2020年"双十一"一整天的销售额。他说："我们店铺小不要紧，我们在努力。"

在参加2021年天猫"双十一"的29万商家中，65%是中小商家、产业带商家和新品牌商家，其中，有7万商家是首次参与"双十一"。

"中小商家卖得好、体验好"是衡量2021年天猫"双十一"成功的重要标尺。2021年以来，淘宝、天猫陆续推出提供免费商家运营工具、降低贷记支付手续费等超过30项商家扶持举措，以降低门槛、降本增效、优化营商环境，至少为商家降低约150亿元的经营成本。

读后问题：

（1）你是否有过难忘的网购经历？

（2）你每月平均叫多少次外卖？

（3）你比较习惯哪种小额支付方式？

（4）上文中提及的天猫"双十一"状况是怎样的？

（5）你怎样理解网络营销这一活动？

1.1 市场营销基本认知

对于企业来讲，市场营销既是一种职能，又是为了自身利益及利益相关者的利益而创造、沟通、传播和传递客户价值，为客户、合作伙伴以及整个社会带来经济价值的活动、过程和体系。作为市场营销理论在互联网、电子商务平台的典型运用，网络营销职业学习的基本前提是熟知市场营销。那么，市场营销是什么，市场营销职业工作内容及过程又是什么呢？

长期以来，市场营销活动一直是企业的一项非常重要的常规工作。随着互联网信息技术的发展，市场营销本身及其环境发生了根本的变化，网络营销异军突起，正在发展成为现代市场营销的主流。由此，在一些学者的研究中也出现了传统营销与现代营销之分。

无论是传统营销，还是现代营销，二者都以现代市场营销理论作为支撑。换言之，网络营销依然是市场营销活动的重要组成部分。在进行网络营销职业学习之前，我们有必要了解市场的相关知识，以及清楚什么是市场营销，以便厘清认知误区。

1.1.1 市场认知

"新开各处市场宽，买物随心不费难。若论繁华首一指，请君城内赴东安。"这首诗描写的是当年北京老东安市场。跨越时空，我们依然能感觉到这个市场的繁华景象。市场是企业营销人员进行职业活动的重要对象和场所，"市场"二字将伴随营销职业学习始终。

1. 市场的产生

从已有知识架构可知，随着社会生产力的发展，人类社会发展过程中出现过三次大的社会分工，而社会分工的发展又促进了市场的出现。第三次社会大分工后，商业开始出现，这标志着人类社会进入文明时代。从这一刻起，作为连接生产和消费的纽带，市场越来越多地出现在人们的生活中。

由此，我们可以简单理解：市场是指商品买卖的场所，如深圳华强北电子产品批发市场、浙江义乌小商品批发市场、山东寿光蔬菜批发市场等。当然，生活中的这些市场已经为我们所熟知，那么，经济学中所指的市场究竟是怎样的？

从经济学意义来讲，"市场"一词不仅指场所，还包括了在此场所进行交易的主体及其行为、关系等，如买方和卖方之间的关系、交易活动以及交易方式，同时也包括由买卖关系引发的卖方与卖方之间的关系以及买方与买方之间的关系等。

随着互联网的发展，市场概念已经跨越了时空。我国比较知名的电子商务平台京东商城，苏宁易购，阿里巴巴旗下的淘宝、天猫，以及快速兴起的直播"带货"平台抖音等，已经成为著名的虚拟市场，每年的"6·18""双十一"都会引发消费狂潮。虚拟市场凭借电子商务技术的先进性与有效性，开始进一步抢占并替代有形市场，形成了电子商务和网络营销蓬勃发展的态势。

重要信息1-1

经济学意义的市场

2. 市场的构成

从微观的角度来看，人们将市场看作商品或服务的现实购买者与潜在购买者需求的总和，主要包括三个基本要素，即有某种需求的人口、为满足这种需求所具有的购买力和购买欲望，如图1-1所示，用一个等式表示：市场=人口+购买力+购买欲望。

图1-1　市场的构成要素

（1）人口。需求是人的本能，对物质生活资料及精神产品的需求是人维持生命的基本条件。因此，哪里有人，哪里就有需求，就会形成市场。人口的多少决定着市场容量的大小，人口的状况影响着市场需求的内容和结构。构成市场的人口因素包括总人口、性别和年龄结构、家庭户数和家庭人口数、民族、职业和文化程度、地理分布等。

（2）购买力。购买力是人们支付货币购买商品或劳务的能力。人们的消费需求是通过利用手中的货币购买商品或劳务满足的。因此，在人口状况既定的条件下，购买力就成为决定市场容量的重要因素之一。市场的大小，直接取决于购买力的高低。一般情况下，购买力受到人均国民收入、个人收入、社会集团购买力、平均消费水平、消费结构等因素的影响。

（3）购买欲望。购买欲望指消费者购买商品的愿望、要求和动机。它是把消费者的潜在购买力变为现实购买力的重要条件。倘若仅具备一定的人口和购买力，但消费者缺乏强烈的购买欲望或动机，商品买卖仍然不能发生，市场也无法现实地存在。因此，购买欲望也是市场不可缺少的构成要素。

营销案例1-1

湖州居民网络消费额增速位居浙江第一

市场的三个构成要素相互制约、缺一不可，它们共同构成企业的微观市场，而企业市场营销活动的目的正是满足这种微观市场的消费需求。

1.1.2　市场营销认知

市场营销并不神秘。在我们的日常生活中，经常可以看到、听到、用到各种各样的营销方式。企业营销自己的产品、非营利组织营销自己的观念，营销手段也在不断创新，如网络营销、社交媒体营销、移动营销等。可以说，今天的我们进入大营销时代。

1. 市场营销的含义

关于市场营销（Marketing），西方学者从学术的角度对其下过不同的定义。例如麦卡锡将市场营销定义为一种社会经济活动过程，其目的在于满足社会或人类需要，实现社会目标；菲利普·科特勒认为，市场营销是与市场有关的人类活动，市场营销意味着和市场打交道，为了满足人类需要和欲望，去实现潜在的交换；美国市场营销协会于1960年对市场营销的定义是：市场营销是引导产品或劳务从生产者流向消费者的企业营销活动。

从企业的角度，我们可以这样理解市场营销的概念：市场营销是指从市场调研开始，包括选择目标市场、产品开发、产品定价、渠道选择、产品促销、产品储存与运输、产品销售、提供服务等在内的一系列经营活动。

🎓 **重要名词1-1**

市场营销

市场营销是指企业通过市场调研，在了解消费者需求的基础上，根据消费者需求开发相应的产品或服务，以满足消费者需求，并通过与消费者进行交换，以实现企业经营目标的过程。

需要注意的是，市场营销不等同于推销。推销仅仅是营销过程中的一个步骤或者一项活动，在整个营销活动中并不是最主要的部分。管理大师彼得·德鲁克说过："可以设想，某些推销工作总是需要的，然而营销的目的就是要使推销变得多余。营销的目的在于深刻地认识和了解顾客，从而使产品或服务完全适合顾客的需要而形成产品自我销售。理想的营销会产生一个已经准备购买产品或服务的顾客，剩下的事就是如何方便顾客得到这些产品或服务。""现代营销学之父"菲利普·科特勒认为："营销最重要的内容并非是推销，推销只不过是营销冰山上的顶点。如果营销者把认识消费者的各种需求、开发适合的产品，以及定价、分销和促销等工作做得很好，这些产品就会很容易销售出去。"

事实上，市场营销早在产品制造之前就开始了。首先，企业营销部门要通过市场调研确定哪里有市场，市场规模如何，有哪些细分市场，消费者的偏好和购买习惯如何。营销部门必须把市场需求情况反馈给研究开发部门，让研究开发部门设计出适应目标市场的产品。其次，营销部门还必须为产品走向市场设计定价、分销和促销计划，让消费者了解企业的产品并能方便地买到产品。最后，在产品售出后，营销部门还要考虑提供必要的服务，让消费者满意。所以说，营销不仅仅是企业经营活动的某一方面，它始于产品制造之前，并一直延续到产品售出以后，贯穿企业经营活动的全过程。

> 重要信息1-2
>
> 市场营销相关观念的变迁

在今天买方市场条件下，市场营销活动的作用越来越突出。市场营销活动主要表现为企业营销人员作为卖方，帮助企业研究消费者，开发产品，运用适当的方式、时机和地点来满足消费者需求，以实现企业的经营目标。在互联网信息技术的推动下，企业营销人员能够准确及时收集消费者信息数据，与消费者即时双向互动，能够更加高效地为消费者提供个性化服务。市场营销已经走入一片全新的天地。

2. 市场营销职业工作内容

市场营销职业工作的主要内容包括以下几项。

（1）销售商品。通过营销活动，将商品销售出去。具体的活动包括：寻找和识别潜在消费者，接触与传递商品交换意向信息，谈判、签订合同、交货和收款。

（2）研究市场。企业通过研究市场，发现消费者是谁、在哪里，从而顺利地进行商品销售。

（3）生产与供应。企业作为生产经营者需要适应市场需求的变化，经常调整产品生产方向，以保证生产经营的产品总是适销对路的；同时，在发现市场机会后，能够保持生产和供应。这就要求企业内多个部门密切配合，改变各自为政的状态，实现"整体营销"。

（4）创造需求。企业既要满足已经在市场上出现的现实性消费者需求，让每一个愿意购买企业商品的消费者确实买到商品，也要争取那些有潜在需求的消费者，提供他们所需要的商品和服务，创造某些可以让他们买得起、放心买的条件，解除他们的后顾之忧，让他们建立起购买合算、消费合理的信念，从而将其潜在需求转变为现实需求，让他们购买企业的商品。这就是创造市场需求。

（5）协调公共关系。企业作为社会的一员，与消费者和社会其他各个方面都存在客观的关系。发展和改善这些关系既可以改善企业的社会形象，也能够给企业市场营销工作带来许多意想不到的好处。

3. 市场营销职业工作过程

市场营销职业工作过程包括分析市场机会、选择目标市场、确定市场营销策略、市场营销活动策划与管理和市场营销活动创新。

（1）分析市场机会。企业营销人员通过发现消费者现实的和潜在的需求，寻找各种"环境机会"，即市场机会。

（2）选择目标市场。对市场机会进行评估后，企业营销人员对进入的市场进行细分，分析每个细分市场的特点、需求趋势和竞争状况，并根据本企业优势选择目标市场。

（3）确定市场营销策略。为了满足目标市场的需要，企业营销人员对自身可以控制的各种营销要素（如质量、包装、价格、广告、销售渠道等）进行优化组合，形成市场营销组合策略（4P、4C策略等）。

（4）市场营销活动策划与管理。在营销活动中，企业营销人员通过制订市场营销计划，组织实施市场营销活动，并对营销过程加以控制。

（5）市场营销活动创新。传统营销模式是一种交易营销模式，一般通过传统营销渠道对外销售产品，冗长的流通环节大大增加了产品成本，同时还降低了产品的时效性。网络营销是互联网发展的必然产物，其活动不受时间和空间限制，在很大程度上改变了传统营销的形态和业态。

课堂测评

测评要素	表现要求	已达要求	未达要求
知识点	能掌握市场、市场营销的含义		
技能点	能初步认识市场营销操作活动		
任务内容整体认识程度	能概述市场、市场营销与推销的关系		
与职业实践相联系程度	能描述市场营销知识与技能的实践意义		
其他	能描述本课程与其他课程、职业活动等的联系		

1.2 网络营销基础认知

网络营销已经深入各行各业，企业已经将其当作未来制胜的利器。那么，什么是网络营销？在现实应用中，与传统营销相比，网络营销具有哪些独特的优势？网络营销的职能是什么样的？企业又是如何利用网络营销达成其目标的？

1.2.1 网络营销的解读

从农耕时代到工业时代，再到今天的信息时代，技术力量在不断推动人类创造新的世界。互联网正以改变一切的力量，在全球范围掀起一场影响人类所有层面的深刻变革。使用互联网已成为人们的生活习惯，甚至是一种生活方式，企业也利用互联网向更高的营销目标发起冲击。

1. 网络营销的含义

随着互联网经济的快速发展，网络营销活动呈现出蓬勃发展的态势。越来越多的企业借助网络营销活动分析目标消费者，打造自己的品牌，推广产品或服务，从本土市场走向了世界。与此同时，企业的网络营销观念与营销战略也随之出现了巨大的变革。网络营销不仅是一种营销手段，更是一种信息化社会的新文化。那么，什么是网络营销呢？

🎓 重要名词1-2

> **网络营销**
>
> 网络营销又称互联网营销、网上营销、电子营销（Internet Marketing、On-line Marketing、E-marketing），是以国际互联网络为基础，利用数字化的信息和网络媒体的交互性来实现营销目标的一种新型市场营销方式。简言之，网络营销就是以互联网为主要手段进行的，为达成一定目的的市场营销活动。

网络营销是随着互联网进入商业应用之后而产生的，尤其是在万维网（www）、电子邮件（E-mail）、搜索引擎、社交软件等得到广泛应用之后，网络营销的价值才越来越明显。

显然，网络营销是企业整体营销战略的一个组成部分，是为实现企业总体经营目标而进行的，以互联网为基本手段来营造网上经营环境的各种活动。我们可以通过以下描述进一步认识网络营销。

（1）网络营销是指企业利用网络开展的各类市场营销活动，是传统市场营销活动在网络时代的延伸和发展。

（2）网络营销的实质仍然是市场营销，网络技术只是实现营销目标的手段。

（3）网络营销不仅是网上销售，还是企业现有营销体系的有力补充，是4Cs营销理论的必然产物。

2. 网络营销的优势

网络营销作为新的实现企业营销目标的营销方式和营销手段，具有跨时空、多媒体、交互性、整合性、高效性、经济性等诸多特点。与传统营销相比，网络营销的优势主要体现在以下几个方面。

（1）网络营销的成本控制优势。网络营销采取的是新的营销管理模式，它通过互联网改变传统的企业营销管理组织结构与运作模式，并通过整合其他相关业务部门（如生产部门、采购部门），实现对企业成本费用最大限度的控制。企业利用互联网开展网络营销可以降低营销及相关业务管理成本费用，节省销售成本费用。

（2）网络营销的市场覆盖优势。作为新的营销渠道，互联网对企业传统的营销渠道是一个重要补充，可以不受时间和地理位置的限制，吸引消费者在网上订购。企业可利用互联网与消费者进行交互式沟通，消费者可以根据自身需要对企业提出新的要求和服务需求，企业可以及时根据自身情况针对消费者需求开发新产品或提供新服务。

（3）网络营销的服务优势。由于市场中消费者需求千差万别，而且消费者的情况各不相同，因此要想采取有效的营销策略来满足每个消费者的需求非常困难。互联网出现后改变了这种情况，企业可以利用互联网将相关的产品介绍、技术支持和订货情况等信息都放到网上，消费者可以随时随地根据自己的需求有选择性地了解有关信息，这样企业就突破了为消费者提供服务的时间和空间限制。

（4）网络营销的个性化优势。网络营销的最大特点在于以消费者为主导。消费者将拥有比过去更大的选择空间，可根据自己的个性特点和需求在全球范围内找寻产品，不受地域限制。通过进入感兴趣的企业网址或虚拟商店，消费者可获取产品更多的相关信息，网络营销使消费者购物更具个性化。

3. 网络营销的有关概念

初学者须对下列的与网络营销活动密切相关的基本概念进行认知。

（1）网络推广与网络营销。网络推广是指利用互联网向目标受众传播有效信息的活动。从过程来说，网络推广要经过以下三个步骤：第一，明确目标受众，即向谁推广；第二，策划传播内容信息，即推广什么；第三，采取什么方式进行传播，即怎么推广。只有以上三个步骤有机组合，才能构成一个成功的传播活动，从而达到传播目的。显然，网络推广更多侧重于信息传播。网络营销不仅包括网络推广，更重要的职能是让消费者从知道、了解、信任、喜欢到购买产品，其核心使命是激发消费者的购买欲望和购买行为，提高转化率。

网络推广是保障网络营销效果和成功的关键，是网络营销的基础环节，也是其重要组成部分。网络营销活动中的创意与策划必须通过网络推广活动才能落实到执行层面。

（2）电子商务与网络营销。电子商务与网络营销是一对紧密相关又具有明显区别的概念。电子商务主要是指交易方式的电子化，可以将电子商务简单地理解为电子交易。电子商务强调的是交易行为和方式。网络营销是企业整体营销战略的一个组成部分，无论是传统企业还是互联网企业都需要网络营销，但网络营销本身并不是一个完整的商业交易过程，而是促进商业交易的一种手段。因此，网络营销是电子商务的基础，开展电子商务离不开网络营销，但网络营销并不等于电子商务。

（3）网上销售与网络营销。网络营销并不仅仅是为了促进网上销售，很多情况下，网络营销活动是为了辅助传统营销活动，促进线下交易，提高消费者的忠诚度。网络营销的效果可以表现在多个方面，如提高企业的品牌价值、加强与消费者之间的沟通、拓展对外信息发布的渠道、改善消费者服务质量等。从网络营销的内容来看，网上销售属于其中的一个部分，而不是必须具备的内容。部分企业产品在不具备网上销售的条件下，依然可以通过网络营销发布产品和品牌信息，实现产品和品牌形象宣传的目的。

1.2.2 网络营销的职能

网络营销一般具有以下职能。

1. 打造品牌

网络营销的重要任务之一就是在互联网上建立并推广企业的品牌。知名企业的线下品牌可以在网上得以延伸，传播更广；一般企业则可以借助互联网快速传播的特点，树立品牌形象，并提升企业整体形象。网络品牌由以下五个方面组成。

（1）网络名片。网络名片包括名称、标志（Logo）、网站域名、第三方平台形象、网络品牌关键词等。

（2）企业具体的网站。企业具体的网站包括网站名称、网站Logo、风格、主色调等。

（3）网页排名（Page Rank，PR）。PR是谷歌（Google）搜索排名算法中的一个组成部分，级别从1级到10级，10级为满分。PR值越高，说明网页在搜索排名中的地位越重要，对应的网络品牌也就越有影响力。

（4）企业搜索引擎表现。例如付费广告、搜索结果排名等。

（5）网络上关于企业的软文、舆情和评价等。

打造品牌的最终目的是获得忠诚消费者、促进销售。从消费者对一个网络品牌有一定的了解到形成一定的转化，如网站访问量上升、注册人数增加、销售的促进效果提升等，这一过程就是网络营销的过程。

2. 网站推广

获得必要的访问量是网络营销取得成效的基础。对于中小企业，由于经营资源的限制，发布新闻、投放广告、开展大规模促销活动等宣传机会比较少，因此通过互联网手段进行网站推广的意义显得更为重要，这也是中小企业对网络营销更为热衷的主要原因。即使对于大型企业，网站推广也是非常有必要的，事实上，许多大型企业虽然有较高的知名度，但其网站访问量并不多。因此，网站推广是网络营销的基本职能之一，是网络营销的基础工作。中国移动网站推广页面如图1-2所示。

图1-2　中国移动网站推广页面

3. 信息发布

网站是信息的载体，通过网站发布信息是网络营销的主要方法之一；同时，信息发布也是网络营销的基本职能。无论选择哪种网络营销方式，网络营销的最终目的都是将一定的信息快速、有效地传递给目标人群，包括消费者、潜在消费者、媒体、合作伙伴、竞争者等。互联网作为一个开放的信息平台，具备了强大的信息发布功能。企业不仅可以将信息发布在自己的网站上，还可以利用各种网络营销工具和网络服务商的信息发布渠道向更广的范围传播信息。同时，利用网站，企业还可以主动对信息进行跟踪，及时获得反馈，也可以与消费者进行互动。新浪财经信息发布页面如图1-3所示。

图1-3　新浪财经信息发布页面

4. 促进销售

市场营销的基本目的是促进销售，网络营销也不例外，各种网络营销方法大多直接或间接具有促进销售的功能。事实上，除了具有许多有针对性的线上促销手段，对于促进线下销售同样很有价值，这也是一些没有开展线上销售业务的企业进行网络营销的意义所在。中国电信家庭宽带促销页面如图1-4所示。

图1-4 中国电信家庭宽带促销页面

5. 拓展销售渠道

企业销售渠道在网上的延伸就是网上销售，一个具备网上交易功能的企业网站就是一个网上交易场所。网上销售渠道建设也不限于网站本身，还包括建立在综合电子商务平台上的网上商店，以及与其他电子商务网站不同形式的合作等。因此，网上销售并非只有大型企业才能开展，不同规模的企业都有必要拓展适合自己需求的线上销售渠道。苏宁易购手机促销活动页面如图1-5所示。

图1-5 苏宁易购手机促销活动页面

6. 在线客户服务

互联网提供了更加方便的在线客户服务手段，包括从形式最简单的常见问题解答（FAQ），到电子邮件、邮件列表，以及在线论坛和其他各种即时信息服务等。在线客户服务具有成本低、效率高的优点，在提高客户服务水平方面具有重要作用，同时也直接影响网络营销的效果。因此，在线客户服务成为网络营销的基本组成内容。苏宁帮客页面如图1-6所示。

图1-6　苏宁帮客页面

7. 客户关系

良好的客户关系是网络营销取得成效的必要条件。利用网站的交互性开展客户服务，能增进客户关系。客户关系是与客户服务相伴而产生的一种结果，良好的客户服务能带来稳固的客户关系。例如，海尔公司通过旗下社交平台顺逛商城（见图1-7）等，第一时间了解客户需求，掌握客户对产品或者营销活动的看法，提升客户对海尔品牌的忠诚度。

图1-7　海尔顺逛商城页面

8. 网络调研

网络调研具有调研周期短、成本低的特点。网络调研不仅为制定网络营销策略提供支持，也是整个市场研究活动的辅助手段之一，企业合理利用网络调研对制定市场营销策略具有重要价值。网络调研与网络营销的其他职能具有同等地位，既可以依靠其他职能的支持而开展，同时也可以独立进行，而且其结果可以反过来为其他职能更好地发挥提供支持。全国假日办发起的网络调查页面如图1-8所示。

营销案例1-2

天猫倡导"诚信有价"

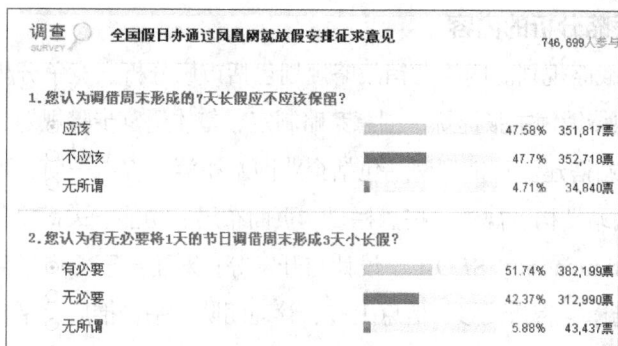

图1-8 全国假日办发起的网络调查页面

1.2.3 网络营销战略

网络营销战略（Internet Marketing Strategy）是指企业在现代市场营销观念指导下，为实现其经营目标，对一定时期内的网络营销活动进行的总体规划与设计。网络营销战略是企业市场营销战略的一个子系统，具有注重取舍、聚焦效能、强调重大、关注长远的特点。

1. 网络营销战略的目标

网络营销战略的目标是指开展网络营销后想达成的效果。一般来讲，网络营销战略的目标包括以下几种类型。

（1）销售型网络营销战略目标。销售型网络营销战略目标是指为企业拓宽网络销售渠道，借助网络的交互性、直接性、实时性和全球性，为消费者提供方便快捷的网上销售点。目前许多传统的零售店都在网上设立销售点，如北京图书大厦的网上销售点。

（2）服务型网络营销战略目标。服务型网络营销战略目标主要是为消费者提供网上联机服务。消费者通过网上服务人员可以远距离进行咨询和获取售后服务。目前，大部分信息技术型企业都采用服务型网络营销战略目标。

（3）品牌型网络营销战略目标。品牌型网络营销战略目标主要是在网上建立企业的品牌形象，加强与消费者的直接联系和沟通，提升消费者的品牌忠诚度，配合企业现行营销目标的实现，并为企业的后续发展打下基础。

（4）提升型网络营销战略目标。提升型网络营销战略目标主要是通过网络营销替代传统营销手段，全面降低营销费用，提高营销效率，促进营销管理和提高企业竞争力。海尔的网络营销战略目标属于此类型。

（5）混合型网络营销战略目标。混合型网络营销战略目标力图同时达到上述目标中的若干种。例如亚马逊通过设立网上书店作为其主要销售业务站点，同时创立世界著名的网站品牌，并利用新型营销方式提升企业竞争力。亚马逊的网络营销战略目标既是销售型网络营销战略目标，又是品牌型网络营销战略目标，同时还属于提升型网络营销战略目标。

2. 网络营销战略分析的内容

（1）网络营销战略规划。网络营销战略规划包括市场分析、竞争分析、目标受众分析、品牌与产品分析、独特销售主张提炼、创意策略制定、整体运营步骤规划、投入和预期设定。

（2）营销型网站搭建。营销型网站包括企业网站和第三方电子商务平台。对于企业网站而言，其搭建包括网站结构、视觉风格、栏目、页面布局、功能、关键字策划、搜索引擎优化（Search Engine Optimization，SEO）、设计与开发等；对于第三方电子商务平台而言，其搭建包括平台评估及选择、店铺装修、信息上传、管理团队、平台推广及平台效果监测。

（3）传播内容规划。传播内容规划主要包括品牌形象文案策划、产品销售概念策划、产品销售文案策划、招商文案策划、产品口碑文案策划、新闻资讯内容策划、各种广告文字策划、网站推广策划。

（4）整合传播推广。整合传播推广主要包括SEO、博客营销、微博营销、微信营销、论坛营销、知识营销、口碑营销、新闻软文营销、视频营销、事件营销、公关活动等。

（5）数据运营监控。数据运营监控主要包括网站排名监控、传播数据分析、网站访问数量统计分析、访问人群分析、咨询统计分析、网页浏览深度统计分析、热门关键字访问统计分析。

课堂测评

测评要素	表现要求	已达要求	未达要求
知识点	能掌握网络营销的含义		
技能点	能初步认识网络营销操作活动		
任务内容整体认识程度	能概述网络营销与市场营销的关系		
与职业实践相联系程度	能描述网络营销的主要职能		
其他	能描述本课程与其他课程、职业活动等的联系		

1.3　网络营销职业认知

网络营销作为新兴的热门行业，是互联网电子商务的重要部分。随着大量传统企业也积极开展电子商务，网络营销成了一个热门的职业。那么，网络营销职业有哪些岗位？这些岗位又有哪些要求？如何进行长期职业规划呢？

1.3.1　网络营销岗位认知

在互联网用户数量日益增加的前提下，越来越多的企业开始重视互联网市场，随之企业网络营销岗位的设置也越来越普及。目前，网络营销人员主要参与的部门有技术部、市场部、运营部等。根据地区经济发展情况及行业、企业规模的不同，网络营销人员面临的岗位也有所不同。归纳起来，主流的网络营销岗位主要包括网络推广专员、微营销专员/新媒体营销专员、网络营销运营专员、网络营销经理/运营经理、网络营销总监/运营总监等。

1. 网络营销初级岗位

（1）网络推广专员。网络推广专员岗位说明如表1-1所示。

表1-1 网络推广专员岗位说明

岗位名称	网络推广专员
岗位描述	负责公司线上免费推广和付费推广，利用网络推广方式，提高品牌网络曝光度、知名度和美誉度，并对推广效果进行分析和总结，对网站有效流量负责
岗位职责	① 整合线上各种渠道（如微博、微信、社区、博客、论坛等），推广公司的产品和服务。② 负责公司自有网络宣传平台的管理和维护（官方网站、官方博客、官方微博、官方网店、官方App，简称"企业五官"）。③ 熟悉网站排名、流量原理，了解搜索引擎优化、外部链接、网站检测等相关技术。④ 跟踪网络营销推广效果，分析数据并反馈，总结经验
岗位要求	① 熟练掌握各种网络营销工具，包括搜索引擎、第三方电商平台、微博、微信及公众平台、博客、网络视频剪辑软件、网络监控及统计软件等。② 了解各种网络营销方法、手段、流程，并具有一定的实操经验。③ 具备优秀的写作能力，能撰写各种不同的方案、文案。④ 对网络文化、网络特性、网民心理具有深刻洞察力和敏锐感知力

（2）微营销专员/新媒体营销专员。微营销专员/新媒体营销专员岗位说明如表1-2所示。

表1-2 微营销专员/新媒体营销专员岗位说明

岗位名称	微营销专员/新媒体营销专员
岗位描述	负责公司微信、微博、微网站、App等营销工具的日常内容维护，并利用上述工具策划并执行微营销/新媒体营销活动，撰写优质原创文案并传播
岗位职责	① 负责微博、微信、微网站、App等运营推广，负责策划并执行日常活动及追踪、维护。② 挖掘和分析用户的使用习惯、情感及体验，及时掌握新闻热点，与用户进行互动。③ 提高粉丝活跃度并与粉丝互动，对微营销/新媒体营销运营现状进行分析和总结
岗位要求	① 深入了解互联网，尤其是微营销/新媒体营销工具的特点及资源，有效运用相关资源。② 热爱并擅长微营销/新媒体推广，具备创新精神、学习精神、严谨态度和良好沟通能力。③ 具有创造性思维，文笔好，书面和口头沟通能力强，熟悉网络写作特点。④ 学习能力强，兴趣广泛，关注时事

（3）网络营销运营专员。网络营销运营专员岗位说明如表1-3所示。

表1-3 网络营销运营专员岗位说明

岗位名称	网络营销运营专员
岗位描述	负责网络运营部产品文案、品牌文案、创意文案、推广文案的撰写工作和深度专题的策划工作，能迅速提高网站综合排名和访问量，协助业务部门进行产品方案的推广，帮助业务团队有效提高销售额
岗位职责	① 负责产品文案、品牌文案、创意文案、推广文案的撰写工作和深度专题的策划工作，对网站销售力和传播力负责。② 从事网络营销研究、分析与服务工作，评估关键词。③ 负责推广渠道的开发。④ 制订网站总体及阶段性推广计划，完成阶段性推广任务。⑤ 负责公司网站的规划落地执行。⑥ 协助部门经理筹划建立部门管理体系，协助员工招聘、考核、管理，协助部门规划、总结

续表

岗位名称	网络营销运营专员
岗位要求	① 具备项目管理、营销策划、品牌策划、网络营销等理论知识和一定的实践经验。② 具备优秀的网络营销数据分析能力和丰富的分析经验。③ 具备一定的文案撰写能力和活动策划能力，对客户体验有深刻认识和独特领悟。④ 对网络营销活动全流程具备一定认知及相应执行能力

2. 网络营销晋升岗位

（1）网络营销经理/运营经理。网络营销经理／运营经理岗位说明如表1-4所示。

表1-4 网络营销经理／运营经理岗位说明

岗位名称	网络营销经理／运营经理
岗位描述	负责本部门整体运营工作，对网站策划、营销策划、推广策划等业务进行指导，负责部门员工的工作指导、监督、管理、考核
岗位职责	① 负责网络营销项目总策划，对战略方向规划、商业全流程的规划和监督控制负责，对部门绩效目标达成负责。② 负责网站平台的策划指导和监督执行。③ 对网站产品文案、品牌文案、资讯内容、专题内容等的撰写进行指导和监督执行。④ 负责制定网站推广策略，以及执行指导和监督管理工作。⑤ 负责网站数据分析。⑥ 负责本部门员工的招聘、考核、管理，以及部门规划、总结
岗位要求	① 具备5年以上电子商务／网络营销工作经验，3年以上项目策划、运营经验。② 具备项目管理、营销策划、品牌策划、网络营销等系统的理论知识和丰富的实践经验。③ 具备优秀的电子商务／网络营销项目策划运营能力，熟悉网络文化及其特性，对各种网络营销推广手段都有实操经验。④ 具备卓越的策略思维和创意发散能力，以及扎实的策划功底。⑤ 具备优秀的写作能力，能撰写各种不同的方案、文案。⑥ 具备网络营销活动全流程策划、运营、控制、执行能力。⑦ 具备丰富的管理经验、优秀的团队管理能力

（2）网络营销总监／运营总监。网络营销总监／运营总监岗位说明如表1-5所示。

表1-5 网络营销总监／运营总监岗位说明

岗位名称	网络营销总监／运营总监
岗位描述	负责公司官网和天猫、淘宝、京东、1号店、微店等第三方电商平台上网店的整体规划与运营管理，包括产品市场定位和推广方案、产品功能及卖点策划，并组织落实；根据公司平台运营模式，组建并管理运营团队
岗位职责	①制订官网和第三方电商平台上网店年度经营目标，预算及年度、季度、月度计划（销售额、成交转化率、广告投入、利润率等）。②负责制订官网和第三方电商平台上网店的整体规划和运营管理，包括产品市场定位和推广方案、产品功能及卖点策划，并组织落实。③组建并管理运营团队。④掌握官网和第三方电商平台上网店各项销售指标、运营指标的预测与达成，对网站排名、流量进行详细系统的分析，策划、组织网站推广活动，并进行分析和效果评估。⑤通过网络渠道和媒介资源进行宣传推广工作。⑥负责内部团队整体建设及专业能力的提升，优化业务流程，合理配置人力资源，开发和培养员工能力。⑦负责工作方案的落地执行。⑧加强团队绩效管理，提高部门工作效率
岗位要求	①5年以上电商平台运营经验，2年以上管理经验。②熟悉官网和第三方电商平台的开店流程、建店模式、产品销售模式、合作模式、实际操作模式。③具备优秀的沟通能力，勇于创新，不拘一格；注重团队凝聚力、执行力的打造

1.3.2　网络营销职业现状与发展趋势

近年来，企业对网络营销岗位的需求呈爆发式增长态势，网络营销岗位成了时下比较热门的岗位。

1. 网络营销职业现状

顺应互联网大发展、大融合、大变革的演进规律，互联网企业和传统企业纷纷强化"互联网+"战略布局，在结合已有业务和资源、加快推进互联网融合创新的同时，积极发展互联网新技术、新模式和新业态。中国信息通信研究院发布的《中国数字经济发展报告（2022年）》显示，2021年，我国数字经济发展取得新的突破，数字经济规模达到45.5万亿元，同比名义增长16.2%，高于同期GDP名义增速3.4个百分点，占GDP比重达到39.8%。数字经济在国民经济中的地位更加稳固、支撑作用更加明显。

互联网应用范围不断扩大，与各行业的跨界融合不断加深，推动新业态、新模式大量涌现。互联网与服务业各领域的融合创新最为突出。比较典型的是我国电子商务呈现出爆发式增长，"互联网+"商贸服务令国民消费潜力得到极大释放。2022年8月，商务部发布《2022年上半年中国网络零售市场发展报告》，提及"即时零售"，并指出即时零售在线上线下深度融合中的重要价值。2022年8月5日，央视也通过近十分钟的专题报道，定义和解读了"即时零售"。"即时零售"正在成为零售市场的下一个风口。上述报告还指出，"健康经济、宅经济、种草经济和绿色经济等新经济发展迅速"，消费者个性化需求将引领市场转型，构建消费新格局。以"95后""00后"为代表的Z世代年轻人不再是被规训的一代，他们的需求多种多样，定制化配送需求越来越凸显。

当前，人工智能、虚拟现实等新一代信息技术已经跨越了启蒙阶段，成为行业发展应用热点，吸引了互联网企业和传统企业纷纷加快布局，以获取技术红利。小米公司宣布建立探索实验室，重点关注虚拟现实（VR）和智能机器人新方向，同时投资大朋VR，依托各自优势共建VR生态；各大电商平台在"双十一"结合移动端全景技术、增强现实技术、大数据分析技术等，通过娱乐、游戏、智慧的方式呈现出新的购物场景和购物乐趣。未来，更多企业将紧跟互联网新技术发展潮流，继续加大前沿新技术投资，持续研究人工智能、VR等新技术与自身业务的融合创新发展，驱动"互联网+"商业领域新应用层出不穷。网络营销职业领域的发展将迎来更高、更新的境界。

2. 网络营销职业发展趋势

在企业经营活动中，一般将网络营销职业分为网络营销专员、网络营销主管、网络营销经理及网络营销总监4个层级。从组织结构的角度看，网络营销职业会随着企业规模而有所不同。1 000人以上的企业，网络营销职业的4个层级基本都存在；500人以上1 000人以下的企业，网络营销职业主要分为网络营销专员、网络营销主管（或者网络营销经理）、网络营销总监3个层级；对于其他企业，网络营销职业主要分为网络营销专员和网络营销经理2个层级，甚至部分企业的网络营销职业，只设置网络营销专员一职。

随着网络营销职业层级的晋升，一方面，对网络营销专业知识和能力要求有所提升；另一方面，工作内容也从简单的网络营销推广，到网络营销策划，最终到网络营销的整体项目运作。

中国互联网络信息中心（CNNIC）在北京发布的第50次《中国互联网络发展状况统计报告》（以下简称《报告》）显示，截至2022年6月，我国网民规模达10.51亿，较2021年12月新增网民1 919万；互联网普及率达74.4%，较2021年12月提升1.4个百分点；农村地区互联网普及率为58.8%，较2021年12月提升1.2个百分点。

截至2022年6月，以信息服务为主的企业（包括新闻资讯、搜索、社交、游戏、音乐视频等）互联网业务收入同比增长8.5%。网络新闻、搜索引擎、网络游戏、网络音乐的网民使用率分别为75.0%、78.2%、52.6%、69.2%。此外，主要提供网络销售服务的企业互联网业务收入同比增长17.8%，高出全行业整体增速17.7个百分点。网络购物成为驱动消费的重要支撑，网络支付持续向乡村下沉、推动普惠金融进一步发展，网络购物和网络支付网民使用率分别达80.0%和86.0%。

这些数据的变化，既反映了消费者的行为特征，也对网络营销职业提出新的挑战。以人工智能、大数据应用、云计算为代表的新"技术+商业"窗口即将打开，网络营销职业也面临进一步提升技能、重新定位的局面。

课堂测评

测评要素	表现要求	已达要求	未达要求
知识点	能掌握网络营销岗位的要求		
技能点	能初步认识网络营销岗位设置		
任务内容整体认识程度	能概述网络营销岗位与不同规模企业的关系		
与职业实践相联系程度	能描述网络营销职业现状与发展趋势		
其他	能描述本课程与其他课程、职业活动等的联系		

小 结

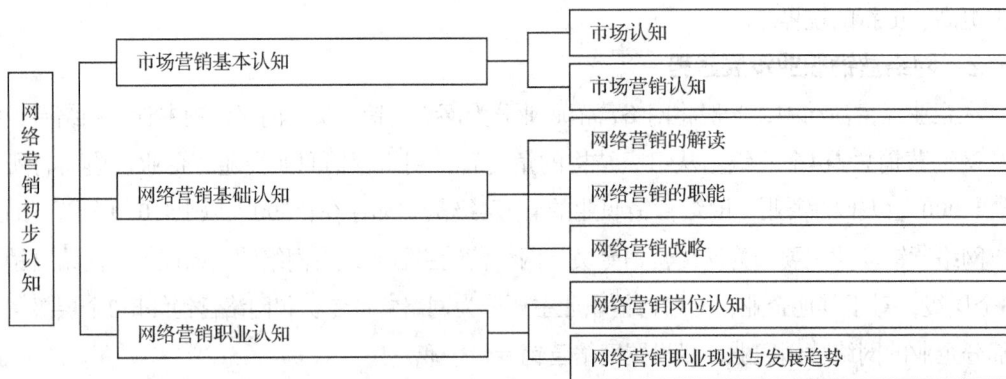

教学做一体化训练

重要名词

市场营销 网络营销

课后自测

一、单项选择

1. 市场是某项商品或劳务的所有现实和潜在的（　　　）。

    A. 购买者 　　　 B. 生产者 　　　 C. 供应商 　　　 D. 厂家

2. 交易是指买卖双方价值的交换，它是以（　　　）为媒介的，是交换的基本组成部分。

    A. 商品 　　　 B. 货物 　　　 C. 货币 　　　 D. 服务

3. 片面强调产品本身的观念是（　　　）。

    A. 生产观念 　　　　　　　　　 B. 产品观念

    C. 推销观念 　　　　　　　　　 D. 社会市场营销观念

4. 网络营销具有（　　　）优势。

    A. 资源 　　　 B. 生产 　　　 C. 管理 　　　 D. 成本

5. 通过（　　　）发布信息是网络营销的主要方法之一。

    A. 网站 　　　 B. 广告 　　　 C. 促销 　　　 D. 推销

二、多项选择

1. 从微观角度看，市场构成要素包括（　　　）。

    A. 人口 　　　　　　　　　　　 B. 购买力

    C. 购买欲望 　　　　　　　　　 D. 实际需求

2. 市场营销管理过程包括（　　　）。

    A. 分析 　　　 B. 计划 　　　 C. 执行 　　　 D. 控制

3. 社会市场营销观念是指企业在开展市场营销活动的过程中，应恰当处理（　　　）方面的关系。

    A. 员工利益 　　　　　　　　　 B. 企业利益

    C. 顾客利益 　　　　　　　　　 D. 社会利益

4. 网络营销具有（　　　）等特点。

    A. 跨时空 　　　 B. 交互性 　　　 C. 高效性

    D. 整合性 　　　 E. 经济性

5. 新"技术+商业"的主要代表包括（　　　）。

    A. 人工智能 　　　　　　　　　 B. 大数据应用

    C. 云计算 　　　　　　　　　　 D. 形象价值

三、判断

1. 市场营销职业工作内容就是推销和打广告。　　　　　　　　　　（　　　）

2. 网络营销不属于市场营销的范畴。　　　　　　　　　　　　　　（　　　）

3. 传统市场营销思想已经完全不能指导网络营销活动。　　　　　　（　　　）

4. 网络营销是市场营销简单的网络化。　　　　　　　　　　　　　（　　　）

5. 移动营销是未来网络营销的主要阵地。　　　　　　　　　　　　（　　　）

四、简答

1. 什么是市场营销？

2. 市场营销职业主要工作内容是什么？

3. 什么是网络营销？

4. 网络营销有哪些优势？

5. 网络营销战略的目标有哪些类型？

案例分析

江小白的网络营销策略

📖 同步实训

实训名称： 网络营销初步认知。

实训目的： 认识网络营销，理解其实际意义。

实训安排：

1. 学生分组，选择天猫、淘宝、抖音、快手、苏宁、京东、当当、亚马逊或其他平台，购买一本书或一些日用品，经过讨论分析，总结概括出这些平台吸引客户购物的营销方法与具体举措。

2. 学生分组，选取一个熟悉的企业，收集其开展网络营销活动的具体措施，分析讨论，并概括其营销效果。

3. 分组将讨论成果以PPT形式进行展示，并由教师组织全班讨论与评析。

实训总结： 学生小组交流不同企业、行业的分析结果，教师根据讨论成果、PPT、讨论分享中的表现分别对每组进行评价打分。

📈 学生自我学习总结

通过完成任务1网络营销初步认知，我能够进行如下总结。

一、主要知识

概括本任务的主要知识点：
1.
2.

二、主要技能

概括本任务的主要技能：

1.

2.

三、主要原理

你认为，网络营销与市场营销的关系是：

1.

2.

四、相关知识与技能

1. 网络营销出现的原因有：

2. 网络营销的变化趋势有：

3. 网络营销未来发展方向是：

五、成果检验

1. 完成本任务的意义有：

2. 学到的知识或技能有：

3. 对网络营销的初步看法是：

4. 对网络营销诚信意识的看法是：

网络营销活动准备

学习目标

1. 知识目标
- 能认知网络营销环境的含义
- 能认知网络市场调研的含义

2. 能力目标
- 能分析网络营销环境
- 能分析网络消费行为
- 能对网络市场调研分析有整体认识

3. 素养目标
- 关注商业发展与环境保护
- 关注企业现实问题
- 具备社会责任感

视野拓展

百度Z世代营销

任务解析

根据网络营销职业学习活动顺序,本任务可以分解为以下子任务。

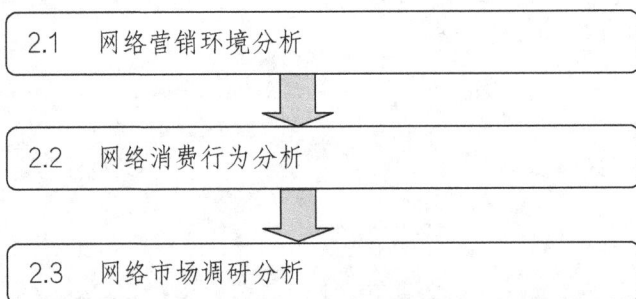

2.1　网络营销环境分析

2.2　网络消费行为分析

2.3　网络市场调研分析

课前阅读

2022年9月1日，中国电子商务大会在北京开幕，会上发布的我国电商发展成绩单显示出电商行业的强劲增长势头。商务部副部长盛秋平指出，中国电子商务在网络零售市场、网购人数、数字化快递业务以及移动支付规模方面稳居世界第一。2021年以来，尽管面临诸多超预期因素，中国电子商务行业仍展现出极强的韧性。

会上发布的《中国电子商务报告（2021）》显示，2021年，我国电子商务交易额达42.3万亿元，同比增长19.6%，其中商品类交易额31.3万亿元，服务类交易额11万亿元；全国网上零售额达13.09万亿元，同比增长14.1%；电子商务从业人数达到6 727.8万人。

电子商务作为数字经济的典型代表，既是数字技术和实体经济深度融合的具体产物，也是持续催生新产业、新业态、新模式的有效载体，更是稳增长、带就业、保民生、促消费的重要力量。

盛秋平表示，2022年迎来了第12届中国电子商务大会，在中国传统文化中，"12"象征着一个完整的周期，既有圆满、完美之意，也意味着一个崭新的开始。顺应历史潮流，推动电子商务高质量发展是时代所需、大势所趋。

《中国电子商务报告（2021）》指出，2021年我国电子商务发展呈现出两大特点：新业态、新模式驱动电子商务持续性增长，短视频、流媒体直播逐步成为常态化的电商营销渠道，小程序助力企业打造数字新基建等；新消费、新国货电商助力消费市场提质扩容，"网上年货节""双品网购节"等新消费促进活动丰富了网上消费的内容与场景，新品牌、新国货、新消费持续推动消费复苏和升级，国货新消费品牌迅速崛起。商务大数据监测显示，2021年许多体现中华优秀传统文化的非遗特色产品成为新的潮流国货商品，销售额同比增长39%。

电子商务助力保障民生和稳定就业，跨境电商加快向合规化和品牌化发展，"数商兴农"引领农村电商继续高质量发展。

读后问题：

（1）上文中提到的我国网络零售市场的状况如何？

（2）你怎样看待我国网络营销环境？

（3）你认为互联网改变了你的哪些生活方式？

（4）你怎样评价互联网生活？

2.1 网络营销环境分析

网络营销是在一定的环境背景下进行的，环境因素的变化推动了网络营销策略的变革，因此，网络营销环境分析成了企业制定和实施网络营销策略一项必不可少的工作。实践中，网络营销环境分析需要做哪些工作呢？

在进行网络营销环境分析学习之前，我们有必要认识一下网络营销环境的含义。

重要名词2-1

网络营销环境

网络营销环境是指影响企业营销人员制定和实施网络营销策略的各种不可控的虚拟市场因素，它们影响着企业为目标客户提供令其满意的产品或服务的能力。

企业应通过分析，认识网络营销环境的发展趋势，并主动适应其变化或努力对其施加影响，使其朝着有利于企业营销目标实现的方向发展。

企业网络营销环境可以分为微观环境与宏观环境。微观环境直接影响和制约企业的网络营销活动，而宏观环境主要以微观环境为媒介间接影响和制约企业的网络营销活动。前者可称为直接营销环境，后者可称为间接营销环境。两者之间并非并列关系，而是主从关系，即直接营销环境受制于间接营销环境。

重要信息2-1

网络营销环境的特征

2.1.1　网络营销宏观环境分析

网络营销宏观环境是指那些给企业提供市场机会和造成威胁，进而能够影响企业运作和绩效的自然及社会力量的总和。网络营销宏观环境构成要素主要有政治法律环境、经济环境、社会文化环境和技术环境等，如图2-1所示。

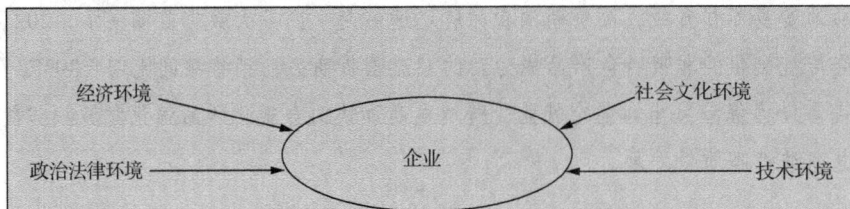

图2-1　网络营销宏观环境

1. 政治法律环境

企业开展网络营销活动，必须把握相关的法律法规和政策。制定电子商务相关法律法规的目的是要明确网络市场参与者之间进行网上交易时应该承担的法律责任和义务。企业通过依据有关互联网及电子商务的法律法规，解决诸如客户隐私权问题、电子签名认证问题等，保障网络营销活动顺利开展。

2. 经济环境

经济环境是对市场具有广泛和直接影响的重要宏观因素，社会购买力受宏观经济环境的制约，直接受收入水平、市场价格等因素的影响。一个国家或地区的收入和支出状况对网络营销有重要影响，具体影响因素包括人均国民生产总值、个人可支配收入、个人收入和个人可任意支配收入四个方面。只有收入水平不断提高，才能在更广的范围内进行计算机或其他网络终端的普及，使更多的网民参与，形成规模效应，进而大幅降低网络消费的成本和提高网络服务水平。同时，一个国家或地区的消费规模和发展状况也对网络营销有重要影响，具体影响因素包括一个国家或地区的经济规模和发展水平、网络市场的开放程度等。

3. 社会文化环境

网络营销还受到一个国家或地区的网络人口环境、社会环境和文化环境的影响。

（1）网络人口环境。市场是由消费者构成的。网络人口，即网民，其规模和需求的变化对网络营销有显著的影响，网上市场主要由这部分消费群体组成。从市场营销角度看，可以从网民结构、对网络的态度及其规模等方面分析网民的基本特征。

（2）社会环境。社会环境是指网络营销所针对的不同国家、地区由于长期的文化积淀形成的各种风俗习惯、消费观念、家庭观念与国际化环境结合后形成的各自独特的社会和人文环境。企业在网络环境下开展营销活动，必须重视各种社会环境因素，认真研究不同销售区域的消费观念和购买行为的差别，努力改善同客户的关系，使网络营销向个性化价值取向发展。

（3）文化环境。文化环境对网络营销的影响主要来自两个方面：一是人文文化环境的影响，二是网络文化环境的影响。人文文化环境的影响是指不同国家或地区由于历史文化背景不同使用网络的倾向有所差异，如有的国家的网民在网上更关注足球或棒球等体育节目，有的国家的网民对政治新闻、娱乐类节目比较感兴趣。因此，在开展网络营销活动时应因地而异，根据当地的人文文化环境制定和实施营销策略。随着网络的发展，网络本身也形成了特色文化。既有匿名性的开放型文化，人们可以在网上自由地交流和消费，但也出现了一系列诚信问题；还有实名制的社交网络文化，让人们在网上充分进行人际交往，也让消费群体变得集中，便于精准营销。同时，网络文化也是一种创新文化，网络文化创造了注意力经济、眼球经济、网络经济、网络病毒、即时聊天工具以及社区文化，最重要的是带来企业管理理念的创新，使企业的组织结构由垂直的等级制管理结构向扁平化的学习型组织结构转变，并弱化了大型企业的规模化生产优势，使企业的组织生产向满足消费者个性化需求的方向发展。

4. 技术环境

技术环境是互联网产生和发展的内生力，数字技术的迅速发展推动着网络营销环境的快速改变。一方面使网民结构发生了变化，出现了大众化趋势，手机网民迅速增长；另一方面使网络营销的范畴得到进一步拓展。数字技术的提高使得企业可以在网上进行立体的产品功能展示和产品说明，并可与消费者在线进行实时交流，第一时间把握消费需求变化。移动网络技术的发展，让更多的人参与到网络中来，移动购物、移动视频、移动办公和移动金融等，激发了网络市场潜力，使网络交易的规模迅速扩大。网络供应链系统的革新使网上交易平台支付风险在一定程度上降低。竞价系统的革新，使网民参与网上购物的热情大大提高。数据挖掘技术的进步，实现了科学预测营销和精准营销。技术环境的发展必然推动有技术基因的网络营销模式的变革和发展，每一次数字技术、网络技术的飞跃必将给网络营销带来新的机会。

2.1.2 网络营销微观环境分析

网络营销的微观环境主要包括企业内部（非网络营销部门）、供应商、竞争者、顾客、营销中介等，如图2-2所示。

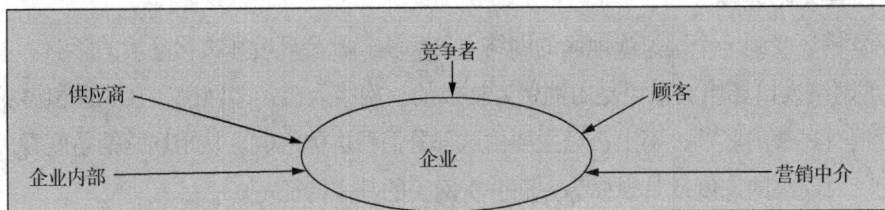

图2-2 网络营销微观环境

1. 企业内部

企业制定网络营销策略、开展网络营销活动，不仅需要洞察外部环境与条件，还需要企业内部非网络营销部门的大力支持与配合。不管是企业最高管理层、产品研发、物资采购、生产、销售、财务、客户服务，还是专门的营销部门，都应该密切配合、协调合作，保证企业网络营销策略的有效运作。一般来说，对网络营销具有显著影响的企业内部环境因素主要包括企业领导人对网络营销的态度、财务运作状况、产品特性或服务质量，以及与企业网络营销自有媒体建设有关的一系列因素。

营销案例2-1

网络消费市场的"压舱石"

2. 供应商

供应商是指为企业生产提供特定的原材料、辅助材料、设备、能源、劳务、资金等资源的供货单位。一方面，原料供应商提供的商品如果处于垄断地位或缺乏有效替代品，或者企业非供应商主要客户，或企业转换成本高，或者供应商掌握更充分的供求信息等，都容易对企业的生产成本造成影响；另一方面，网络供应商对网络企业来说至关重要，它的服务水平与网络消费的安全性和便捷性密切相关，包括供应的及时性和稳定性、价格稳定性、供货质量保证等，直接决定网络企业的营销运营水平。原料及网络供应商对企业的成本及盈利能力有很大影响。

3. 竞争者

企业网络营销活动总是面临多种竞争，主要竞争对象是经营本企业同类产品的其他企业，其目的是与同行争夺消费者，吸引顾客购买本企业的产品。为此，营销人员必须首先识别出企业的竞争者，在认识分析竞争者营销策略的基础之上，有针对性地设计自己的应对措施。认识、分析市场竞争态势，可以对市场形成较为完整的认识和结论，从而指导营销活动的开展。

网络营销环境中的竞争者分析工作主要包括识别和确认竞争者，分析竞争者的网络营销目标、竞争者的现行策略和未来策略、竞争者的资源能力、竞争者的团队管理及创新能力、竞争者遇到竞争之后的反应模式等。

4. 顾客

顾客是企业网络营销活动的目标，企业的网络营销活动应以满足顾客需要为中心。根据顾客购买目的的不同，可将市场分为消费者市场和组织市场。顾客购买目的不同，其需求和购买特点也不同。网民的数量和群体结构，以及上网企业的规模和行为是决定网络营销效果的关键因素。从发展趋势看，伴随着上网成本的降低和消费水平的提升，网民规模和上网企业规模不断扩大。同时，网络技术的发展使顾客的个性化需求成为可能，顾客由原来的被动接受转变为主动参与，顾客的参与水平空前提高。在网络营销过程中，企业应更多地从不同顾客群体的需求出发，建立顾客导向型营销模式。

5. 营销中介

营销中介是指帮助企业促销和分销其产品给最终顾客的一些企业，包括中间商和服务商。中间商包括经销商、经纪人、代理商。服务商包括运输公司、仓储公司、保险公司、银行、财务公司、广告公司、市场研究公司、网络服务机构等。网络分销渠道可以分为直接渠道和间接渠道，网络的便捷性和互动性使其成为企业进行直销的有效通道，间接渠道则是通过电子中间商实现分销。

在网络市场中，经纪人主要包括电子商务平台和在线拍卖平台等类型。电子商务平台以收取佣金和广告服务费为主要盈利模式，其主要功能是聚集交易各方，并为之提供交易服务，如阿里巴巴；在线拍卖类似于传统拍卖，由买方在线进行出价，一般取出价最高者成交，在线拍卖平台的盈利也主要来自佣金和广告服务费，如嘉德在线。

网络市场的服务商主要包括物流商、互联网金融机构、广告公司、市场研究公司、网络服务机构等。物流服务成本与质量直接影响商品的价格和顾客体验，物流系统的网络化、数字化、自动化给企业营销活动带来了诸多便利，新的物流理念，如京东到家的物流众包，也给企业带来了全新的体验。互联网金融颠覆了传统金融行业的服务，小额贷款、众筹等服务为中小企业融资带来了便利，扩大了企业营销活动的空间。

随着网络技术的发展，程序化购买广告成为广告主青睐的广告形式，借助技术手段实现合适时段、合适人群、合适媒体广告位的曝光，实现了精准传播，极大地推动了企业网络营销的发展。

数据挖掘技术的发展使市场研究公司得以更精准地把握市场需求、竞争及其发展动向，从而为企业提供更有效的营销数据。网络服务机构提供的网络服务包括域名申请、网络空间服务（如网络存储服务、网络托管服务、虚拟主机服务等）、企业基础应用服务（如企业管理应用托管服务、在线支付和身份认证等），表现出良好的市场前景，为企业提升品牌形象和快速发展创造了机会。

课堂测评

测评要素	表现要求	已达要求	未达要求
知识点	能掌握网络营销环境的含义		
技能点	能初步认识网络营销环境并开展营销活动		
任务内容整体认识程度	能概述网络营销环境与网络营销的关系		
与职业实践相联系程度	能描述网络营销环境分析的实践意义		
其他	能描述本课程与其他课程、职业活动等的联系		

(2.2) 网络消费行为分析

网络市场急剧膨胀，同时其复杂性不断增强。企业要真正把握网络市场，必须科学分析消费者的购买过程及特点，掌握影响消费者购买行为的主要因素。实践中，网络消费行为分析主要包括哪些内容呢？

2.2.1　我国网络用户现状

2022年8月31日，CNNIC在北京发布第50次《中国互联网络发展状况统计报告》（以下简称《报告》），数据显示，截至2022年6月，我国网民规模为10.51亿，互联网普及率达74.4%。

1. 互联网基础建设全面覆盖，用户规模稳步增大

《报告》显示，在互联网基础资源方面，截至2022年6月，我国域名总数为3 380万个，".CN"域名数为1 786万个；IPv6地址数量为63 079块/32，较2021年12月增长0.04%；在信息基础设施建设方面，截至2022年6月，我国千兆光纤宽带网络具备覆盖超过4亿户家庭的能力，已累计建成开通5G基站185.4万个，实现"县县通5G、村村通宽带"。三家基础电信企业的固定互联网宽带接入用户总数达5.63亿户，比2021年12月净增2 705万户；其中100Mbps及以上接入速率的固定互联网宽带接入用户达5.27亿户，占总用户数的93.7%。三家基础电信企业发展蜂窝物联网终端用户16.39亿户。

2. 网民规模持续增大，网络接入环境更加多元

《报告》显示，在网民规模方面，我国网民规模持续稳定增长，较2021年12月新增网民1 919万，互联网普及率较2021年12月提升1.4个百分点。农村地区互联网基础设施建设全面强化，我国现有行政村已实现"村村通宽带"，推动农村地区互联网普及率较2021年12月提升1.2个百分点，达58.8%。在网络接入环境方面，网民人均每周上网时长为29.5个小时，较2021年12月提升1.0个小时。网民使用手机上网的比例达99.6%；使用台式计算机、笔记本电脑、电视和平板电脑上网的比例分别为33.3%、32.6%、26.7%和27.6%。

3. 互联网应用持续发展，短视频增长最为明显

《报告》显示，截至2022年6月，我国短视频的用户规模增长最为明显，达9.62亿，较

2021年12月增长2 805万，占网民整体的91.5%。即时通信用户规模达10.27亿，较2021年12月增长2 042万，占网民整体的97.7%。网络新闻用户规模达7.88亿，较2021年12月增长1 698万，占网民整体的75.0%。网络直播用户规模达7.16亿，较2021年12月增长1 290万，占网民整体的68.1%。在线医疗用户规模达3.00亿，较2021年12月增长196万，占网民整体的28.5%。

2.2.2 网络消费需求的特点与发展趋势

网络消费者往往注重自我、追求个性、喜好新鲜事物、有强烈的求知欲、头脑冷静、擅长理性分析、好胜但缺乏耐心，特别是在消费环节更追求方便与享受。随着网络市场的发展，网络消费者的购买行为越来越理性化，消费行为越来越成熟。

1. 消费需求的个性化

随着工业化和标准化生产方式的发展，消费者的个性需求被淹没于大量低成本、单一化、标准化的产品之中。进入网络世界后，消费品市场变得越来越丰富，消费者进行产品选择的范围全球化、产品设计生产多元化和便利的信息沟通渠道使消费者定制产品成为可能，市场营销回归个性化。个性化消费成为消费的主流，个性化营销也成为网络营销的特色。

2. 消费需求的差异性

进入网络时代，一方面，消费需求的个性化使网络消费需求呈现出差异性；另一方面，不同的网络消费者因所处的环境不同，也会产生不同的需求。不同的网络消费者，即使在同一需求层次上，他们的需求也会有所不同。网络消费者来自世界各地，有不同的消费习惯，会产生明显的需求差异。企业在整个生产和营销过程中，从产品的构思、设计、制造，到产品的包装、运输、销售，都应认真考虑这些需求差异，针对不同消费者的特点，采取相应的措施和方法。

3. 消费目标的多元化

网络使人们的消费心理稳定性降低、转换速度加快，这直接表现为消费品更新换代的速度加快。这种情况会促使消费者求新、求变的需求欲望进一步加强；同时，由于在网上购物更加方便，因此消费者在满足购物需要的同时，又希望能满足购物的种种乐趣。消费者在网络购物时，对消费结果的关注和对消费过程的关注并存。网络消费者既有以购买产品、享受产品服务为目的的，又有以享受购物过程为目的的。对于有不同消费目的的消费者，企业应提供不同的服务，采取不同的网络营销策略。

4. 消费行为的主动性

在社会分工日益细化和专业化的趋势下，消费者对消费的风险感随着选择的增多而上升。在许多大额或高档的消费中，消费者往往会主动通过各种可能的渠道获取与产品有关的信息并进行分析和比较。虽然这种分析、比较不是很充分和合理，但消费者能从中得到心理的平衡以减轻风险感或减轻购买后产生的后悔感，增加对产品的信任程度和心理上的满足感。消费行为的主动性还表现在消费者主动表达对产品或服务的欲望，消费者不再被动地接受企业提供的产品或服务，而是根据自己的需要主动上网寻找适合的产品或服务，也会通过网络向企业主动表达自己对某种产品或服务的欲望和要求。

5. 消费沟通的互动性

传统的分销渠道由生产者、营销中介和消费者组成，其中营销中介起着重要的作用，生产者不能直接了解市场，消费者也不能直接向生产者表达自己的消费需求。而在网络环境下，消费者能直接参与生产和流通，与生产者直接进行沟通，互动的消费沟通降低了市场的不确定性。

6. 需求弹性的显性化

从消费的角度看，价格不是决定消费者购买的唯一因素，却是消费者购买产品时肯定要考虑的因素。网上购物需求之所以具有生命力，重要的原因之一是网上销售的很多产品价格比较低廉，极大地刺激了消费需求的增长。尽管企业倾向于以各种差异化的产品减弱消费者对价格的敏感度，避免恶性竞争，但价格始终对消费者的心理产生着重要的影响。消费者可以通过网络联合起来向企业讨价还价，产品的定价逐步由企业定价转变为消费者引导定价。

2.2.3　网络消费者购买决策影响因素

网络消费者购买决策除受个人因素，如个人收入、年龄、职业、学历、心理、对网络风险的认知等的影响之外，还受到商品价格、购物的便利性、商品可选范围、商品的时尚与新颖性等因素的影响。

1. 消费者的个人因素

网上购物与传统购物方式不同，首先需要一定的软硬件基础，同时也需要消费者具备一定的网络知识。一般来说，年轻、高学历、高收入、对网络风险有着正确认知（受消费者网络知识水平、学历、职业等因素影响）的消费者更倾向于在网上购物。随着网络的不断普及，越来越多的消费者加入网购的群体中。

2. 商品的价格

一般来说，价格是影响消费者心理及行为的主要因素，即使在今天消费者收入普遍提高的时代，价格的影响仍然是不可忽视的。只要价格降幅超过消费者的心理预期，消费者就会迅速采取购买行动。同时，网络的开放性和共享性使得消费者可以第一时间方便地获得众多不同商家最新的报价信息，因此在同类商品中价格占优势的商家更能得到网络消费者的青睐。

3. 购物的便利性

购物的便利性是影响网络消费者购物的重要因素之一。这里的便利性是指消费者在购物过程中能够节省更多的时间成本、精力成本和体力成本。拥挤的交通、陈列杂乱无序的购物场所，耗费了消费者宝贵的时间和精力；商品的多样化使得消费者眼花缭乱，并且层出不穷的假冒伪劣商品使消费者应接不暇。因此，消费者迫切需要一种全新的、快速且方便的购物方式，而网上购物恰好满足消费者的这种需求。网上购物模式下，消费者可以坐在家中与卖家达成交易，足不出户即可获得所需的商品或服务。网上购物顺应了现代社会消费者对便利性的追求，被越来越多的消费者所接受。

4. 商品可选范围

商品可选范围也是影响消费者购物的重要因素。在网络平台上，消费者挑选商品的范围大大拓宽。网络为消费者提供了多种搜索途径，借助搜索功能，消费者可以方便、快速地获得所需商品的信息，通过比较和分析，做出最终的购买决策。

5. 商品的时尚与新颖性

追求商品的时尚与新颖性是许多网络消费者重要的购买动机。这类消费者特别重视商品的款式、格调和流行趋势，他们是时髦的服饰、新潮的数码产品的主要追随者。因此，时尚、新颖的商品更能激发网络消费者的购买欲望。

2.2.4 网络消费购买行为过程

与线下购买行为相类似，网络消费者的购买行为也会经历一个过程。这一过程包括诱发需求、收集信息、比较选择、购买决策和购后评价等不同的阶段。

1. 诱发需求

网络消费者购买行为的起点是诱发需求，这种需求是在内外因素的刺激下产生的。传统营销理论认为，诱发需求的因素是多方面的：有来自人体内部形成的生理刺激，也有来自外部环境形成的心理刺激等。对于网络消费者来说，诱发需求的动因局限于视觉和听觉。文字的表述，图片、声音的配置成为诱发网络消费者购买行为的直接动因。这就要求网络营销人员注意了解与商品有关的实际需求和潜在需求，了解网络消费者在不同时间段产生这些需求的程度，了解这些需求是由哪些刺激因素诱发的，进而采取相应的营销手段吸引更多的网络消费者浏览网页，增强他们的需求欲望。

2. 收集信息

当需求被唤起之后，每个网络消费者都希望自己的需求能得到满足。所以，收集信息成为网络消费者购买行为过程的第二个阶段。这个阶段的主要工作就是收集商品的有关资料，为下一步的比较选择奠定基础。网络消费者在购买过程中，商品信息的收集主要是通过互联网进行的。与传统购买方式不同，网上购买过程中信息的收集具有较大的主动性。一方面，网络消费者可根据已了解的信息，通过互联网进行跟踪查询；另一方面，网络消费者可在不断的网上浏览中寻找新的购买机会。

3. 比较选择

比较选择是购买过程中必不可少的环节。网络消费者对通过各种渠道收集而来的资料进行比较、分析、研究，了解各种商品的特点及性能，从中选择最满意的一种。一般来说，网络消费者主要考虑商品的功能、质量、可靠性、样式、价格和售后服务等。通常情况下，网络消费者对一般消费品和低值易耗品较易做出选择，而对耐用消费品的选择则比较慎重。

网上购物不直接接触实物，因此网络消费者对商品的比较主要依赖于企业对商品的描述，包括文字和图片的描述。企业对自己的商品描述得不充分，就不能吸引众多的消费者；反之，如果描述过分夸张，甚至带有虚假的成分，则可能永久失去消费者。对于这种分寸的把握，是每个从事网络营销的企业都必须认真考虑的。

4. 购买决策

网络消费者在完成对商品的比较选择后，便进入购买决策阶段。购买决策是指网络消费者在购买动机的支配下，从两件或两件以上的商品中选择一件满意商品的过程。

购买决策是网络消费者购买活动最主要的组成部分，基本反映了网络消费者的购买行为。与传统的购买方式相比，网络消费者的购买决策有许多独特之处。首先，网络消费者理智动机所占比重较大，而感情动机所占比重较小，这是因为网络消费者在网上寻找商品的过程本身就是一个思考的过程。网络消费者有足够的时间仔细分析商品的性能、质量、价格和外观，从容地做出自己的选择。其次，网上购买受外界影响较小。网络消费者通常独自上网浏览、选择，受身边人的影响较小。因此，网上购买的决策比传统的购买决策要快得多。

网络消费者在决定购买某种商品时，一般必须具备三个条件：第一，对企业有信任感；第二，对支付有安全感；第三，对商品有好感。树立企业形象、改进货款支付办法、完善商品物流方式及全面提高商品质量，是每个参与网络营销的企业必须重点抓好的几项工作。

5. 购后评价

网络消费者购买商品后，往往通过使用对自己的购买行为进行检验和反省，重新考虑这种购买是否正确、对效用是否满意、服务是否周到等问题。这种购后评价往往决定了网络消费者今后的购买动向。

商品的价格、质量和服务与网络消费者的预期相匹配，网络消费者会感到心理上的满足，否则就会产生厌烦心理。购后评价为网络消费者发泄内心的不满提供了一条非常好的渠道，同时也有助于企业收集大量第一手资料。

为了提高企业的竞争力，最大限度地占领市场，企业必须虚心倾听消费者的反馈意见和建议。互联网为网络营销者收集网络消费者购后评价意见和建议提供了条件，企业从网上收集到这些评价后，通过计算机的分析、归纳，可以迅速地找出工作中的缺陷和不足，及时改进自己的商品和服务。

课堂测评

测评要素	表现要求	已达要求	未达要求
知识点	能掌握网络消费行为的含义与特征		
技能点	能初步认识网络消费行为的表现		
任务内容整体认识程度	能概述网络消费者行为与营销活动的关系		
与职业实践相联系程度	能描述网络消费行为分析的实践意义		
其他	能描述本课程与其他课程、职业活动等的联系		

2.3 网络市场调研分析

市场调研是企业开展营销活动的先导步骤，网络营销也不例外。互联网时代，各种信息纷繁复杂，企业营销人员必须善于抽丝剥茧、去伪存真，才能发现市场机会；同时，还可以利用互联网作为沟通和了解信息的工具，对消费者、竞争者以及整体市场环境等与网络营销有关的数据进行系统分析研究。

一方面，传统的市场调研费时费力，若调研面较窄，则不足以全面掌握市场信息，若调研面较广，则时间周期长；另一方面，被调查者始终处于被动地位，企业不可能针对不同的消费者提供不同的调查问卷，而针对企业的调查，消费者一般也不予以反应和回复。网络营销时代来临，网络市场调研也就应运而生。

网络营销的重要职能之一就是网络市场调研。网络市场调研以技术创新为突破口，缩短了数据采集周期，也加快了企业应对市场变化高效决策的进程。

🎓 重要名词2-2

网络市场调研

网络市场调研又称网上调查或在线调查，是指企业利用互联网作为沟通和了解信息的工具，对消费者、竞争者以及整体市场环境等与网络营销有关的数据进行系统分析研究。

2.3.1 网络市场调研的对象

网络市场调研的对象主要包括企业产品与服务的消费者、竞争者、合作者等相关人群，通过对目标人群进行调研，企业营销人员可以发现营销机会，及时调整营销策略。

1. 消费者

不同的网络市场、网络平台拥有不同的消费群体，不同的消费群体会体现出不同的特征。企业营销人员在进行市场调研时，应该通过网络跟踪目标消费群体的购买行为，分析其购买意向，收集目标消费群体对企业、产品、服务、支付、配送、退换货、性价比等方面的意见，甚至是抱怨、投诉，形成完整调研结论，以供营销决策参考。

2. 竞争者

网络营销环境下的企业竞争者不仅包括现有的存在竞争关系的企业，还包括潜在竞争者、产品替代者等。企业可以通过分析不同类型的竞争者带来的威胁，了解竞争者的营销动向、生产情况、企业管理等信息，结合消费者的反馈，制定合理有效的营销策略。

3. 合作者

企业的合作者主要指其联盟企业、供应商、第三方代理等，这些机构所提供的信息也可以作为企业网络营销策略制定的数据信息支持。

2.3.2　网络市场调研的步骤

网络市场调研应遵循一定的程序，需要经过以下五个步骤。

1. 确定调研目标

虽然网络市场调研的每一步都很重要，但是调研问题的界定和调研目标的确定是最重要的一步。只有清楚地定义了网络市场调研的问题，确立了调研目标，才能正确设计和实施调研。在确定直接调研目标时，需要考虑调研对象是否上网，网民中是否存在调研对象，规模有多大，哪些同行已经开展了网络业务，它们对企业的目标消费群体有无影响，企业日常运作受到哪些法律法规的约束等。

2. 设计调研方案

网络市场调研方案的具体内容包括资料来源、调研方法、抽样方式和与调研对象的接触方式等。资料来源可以有一手资料和二手资料；调研方法有很多，如问卷调查法、访问调查法等，具体采用哪种方法需要结合实际选择；抽样方式包括抽样方法、抽样数量、样本判断准则等；与调研对象的接触方式包括电子邮件、微信、QQ、微博等。

3. 收集信息

在确定调研方案后，调研人员即可通过电子邮箱向互联网上的个人主页或新闻组发出相关查询，也可以通过微信、QQ、微博等方式，与调研对象联系，在线发放问卷，获取信息，还可以通过网上搜索获取信息。与传统的调研方法相比，网络市场调研收集和录入信息更方便、快捷。

4. 信息整理和分析

对于整个调研来讲，收集得来的信息仅是半成品，只有进行整理和分析后的信息才会变得有用。整理和分析信息非常关键，需要使用一些数据分析技术，如交叉列表分析技术、概况技术、综合指标分析和动态分析等。较为通用的分析软件有SPSS、SAS、BMDP、Minitab和Excel等。此外，一些网站本身也具有信息整理与分析功能。

5. 撰写调研报告

这是网络市场调研的最后一步。报告不能是数据和资料的简单堆砌，调研人员不能把大量的数字和复杂的统计技术扔到管理人员面前。正确的做法是把与网络营销决策有关的主要调研结果以报告的形式呈现出来。网络市场调研报告的内容主要包括标题、目录、引言、正文、结论及建议和附录等，其正文的内容就是对本次调研的具体说明，如调研目的、调研方法和调研数据统计分析等。

2.3.3　网络市场调研的方式

网络市场调研的方式可以分为网络市场间接调研与网络市场直接调研。

1. 网络市场间接调研

网络市场间接调研是指利用互联网收集与企业经营相关的市场、竞争者、消费者以及宏观环境等信息的二手资料。这种方法操作简单、方便快捷，能广泛满足企业管理决策需要，是企业使用较多的网络市场调研方式。这种方式的具体运用主要包括以下三种方法。

（1）利用搜索引擎查找资料。搜索引擎是信息资料搜集的最重要的渠道之一，常见的搜索引擎有百度、谷歌、搜狗、必应等。用搜索引擎查找信息资料需要使用恰当的关键词和一些搜索技巧。调研人员在搜索引擎的搜索栏输入所需资料的关键词，对互联网信息进行检索，筛选出与关键词相关的信息。例如在百度搜索栏输入"网络营销"，搜索查找相关信息，搜索结果如图2-3所示。

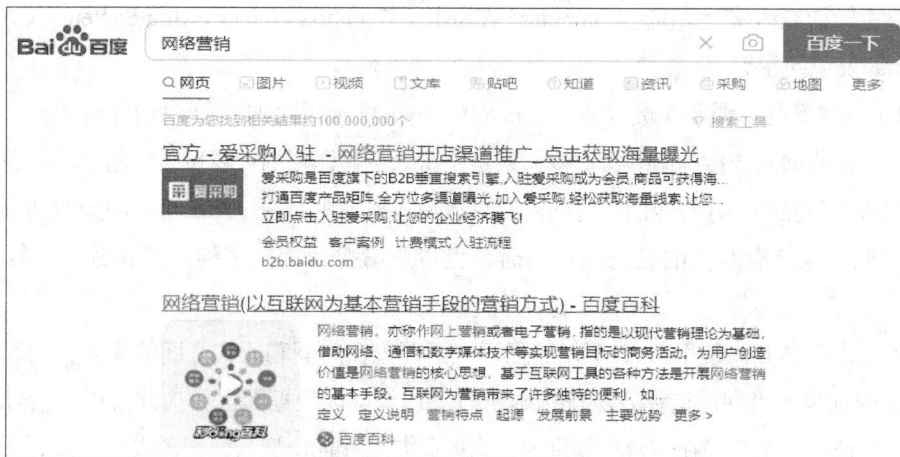

图2-3　利用百度搜索查找资料

（2）访问相关网站收集资料。多种综合性网站或专题性网站都会发布一些关于网络营销的数据资料，调研人员如果清楚地知道所需资料可以从哪些网站获取，就可以直接访问这些网站，查找自己所需的数据资料。图2-4所示为在艾媒网查找中国兴趣消费趋势资料，单击资料标题，可在打开的页面中在线浏览或下载资料。

图2-4　在艾媒网查找数据资料

（3）利用大数据平台查阅资料。随着大数据技术的逐渐成熟，调研人员还可以通过大数据平台查阅相关数据，为网络营销决策提供支持。常见的大数据平台有百度指数、360趋势、微信指数、头条指数、搜狗指数、微博指数等。这些平台往往是巨大的流量入口，数据信息一般需要付费获取。通过分析从这些平台获取的数据，调研人员可以快速获取消费群体的社会属性、生活习惯和消费行为等信息。

2. 网络市场直接调研

通过收集分析网络二手资料，有时不能解决调研的全部问题，这时，就需要进行直接调研，收集第一手资料，这就是网络市场直接调研。网络市场直接调研的具体方法有在线询问、使用计算机辅助电话调查系统（Computer-Assisted Telephone Interviewing System，CATI）、通过E-mail发放问卷等。

（1）在线询问。调研人员可通过用Java编写的网站应用程序，随机选择访问者，邀请其参加调研。在线询问与传统询问法相似，只是调研人员可以根据计算机显示器上的问题，同时向多个调研对象提问，并将他们回答的内容直接输入计算机。使用此法可在同一时间里对40个人进行询问，且具有较高的经济性；同时，也可以减少从询问表到将回答输入计算机的工作量。

（2）使用CATI。使用CATI不仅加强了电话调查在时间和成本方面的优势，同时也突出了方法上的优势。当利用这种方法进行调研时，系统可以根据随机数抽样得出电话号码并拨号，每一位调研人员都坐在一台计算机前，当调研对象接通电话后，调研人员通过一个或几个键启动程序开始提问，需要提出的问题及备选答案便立即出现在屏幕上。同时，计算机系统还会根据调研对象对前面问题的回答，自动显示与调研对象个人有关的问题或直接跳过后选择其他合适的问题。

另外，计算机还能帮助整理问卷，省略了数据的编辑及录入工作。当调研完成时，有关问卷的答案随之消失，因为数据已全部输入计算机。使用CATI的另外一个优点便是统计工作可以在任何时候进行，这是用纸笔进行统计无法做到的。

（3）使用E-mail发放问卷。一份调研问卷就是一封简单的E-mail，可按选好的E-mail地址发出。调研对象回答完毕将问卷回复给调研人员。一般有专门的程序用于问卷准备、列制E-mail地址和收集数据。

除了自己设计问卷外，调研人员还可以借助问卷星、问卷网等，进行问卷设计。日常调研中，问卷星运用较为广泛。问卷星一般分为免费版和付费版，前者适合学生或个人，可用于设计问卷，浏览、下载调研报告，进行问卷统计与分析，还可用于各类公开的在线调研、投票、评选、测试等，但部分功能受限；后者包括企业版、尊享版和旗舰版，适合经营性单位、政府机关、科研机构等，用作市场调研、培训效果检测、人才测评、民意调查、科研课题研究等，功能较多。

重要信息2-2

网络市场调研的局限

使用问卷星设计问卷，首先要打开官方网站注册账号，使用注册账号登录，进入管理后台，按照说明开始设计问卷。

此外，为了弥补网上问卷调研的不足，许多企业设立公告板系统（Bulletin Board

System，BBS）以供访问者对企业产品进行讨论，或者与某些专题的新闻组进行讨论，以进行更深入的调研，从而获取有关资料。

课堂测评

测评要素	表现要求	已达要求	未达要求
知识点	能掌握网络市场调研的方式		
技能点	能初步认识网络市场调研的实践意义		
任务内容整体认识程度	能概述网络市场调研与营销活动的关系		
与职业实践相联系程度	能描述网络市场调研活动现状与发展趋势		
其他	能描述本课程与其他课程、职业活动等的联系		

小 结

网络营销活动准备

- 网络营销环境分析
  - 网络营销宏观环境分析
  - 网络营销微观环境分析
- 网络消费行为分析
  - 我国网络用户现状
  - 网络消费需求的特点与发展趋势
  - 网络消费者购买决策影响因素
  - 网络消费购买行为过程
- 网络市场调研分析
  - 网络市场调研的对象
  - 网络市场调研的步骤
  - 网络市场调研的方式

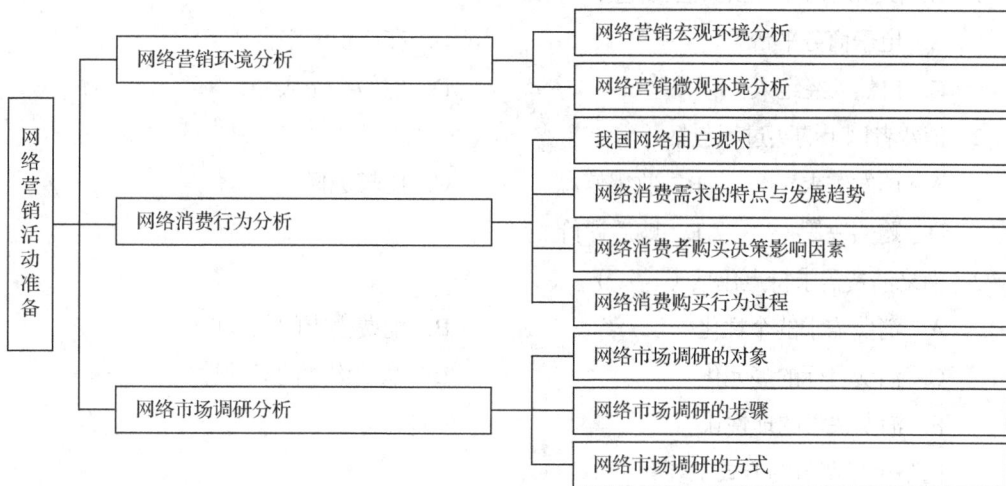

教学做一体化训练

重要名词

网络营销环境　　网络市场调研

课后自测

一、单项选择

1. 网络营销微观环境中的企业内部是指（　　）。

   A. 企业网络营销部门　　　　　　B. 企业网络营销部门以外的其他部门

   C. 企业管理部门　　　　　　　　D. 企业经营部门

2. 截至（　　　），我国网民规模达10.51亿，普及率为74.4%。

    A. 2021年6月   B. 2020年6月

    C. 2019年6月   D. 2022年6月

3. 在网络平台上，消费者挑选商品的范围（　　　）。

    A. 更小   B. 更大   C. 不变   D. 不可预测

4. （　　　）是网络消费者购买活动最主要的组成部分，基本反映了网络消费者的购买行为。

    A. 购买决策   B. 诱发需求   C. 收集信息   D. 购后评价

5. 以下选项中，（　　　）不属于网络消费需求特点。

    A. 消费行为的主动性   B. 消费沟通的互动性

    C. 消费需求的差异性   D. 消费者需求逐渐趋同

二、多项选择

1. 在网络市场中，经纪人主要包括（　　　）。

    A. 电子商务平台   B. 在线拍卖平台

    C. 自然人经纪人   D. 组织经纪人

2. 消费者网上购买过程包括（　　　）。

    A. 诱发需求   B. 收集信息   C. 比较选择

    D. 购买决策   E. 购后评价

3. 网络消费需求特点包括（　　　）。

    A. 消费需求的个性化   B. 消费需求的差异性

    C. 消费目标的多元化   D. 消费沟通的互动性

    E. 消费决策的理性化

4. 网络市场调研的方式主要有（　　　）。

    A. 站点宣传   B. 网上新闻发布   C. 赞助活动

    D. 间接调研   E. 直接调研

5. 网络市场调研的程序包括（　　　）。

    A. 确定调研目标   B. 设计调研方案   C. 收集信息

    D. 信息整理和分析   E. 撰写调研报告

三、判断

1. 网络宏观营销环境对网络营销工作影响很小。   （　　　）

2. 企业内部不会影响企业的网络营销活动。   （　　　）

3. 购后评价为消费者发泄内心的不满提供了渠道，企业应该禁止消费者评价。 （　　　）

4. 网上购物的决策行为比传统的购买决策要快得多。   （　　　）

5. 网络市场调研一般都采用直接调研收集二手资料。   （　　　）

四、简答

1. 什么是网络营销环境？
2. 网络营销环境分析的主要工作是什么？
3. 从权威数据看，我国互联网支付情况是怎样的？
4. 网络消费需求有哪些特点？
5. 网络市场调研的步骤有哪些？

案例分析

温州市网络消费
市场

📖 同步实训 ●●●●

实训名称： 网络营销活动准备认知。

实训目的： 认识网络营销活动准备，理解其实际意义。

实训安排：

1. 学生分组，观察天猫、淘宝、京东、当当、抖音、快手、亚马逊或其他网络零售平台，选择相关的、具体的网络市场调研活动案例，并讨论分析，总结概括出这些平台的营销意图。

2. 学生分组，收集身边的一些企业开展网络营销的具体措施，选取一个企业，分析讨论，并概括其针对网络消费需求的哪些特点进行营销。

3. 分组将讨论成果以PPT形式进行展示，并由教师组织全班讨论与评析。

实训总结： 学生小组交流不同企业、行业的分析结果，教师根据讨论成果、PPT、讨论分享中的表现分别对每组进行评价打分。

📈 学生自我学习总结

通过完成任务2网络营销活动准备，我能够进行如下总结。

一、主要知识

概括本任务的主要知识点：

1.

2.

二、主要技能

概括本任务的主要技能：

1.

2.

三、主要原理

你认为，网络营销环境与网络消费者的关系是：

1.

2.

四、相关知识与技能

1. 网络营销环境分析的意义是：

2. 网络消费需求的特点有：

3. 网络市场调研分析的意义是：

五、成果检验

1. 完成本任务的意义有：

2. 学到的知识或技能有：

3. 自悟的知识或技能有：

4. 对国家出台支持网络消费政策的初步看法是：

任务 3 搜索引擎营销

学习目标

1. 知识目标
- 能认知搜索引擎和搜索引擎营销的含义
- 能认知搜索引擎优化的含义
- 能认知付费搜索引擎营销的含义

2. 能力目标
- 能说明搜索引擎的工作原理
- 能说明搜索引擎优化策略
- 能对搜索引擎营销有整体认识

3. 素养目标
- 遵守平台规则
- 具备数据思维
- 养成法制意识与安全意识

视野拓展

ChatGPT如何影响搜索引擎行业

任务解析

根据网络营销职业学习活动顺序，本任务可以分解为以下子任务。

3.1　搜索引擎营销认知

3.2　搜索引擎优化

3.3　付费搜索引擎营销

课前阅读

2022年9月23日，2022万象·百度移动生态大会在广东珠海召开。会上，百度集团资深副总裁、百度移动生态事业群组（MEG）总经理何俊杰首次对外全面解读百度移动生态战略。他表示，百度移动生态坚持推进"智能搜索+智能推荐"的双引擎驱动模式，坚持"信息+服务"的战略方向，这使得百度移动生态的韧性不断加强。

在流量焦虑时代，百度移动生态交出了一份逆势增长的成绩单。2021年，百度搜索规模同比增长17%；百度App月用户活跃数（简称月活）达6.28亿，同比增长8%。创作者生态加速壮大，百度百家号的创作者数量已超500万，百度问一问的答主数量超100万，创作者多元收入增长2.3倍。百度服务化战略走向纵深，问一问咨询规模年同比上涨了16倍，百度惠生活订单量年同比提升近1.8倍，商品类订单量也提升80%。

除了成绩单，在发布会上，百度移动生态还发布了"知一"和"千流"两大搜索技术，以及"创作者AI助理团"和"百度App数字人计划"等人工智能生成内容（Artificial Intelligence Generated Content，AIGC）创新。

在百度，每天有海量的与服务需求相关的搜索。何俊杰认为，百度搜索是用户规模巨大的流量入口，也是离交易最近的决策入口，必须坚持"信息+服务"战略，为用户提供从获得信息、获得服务到完成交易闭环的全链条体验。

何俊杰认为，如果把百度移动生态比作一个城市，那么不做好服务，这个城市里就会有"弯路"和"羊肠小路"，无法给用户最高效的体验，用户就会感到不方便、没有被满足。通过做好服务，百度移动生态的边界在拓宽，整个生态的"蛋糕"也更大，用户体验更好，创作者收入更多，商业客户的价值也更大。

在服务化方面，百度"两条腿"走路。首先，针对用户标品的、通用化的服务需求，百度发挥全网搜索优势，引进第三方平台，以智能小程序为核心载体，共建包括电商、生活服务在内的闭环服务体系。其次，面对用户的个性化服务需求，百度自建"问一问"为用户提供一对一问答服务。

除了做服务拓宽生态边界，百度移动生态既有的"长板"也在变长。搜索是百度的绝对"长板"，令外界惊讶的是，这个"长板"依然实现了17%的增长。何俊杰认为，这背后离不开人工智能在移动生态的落地，这让百度App成为"唯一一个在智能搜索和智能推荐两个引擎上都拔尖的平台"。

读后问题：

（1）你所了解的搜索引擎有哪些？你常用的是哪几个？

（2）上述材料中，百度构建了怎样的移动生态？

（3）百度为什么能够在智能搜索和智能推荐方面处于领先地位？

3.1 搜索引擎营销认知

搜索引擎作为互联网的基础应用，是网民获取信息的重要工具，其使用率在所有应用中稳居前列。那么，什么是搜索引擎？主流的搜索引擎有哪些？搜索引擎营销指的是什么？企业是如何利用搜索引擎达成营销目标的？

3.1.1 搜索引擎的解读

随着互联网的普及，搜索引擎成为人们获取信息的重要入口，使用搜索引擎也成了人们的一种生活方式。从企业的角度看，搜索引擎则是巨大的流量入口，特别是移动搜索引擎的出现，为企业带来了极大的商机。那么，什么是搜索引擎？作为互联网的基础应用，搜索引擎又分为哪些类型呢？

1. 搜索引擎的含义

随着社会经济的快速发展，信息成为全社会的宝贵资源和财富，信息共享的需求也日益增多。然而，互联网在满足人们对信息获取与共享需求的同时，也带来海量的信息，这些海量的信息资源中有很多是没有经过筛选、组织和质量控制的，呈现出杂乱无序、优劣不一的状况。人们想要快捷地从中获取自己所需的信息，必须通过搜索引擎这个互联网中必备的"探宝"工具。中国互联网络信息中心（CNNIC）第50次《中国互联网络发展状况统计报告》显示，截至2022年6月，我国搜索引擎用户规模达8.21亿，占网民整体的78.2%。

重要名词3-1

搜索引擎

搜索引擎（Search Engine）是指根据一定的策略，运用特定的计算机程序从互联网上搜集信息，对信息进行理解、提取、组织与处理后，为用户提供检索服务，将用户提交检索的相关信息展示出来的系统。

搜索引擎的概念主要涵盖两个方面的内容：其一，搜索引擎是由一系列技术支持构建的网络信息在线查询系统，它具有相对稳定的检索功能，如关键词检索、分类浏览式检索等；其二，这种查询系统借助不同网站的服务器，协助网络用户查询信息，并且该服务是搜索引擎的核心服务项目。

搜索引擎的典型代表有百度、谷歌、必应等，用户需求决定搜索引擎的发展方向，而技术进步决定了搜索引擎的发展高度。在百度上，平均每天会发生3 000万次语音搜索和1 000万次图像搜索。进入移动互联网时代，人们对移动搜索的依赖将越来越明显，而多元化的需求也对搜索产品提出了更高的要求。

2. 搜索引擎的作用

由于人们使用搜索引擎进行搜索的目的性很强，如果企业可以接触到这些人，就能接触到潜在的希望了解产品，甚至购买产品的人群。基于这样的商业价值，越来越多的企业将搜索引擎作为主要的网络营销手段，并取得了较好的营销效果。

对于企业而言，搜索引擎的主要作用体现在以下方面。

一是作为市场信息发现工具。搜索引擎是一种重要的市场信息发现工具，企业对搜索引擎的利用能力，决定了企业的信息发现和运用能力。通过搜索引擎，企业可以搜索的信息主要有：① 供货商和原材料资源信息；② 市场供求、会展及其他商务信息；③ 设备、技术、知识等信息；④ 组织、人才及咨询等信息。

二是作为信息传播工具。随着网民人数的增加，更多人采用搜索引擎作为信息获取的首选方式，而任意一个搜索请求，都可能查到数以万计的内容。但不同搜索引擎采用的搜索技术、信息分类方式等有所不同，这也将影响信息查询的效率。搜索能力通常会受到三个方面的影响：① 所选搜索引擎链接的信息资源数量和信息资源范围；② 所设想的关键词与系统预设的信息资源分类方式的一致性；③ 系统自身技术水平和信息搜索能力。

3. 搜索引擎的分类

目前，在网络上运行的搜索引擎数量众多。按照不同的分类标准，可以将它们分为不同的类型。在各种分类方法中，从工作原理的角度对搜索引擎进行分类被广为采用。

（1）分类目录式搜索引擎（Index/Directory Search Engine）。分类目录式搜索引擎是第一代搜索引擎，主要通过搜索和整理互联网的资源，根据搜索到的网页内容，将其网址分配到相关分类主题目录的不同层次的类目下，形成像图书馆目录一样的分类树形结构索引。用户在查询信息时，可以选择按照关键词搜索，也可以选择按分类目录逐层查找。

严格意义上，分类目录式搜索引擎不能称为真正的搜索引擎，只是按目录分类的网站链接列表，用户完全可以按照分类目录找到所需要的信息。国外的Yahoo（雅虎）和国内早期的搜狐是分类目录式搜索引擎的典型代表。

（2）全文检索式搜索引擎（Full Text Search Engine）。全文检索式搜索引擎是第二代搜索引擎，又称机器人搜索引擎。当用户查找信息时，只需要在搜索栏中输入想查询的关键词，然后查询，就会看到搜索结果以标题和摘要的形式按照一定顺序呈现出来，最后根据需要打开网页即可。全文检索式搜索引擎是名副其实的搜索引擎，国外的Google、AltaVista和国内的百度、搜狗等都是此类搜索引擎的典型代表。

作为第二代搜索引擎，全文检索式搜索引擎弥补了第一代搜索引擎的不足，优点十分显著：自动化程度高、无须人工干预；查全率和查准率高；收录的网站和网页较全面；更新及时，使用方便且对用户友好。因此，全文检索式搜索引擎已成为当今实施搜索引擎营销的主流工具。

（3）元搜索引擎（META Search Engine）。元搜索引擎接受用户查询请求后，同时在多个搜索引擎上搜索，并将结果返回给用户。简单来说，元搜索引擎就是通过一个统一的用户界面帮助用户在多个搜索引擎中选择和利用合适的搜索引擎来实现检索操作，它是对分布于网络的多种检索工具的全局控制机制。著名的元搜索引擎有Info Space、Dogpile等，中文元搜索引擎中具有代表性的是搜星搜索引擎。

重要信息3-1

搜索引擎的工作
流程与原理

（4）集成搜索引擎（All-in-One Search Engine）。集成搜索引擎是在一个搜索界面上同时链接多个独立的搜索引擎，用户进行检索时可以选择其中的部分搜索引擎，输入检索词后可以获得多个搜索引擎返回的结果。搜索之家是典型的集成搜索引擎。

3.1.2 搜索引擎营销的解读

搜索引擎作为重要的信息传播工具，其商业价值极高，越来越多的企业将搜索引擎作为主要的网络营销手段，并取得了很好的效果。

1. 搜索引擎营销的含义

大多数用户在需要某个信息的时候，都会使用搜索引擎进行查找。企业从中看到了巨大的商机，发布自己的有关信息，以方便用户发现，并进一步进入网站或网页，了解其所需信息。

🎓 **重要名词3-2**

搜索引擎营销

搜索引擎营销（Search Engine Marketing，SEM）就是企业根据用户使用搜索引擎的方式，利用用户检索信息的机会，尽可能将营销信息传递给目标用户。简单来说，搜索引擎营销就是基于搜索引擎平台的网络营销，利用人们对搜索引擎的依赖和使用习惯，在人们检索信息的时候将信息传递给目标用户。

搜索引擎营销的基本思想是让用户发现信息，并进入网页，进一步了解所需要的信息。企业通过搜索引擎付费推广，让用户可以直接与企业客服人员进行交流，进而实现交易。用户搜索行为如图3-1所示。

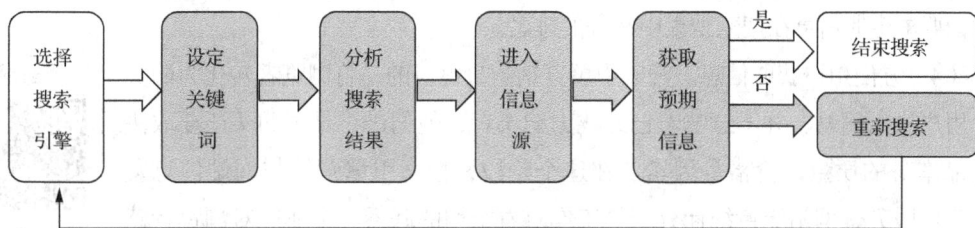

图3-1 用户搜索行为

2. 搜索引擎营销的原理

在搜索引擎营销活动中，企业要想让用户能够及时、准确地搜索到所需的信息，最基本的前提是将自己产品和服务的有关信息发布到互联网上。

搜索引擎营销得以实现的基本过程是：企业将信息发布在网站上形成以网页形式存在的信息源；搜索引擎将网站/网页信息收录到索引数据库；用户利用关键词进行检索；检索结果中

罗列相关的索引信息及其链接URL；用户对检索结果进行判断，选择有兴趣的信息并进入信息源（网页）。这个基本过程（见图3-2）说明了搜索引擎营销的原理。

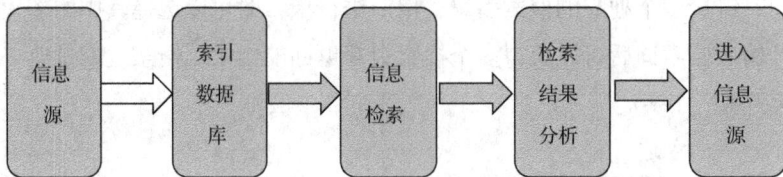

图3-2 搜索引擎营销的基本过程

3. 搜索引擎营销的任务

根据搜索引擎营销的原理，搜索引擎营销之所以能够实现，需要有五个基本要素：信息源（网页）、搜索引擎索引数据库、用户的检索行为和检索结果、用户对检索结果的分析判断、用户进入信息源。对这些要素以及搜索引擎营销信息传递过程的研究和营销目的的有效实现就构成了搜索引擎营销的任务。

（1）构造适合搜索引擎检索的信息源。信息源被搜索引擎收录是搜索引擎营销的基础，由于用户检索之后还要通过信息源获取更多的信息，因此企业网站的构建不仅要求搜索引擎友好，而且要求用户友好。通常情况下，网站优化包含对用户、搜索引擎、网站管理维护三方面的优化。

（2）创造被搜索引擎收录的机会。网站建设完成并发布到互联网上并不意味着可以达到搜索引擎营销的目的。无论网站建设多么精美，如果不能被搜索引擎收录，网站中的信息便无法通过搜索引擎被用户发现，也就无法实现网络营销信息传递的目的。因此，让尽可能多的网页被搜索引擎收录是搜索引擎营销的任务之一，也是搜索引擎营销的重要步骤。

（3）争取在搜索结果中排名靠前。企业信息如果出现在靠后的位置，通常无法吸引用户的注意力，被发现和浏览的机会就会降低，也就无法保证搜索引擎营销的效果。因此，搜索引擎营销要求企业信息在搜索结果中有好的排名。

（4）方便用户获取信息。搜索引擎营销的最终目的是将浏览者转化为购买者。用户进入网站，并不意味着已经成为购买者，他们最终是否购买还要取决于产品本身的质量、价格等因素。在这个阶段，搜索引擎营销与网站信息发布、客户服务、网站流量统计分析等工作有着密切的联系。企业应对浏览者感兴趣的信息进行深入的研究，在为用户获取信息提供方便的同时，与用户建立密切的关系，使其成为产品或服务的购买者。

营销案例3-1 旅行社的搜索引擎营销

4. 搜索引擎营销的目标

搜索引擎营销的终极目标是将浏览者转化为购买者，从而实现产品或服务的销售。在现实的网络营销活动中，这一目标只能逐层实现。于是，形成了搜索引擎营销的层级目标，如图3-3所示。

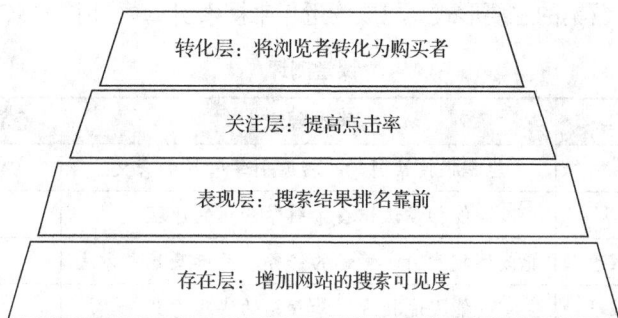

图3-3　搜索引擎营销的层级目标

（1）第一层是搜索引擎营销的存在层，存在层的主要目标就是让网站中尽可能多的网页被搜索引擎收录（而不仅仅是网站首页），即增加网站的搜索可见度。

（2）第二层是搜索引擎营销的表现层，表现层的主要目标是在被搜索引擎收录的基础上尽可能获得好的搜索结果排名，即在搜索结果中有良好的表现。如果搜索结果排名在分类目录中的位置不理想，则需要同时考虑在分类目录中利用付费等方式让排名靠前。

（3）第三层是搜索引擎营销的关注层，关注层直接表现为网站访问量指标方面，即通过搜索结果点击率的提高来达到提高网站访问量的目的。只有受到用户关注，经过用户选择后的信息才可能被点击。

（4）第四层是搜索引擎营销的转化层，通过访问量的增加，将浏览者转化为企业产品或服务真正的购买者，即将访问量转化为企业的收益。这是前三层目标实现的集中表现，也是由网站的功能、服务、产品等多种因素共同作用决定的。

综上，第四层的目标在搜索引擎营销中属于战略范畴，其他三层的目标则属于策略范畴，具有可操作性和可控制性的特征，实现这四层目标是搜索引擎营销的主要任务。

5．搜索引擎营销的基本方法

搜索引擎营销的基本方法可以归纳为三种，即登录分类目录、搜索引擎优化和关键词广告。

（1）登录分类目录。这种方法一般比较简单，只需要按照搜索引擎的提示操作即可。搜索引擎登录有免费登录与付费登录之分。比较常用的搜索引擎登录有Google登录、Yahoo登录、百度登录等。

（2）搜索引擎优化。搜索引擎优化（SEO）是指在了解搜索引擎自然排名机制的基础上，对网站进行内外部的调整与优化，让用户觉得网站很有吸引力，这样才能达到使用搜索引擎营销的目的。简单来说，SEO就是能够让网页、关键词排名靠前的方法。

（3）关键词广告。关键词广告是指广告主根据自己产品或服务的内容与特点，确定关键词，撰写广告内容并自主定价投放的广告。这是充分利用搜索引擎开展网络营销活动的一种手段，是付费搜索引擎营销的主要形式，已成为近年来搜索引擎营销中发展较快的一种方法。

课堂测评

测评要素	表现要求	已达要求	未达要求
知识点	能掌握搜索引擎、搜索引擎营销的含义		
技能点	能初步认识搜索引擎营销的原理		
任务内容整体认识程度	能概述搜索引擎营销的任务、目标及基本方法		
与职业实践相联系程度	能描述搜索引擎营销的实践意义		
其他	能描述本课程与其他课程、职业活动等的联系		

3.2　搜索引擎优化

搜索引擎优化是搜索引擎营销的主要方式，而且用途非常广泛。那么，搜索引擎优化到底需要优化什么，涉及哪些原理？从企业的角度看，搜索引擎优化包括哪些内容，会取得什么样的效果呢？

3.2.1　搜索引擎优化的解读

在实际应用中，每一个搜索引擎都有一套编辑、处理所采集信息的技术，即算法。这一算法是软件工程师设计的一套程序，用来模拟人们的思想，决定收录什么网站、什么内容，并在用户搜索的时候将适当的内容展现给用户。

1. 搜索引擎优化的含义

搜索引擎优化重视的是网站内部基本要素的合理化设计，并非只考虑搜索引擎的排名规则，更重要的是为用户获取信息和服务提供方便，如果要总结为一句话，即"为用户提供最精准的优质内容"。从事搜索引擎优化的人也常被称为"SEOer"。

重要名词3-3

> **搜索引擎优化**
>
> 　搜索引擎优化是指采用易于搜索引擎检索的合理手段，使网站各项基本要素适合搜索引擎检索原则并且对搜索引擎更友好（Search Engine Friendly），从而更容易被搜索引擎收录及优先排序。

2. 搜索引擎优化的意义

搜索引擎优化是一种明确的营销思路，为企业网站提供了生态式的自我营销解决方案，有助于企业网站在行业内占据领先地位，从而获得品牌收益。对于任何一家企业来说，要想在网站推广中取得成功，搜索引擎优化是最关键的一项任务。同时，随着搜索引擎不断变换它们的排名算法，每次排名算法的改变都可能会让一些排名靠前的网站的排名大幅下跌，而网站失去靠前的排名的直接后果就是失去可观的固有访问量。可以说，搜索引擎优化也成了一个越来越复杂的任务。

3.2.2 搜索引擎优化的内容

通过搜索引擎的优化指南和人们长期经验的积累，一般可以从以下几个方面进行搜索引擎优化。

1. 关键词优化

确定适当的关键词是SEO的第一步，也是必不可少的一步。关键词优化需要注意以下方面。

（1）关键词确定策略。在搜索引擎中检索信息主要是通过输入关键词来实现的，它是整个搜索过程中最基本和最重要的一步。确定关键词是进行SEO的基础，也是整个搜索引擎营销都必须围绕的核心。

重要信息3-3

关键词的类型

确定关键词时应该注意以下几个方面的策略。① 确保目标关键词有人搜索。确认用户搜索次数达到一定数量级。② 降低优化难度。在确定关键词的时候要考虑被搜索次数较多且竞争不是很激烈的关键词。③ 寻找有效流量。对于搜索引擎营销来说，排名和流量都不是最终目标，有效流量带来的转化才是最终目标。④ 搜索多样性。无论是从用户意图和商业价值来看，还是从关键词长度来看，更为具体的、比较长的关键词都有非常重要的意义。⑤ 发现新机会。通过关键词工具的推荐，挖掘相关关键词，找到有共性或者明显趋势的词，或增加新栏目，都是发现新机会、扩展内容来源的好方式。

（2）关键词的选择。关键词的选择应注意以下几点。① 内容相关。内容相关即目标关键词必须与网站内容相关，不能太空泛。② 搜索次数多、竞争小。最好的关键词是搜索次数最多、竞争程度最小的词。在同样投入的情况下，效能高的关键词获得靠前排名的可能性较大，可以带来更多流量。③ 商业价值。不同的关键词有不同的商业价值，即使长度相同，也会形成不同的转化率。④ 地域性限制。部分关键词需要配合地名，尤其是线上和线下相结合的企业的关键词。

（3）关键词的分组。在选择了一系列关键词之后，企业还可以根据关键词分类，按照这些关键词的长度、搜索量、竞争程度、词性、商业价值及所属类别等，再将这些关键词划分成核心词、目标词、流量词和长尾词。

（4）关键词的设置。每个页面一般设置2~3个关键词，以此明确页面主题。关键词不可重复或太相近，也不要使用太多修饰语。企业可以将一些搜索量大、竞争程度大、行业地位高的关键词分配到网站首页或栏目页中进行优化。

（5）关键词工具。① 搜索建议。在百度等搜索引擎的搜索栏中输入核心词时，搜索栏会自动显示与此相关的搜索建议。② 相关搜索。搜索结果页面的最下方有搜索引擎给出的相关搜索。③ 百度指数。百度指数是以百度网民行为数据为基础的数据分享平台，可用于研究关键词搜索趋势、洞察网民的兴趣和需求、监测舆情动向、定位受众特征等。企业可以通过百度指数分析关键词在百度中的搜索规模、搜索指数涨跌态势以及相关的行业趋势等，然后以此为参考选择关键词。④ 百度账户推广。百度账户推广后台的关键词推荐，与百度指数类似，但其功能更强大，可以看到展现理由、日均搜索量和竞争程度等。

2. 网站结构优化

合理的网站结构，能正确表达网站的基本内容及其内容之间的层次关系。站在用户的角度考虑，合理的网站结构可以让用户在浏览网站内容时方便地获取信息，不至于迷失。网站结构包括两个方面，一是物理结构，二是逻辑结构。网站结构优化主要体现在以下方面。

（1）导航优化。网站导航包括主导航、多级导航、底部导航和面包屑导航等。清晰的导航系统是网站结构设计的重要目标，对网站信息架构、用户体验影响重大。

① 主导航。主导航展示网站一级重要频道入口，一般是整站内容的大分类栏目。作为网站最重要的导航，主导航一般位于整个网站的最上方。主导航中最好不要添加细分类目或内容页面的链接。图3-4所示为苏宁易购的主导航。

图3-4 苏宁易购的主导航

② 多级导航。为了方便用户浏览及弥补主导航无法列出更多细分类目的缺陷，可在网站主要频道首页或者全站设置多级导航。有的网站会独立于主导航设置多级导航，有的网站则会在主导航的基础上进行扩展。在图3-4中，单击"分类"选项，就会出现苏宁易购的多级导航。

③ 底部导航。底部导航用于在网站底部展示网站介绍、投诉举报、联系方式等网页的入口，有时也会展示网站主推页或站内索引页的链接。底部导航为SEO人员布局内链创造了很大的空间，但应该注意底部导航链接个数，以免影响网站外观，进而导致网站不被搜索引擎收录。

④ 面包屑导航。面包屑导航的作用是给出从主导航到目标网页的路径提示，使用户了解

所处位置而不至于迷失方向。对于用户而言，面包屑导航可以让用户清楚地知道自己所浏览页面在网站中的位置；对于SEO而言，面包屑导航保证了网站各级页面结构上权重的流通导向。面包屑导航如图3-5所示。

目前您在：首页>计算机、办公>计算机整机>笔记本

图3-5　面包屑导航

尽量使用最普通的超文本标记语言（Hypertext Markup Language，HTML）文字导航，不要使用图片作为导航，也不要使用Flash做导航，更不要使用JavaScript生成导航。用层叠样式表（Cascading Style Sheets，CSS）可以设计出很好的视觉效果。最普通的文字链接对搜索引擎来说是阻力最小的爬行抓取通道。

（2）网站结构扁平化。搜索引擎的Spider并不像人一样可以感受网页，但是，一个有逻辑、构造合理的网站结构却是非常必要的。搜索引擎能够很好地将高质量、高可用性的网站排列在搜索结果的前面。网站结构有两种形式：树形和扁平化。树形结构也称纵深式结构，这种结构的网站层级较多，需要点击多次才可以到达最终页面；扁平化结构的网站层级较少，用户和搜索引擎只需进行少量的点击就能找到大部分内容。

扁平化的网站结构对SEO有很大好处，它不仅使搜索引擎的Spider更容易爬行，而且由于减少了用户到达目标页面的层级，因此可以降低用户的放弃率。

3. 页面优化

网站的页面一般分为首页、列表页、专题页和内容页，不同的页面，权重不同。网站设计人员在进行页面优化的时候，需要有针对性地进行。

（1）页面标题。页面标题是搜索引擎非常看重的一个元素，它常常被用来判断一个网页的主题是什么。页面标题包含在HTML文档的头部<head>与</head>之间的<title>标签里，如图3-6所示。

<title>京东（JD.COM）-正品低价、品质保障、配送及时、轻松购物！</title>

图3-6　京东首页标题标签

当用户访问页面的时候，该标题显示在浏览器的标签栏。在搜索结果中，该标题显示在第一行，是最醒目、用户最先看到的内容。

在为页面确定标题的时候，需要将页面关键词包含在其中，这样有助于搜索引擎理解页面主题；同时要做到不和其他页面的标题重复，以防搜索引擎认为网站中存在较多重复的内容而对网站进行降级或不收录该页面。

应该控制好标题长度，英文标题长度为40～60个字母，而中文标题可以适当长点，如果超出了搜索引擎限制的字数，标题的后半部分是不会被读取的。

（2）描述标签。描述标签是使HTML代码位于HTML头部的另一个标签，用来描述页面

的主题内容，如图3-7所示。

```
<meta name="description"conten="京东JD.COM-专业的综合网上购物商城，销售家电、数码">
```

图3-7　京东首页描述标签

描述标签在SEO中的重要程度比页面标题低很多，而且它不会显示在页面中，只有查看源文件的时候才会看到。但搜索结果中的摘要来自描述标签，一段好的摘要可以吸引用户点击并进入网站。

（3）关键词标签。关键词标签用来指明页面的主题关键字，它位于HTML文件头部中，如图3-8所示。

```
<meta name="Keywords"conten="网上购物，网上商城，手机、笔记本、数码，京东">
```

图3-8　京东首页关键词标签

关键词标签可以用来放置核心词、长尾词和相关词，具有很高的权重，但因为很多网站都滥用这一标签，用户来到网站发现实际内容与关键词标签不一致，严重影响了用户体验，所以很多搜索引擎现在都将该标签排除在算法之外。

（4）H标签。H标签共有六个级别，分别是H1、H2、H3、H4、H5和H6，重要性递减，而且显示的字体依次变小，如图3-9所示。

H1 H2 H3 H4 H5 H6

图3-9　H1~H6显示效果

H标签主要用来告诉搜索引擎这是一段文字的标题，是关键词优化的另一个重要元素。写小标题的时候要将其放置在段落的前面，而且要注意，虽然H标签显示的常常是加粗的黑体，但对于搜索引擎来说，它与粗体字的意义是不同的，不能滥用。

（5）精简代码。搜索引擎的爬虫到达网站之后，读取HTML文件，需要对网页进行去噪声处理，把无用的、多余的代码进行精简，提高网页的信噪比。将用于设置网页样式的CSS代码、设置动效的JavaScript代码都从页面中抽取出来并放到单独的文件中，然后再引入页面中；还可以删除或减少注释代码，减少表格嵌套等。

（6）ALT属性。因为搜索引擎目前对图片内容的识别还不是非常准确，所以当网页中放置了图片时，可以利用ALT属性设置文字，告诉搜索引擎这张图片是什么内容。

（7）链接和锚文字。网页之间的链接可以让Spider在不同的页面进行跳转，有利于收录更多的页面，同时在设置链接的时候也要根据要跳转的网页设置锚文字。

4. 内容优化

（1）依据关键词组织内容。在确定关键词后，就要开始组织内容，在文章中适当地插入长尾词和相关词，更容易引起搜索引擎的注意。如果文章中很少使用用户用来搜索的关键词，那么这个页面在排名中就不会靠前。在组织内容的时候要优先考虑关键词，需要将关键词均匀地分布在文章中，而不是随意堆砌。关键词不能过多，一般每页的关键词不要超过4个，主要关键词最好包含在第一段内容中。

（2）文章的长度。文章的长度一是应从用户出发，考虑用户体验；二是有话则长，无话则短。普通文章的长度在400～800字比较合适。文章最短应在200字左右，因为如果只有几十个字，则搜索引擎不容易判断出文章的主题，也判断不出其与什么关键词相关；如果文章太短，甚至字数比导航系统、菜单、版权声明等合计的字数还少，就可能被怀疑是复制内容。如果这样的文字过少的页面大量存在，可能造成网站内部复制网页增多，网页之间相似性太高，搜索引擎可能会怀疑这是个"垃圾"网站。长文章通常是就某个话题进行的深入分析，其他的博客或网站发现其价值，会将其当作资源加以引用。在搜索引擎看来，长文章能增强网站的权威性。

（3）关键词密度。关键词密度是指在一个网页中关键词占总文字的比率，即搜索引擎用分词技术把文章分割成词语之后，关键词的占比正常范围在2%～8%。如果插入了过多的关键词，破坏了句子和段落的可读性，不仅会影响用户阅读，而且会招致搜索引擎的"反感"，从而影响搜索结果的排名。

（4）更新频率。要进行持续的页面更新，使搜索引擎Spider每次来到网站都有新的网页可以抓取。如果Spider多次抓取不到新内容，就会减少到这个网站的次数，从而影响网站排名。

5. 网站外部链接优化

超文本链接，又称超链接、链接，是互联网的基石，互联网中的各个页面是通过链接来交叉联通的。如果一个网站没有和其他网站连接起来，那么它就是一个信息孤岛，很难被人发现。

重要信息3-4

优质内容

（1）外部链接的作用。搜索引擎Spider通过链接在网站之间、网站内进行爬取，从而与其他网站建立稳定和丰富的链接关系，可以给Spider爬取网站提供更多的入口。此外，外部链接可以提高网站权重，权重是搜索引擎排名中非常重要的一个因素，网站年龄、规模、原创性以及外部链接是形成权重的基础，如果一个权重高的网站在其首页放置了某个网站的链接，那么后者的权重会有质的提升。

（2）外部链接的建设方法。① 合作伙伴。合作伙伴的网站一般和企业的网站存在一定的相关性，可以与其交换链接。例如，"什么值得买""识货"都与阿里妈妈有深入的合作，进行淘宝客推广，并且作为较大的推广机构为淘宝和天猫导入了可观的流量，在淘宝客主页可以看到"什么值得买""识货"的主页链接。② 外部链接引导爬取。当一个网站刚建立的时候，搜索引擎Spider并不知道它的存在，此时可以通过论坛、分类信息网站、博客和行业网站等建设链接来引导Spider对新网站进行爬取，加快收录的速度，避免网站被遗忘。③ 高权重外部链接提升网站权重。对于已经被收录的网站，可以通过在问答、百科、论坛等行业相关的高权重网站中留下链接，提升网站排名及流量，此时应以高质量内容为主。例如在论坛分享软文并附上网址，吸引Spider和用户。

课堂测评

测评要素	表现要求	已达要求	未达要求
知识点	能掌握搜索引擎优化的含义		
技能点	能初步认识搜索引擎优化的技术要点		
任务内容整体认识程度	能概述搜索引擎优化的内容与营销活动的关系		
与职业实践相联系程度	能描述搜索引擎优化的实践意义		
其他	能描述本课程与其他课程、职业活动等的联系		

（3.3） 付费搜索引擎营销

网络营销活动中，一些企业想追求更靠前的排名、更加多样化的信息展示形式、更快捷的推广效果，可以通过向搜索引擎支付费用的形式达成目的。那么，付费搜索引擎营销的含义是什么，涉及哪些原理？从企业的角度看，付费搜索引擎营销需要做哪些工作呢？

3.3.1　付费搜索引擎营销认知

随着搜索引擎算法和服务方式的更新（如专业图片、视频搜索引擎出现），搜索引擎搜索的内容不断增加，针对搜索引擎所做的营销活动也相应增加了许多内容。

1. 付费搜索引擎营销的含义

作为网络营销活动的重要平台，搜索引擎的作用与功能时刻在更新，竞价排名、购买关键词广告等成了众多网站追捧的服务方式。网站在付费之后能被搜索引擎更快捷地收录，且付费越高者排名越靠前；同时，网站可以根据需要更换关键词，相当于在不同页面轮换投放广告。

重要名词3-4

付费搜索引擎营销

付费搜索引擎营销是指通过支付一定费用使信息在搜索引擎上排名突出，对潜在用户进行营销的活动，其载体为用户关键字搜索的结果页面。

在各大搜索引擎里付费营销的方式多种多样，有竞价广告、联盟广告、品牌广告等，但主流的形式表现为搜索引擎付费推广。

2. 付费搜索引擎营销的分类

以百度为例，目前主要的搜索引擎付费推广服务分为搜索推广、品牌专区、信息流广告等。

（1）搜索推广。搜索推广是通过用户搜索付费关键词，推广结果出现在搜索结果页左侧自然排名的上面或者右侧，以影响用户信息获取过程的付费推广方式。百度中因为关键词的出价和质量不同有三种推广形式：左侧竞价排名、右侧关键词广告和左侧底纹关键词推广。百度搜索推广分为标准推广、高级样式（图片凤巢）、线索通。

（2）品牌专区。百度品牌专区是位于搜索结果页首页最上方，为提升用户品牌搜索体验而整合文字、图片、视频等多种展现结果的付费推广方式。其可以根据广告主的展示需求，在PC端、移动端提供品牌专区矩阵、炫动品专、行业特殊品专和品牌华表四大类样式的推广。

营销案例3-2

兰蔻——品牌形象提升、销售两不误

（3）信息流广告。百度信息流广告是在百度信息流（百度首页、百度贴吧、百度App等）中穿插展现的原生广告。百度信息流广告依托百度大平台资源优势，借助百度大数据资源、百度大脑和AI创新科技等技术，可高效精准触达品牌潜在客群，打破内容同质化瓶颈，使内容营销与品牌曝光双效合一。

3. 搜索引擎营销效果转化漏斗

搜索引擎营销效果转化漏斗是指网站从展示信息，到被点击、访问、咨询，再到生成订单的过程中，出现客户数量越来越少的情形，即客户流失。从有众多客户关注页面展示内容开始，出于多种原因，客户对企业失去兴趣、放弃购买而不断离开，像漏斗一样，客户被不断漏掉，越来越少，最终形成较少的订单数量。

4. 搜索引擎付费推广效果

搜索引擎付费推广效果主要体现在搜索引擎推广带给企业网站的流量和网站的二次销售能力上。企业网站流量可以通过百度统计、CNZZ等流量统计工具进行查看，主要指标包括点击量、页面浏览量、新访客数、访问页数、平均访问页数、平均访问时长、平均停留时长、转化次数等。网站的二次销售能力主要体现在在线客服的咨询量、转化率及电话客服的接听量、转化率上。每一个推广都有单独的投放预算和投放时间，如果投放预算为零，则该推广计划失效。

3.3.2 百度付费推广

百度付费推广是付费搜索引擎营销的典型代表，主要包括百度搜索推广、百度品牌专区、百度信息流广告等。

1. 百度搜索推广

百度搜索推广是百度向企业提供的按效果付费的网络营销服务。企业在购买该项服务后，通过注册提交一定数量的关键词，其推广信息就会率先出现在用户相应的搜索结果中。简单来说，百度搜索推广就是当用户利用某一关键词进行检索时，在检索结果页面会出现与该关键词相关的广告内容。

百度搜索推广是百度借助我国搜索引擎市场80%以上的份额和60万家联盟网站，打造的链接亿万网民和企业的供需平台，使有需求的客户能够便捷地找到适合自己的产品和服务，也让企业用少量投入就可以获得大量潜在客户和有效提升品牌影响力。百度搜索推广官网页面如

图3-10所示。

图3-10　百度搜索推广官网页面

（1）百度搜索推广平台的加入。企业要加入百度搜索推广平台，首先需要建立一个网站，或者在其他企业平台上建立网页；此外还需要通过百度搜索推广的企业客户资质审核。为了使推广取得良好效果，平台建议企业在网站维护管理、网上咨询服务、电话销售等方面有配套部门和人员，将平台带来的潜在客户成功转化为商机和订单。

企业可以通过拨打电话或在官网在线申请等方式申请百度搜索推广服务。申请成功后，平台会有专人为企业提供相关服务。为了保证推广信息真实有效，建设诚信健康的网络商业环境，平台针对不同行业，制定了不同的企业客户资质审核要求，需要申请企业提供包括营业执照、ICP备案、行业资质等在内的材料。

企业注册百度搜索推广账户后，只需完成上线流程，就能正常推广。上线流程如下。

企业为账户支付必要的预付款项，并制作由关键词/创意构成的推广方案。

平台在收到款项并确认企业账户内已添加关键词后，将在两个工作日内处理企业的申请，对企业的推广资质进行审核，处理完毕即可为企业开通账户。

百度搜索推广采取预付费制，如图3-11所示。

图3-11　百度搜索推广付费

首次开户仅需缴纳预存推广费6 000元（起）和服务费1 000元（起）。预存推广费和服务费根据地区情况可能有所变动，具体费用由企业和服务提供方另行约定。

开通服务后，企业自助选择关键词、设置投放计划。当搜索用户点击推广信息并访问企业网站时，平台会从预存推广费中收取一次点击的费用，每次点击的价格由企业根据自己的实际推广需求自主决定，企业可以通过调整投放预算的方式自主控制推广花费。当账户中预存推广费用后，企业可以续费保持或加大推广力度。

（2）百度搜索推广平台的服务。百度搜索推广平台有专业的服务团队，全程贴心服务。平台依托遍布全国的多个客服中心与服务网络，通过多种多样的服务方式，如电话、上门、培训、电子邮件、服务网站、自助工具等，为企业提供丰富全面的服务，如账户快速开通、推广方案策划与咨询、流量分析评估、定期回访、网络营销专家培训会议等。平台还建立了二级的服务体系，确保服务高标准、本地化。

2. 百度品牌专区

百度品牌专区是指在百度搜索结果首位以文字、图片、视频等多种广告形式全方位推广展示企业品牌信息，以便客户以更便捷的方式了解品牌官网信息，更方便地获取所需企业资讯，是提升企业品牌推广效能的推广模式。

（1）百度品牌专区的分类。百度品牌专区分为PC端百度品牌专区和移动端百度品牌专区。PC端百度品牌专区位于百度搜索结果首位，以文字、图片、视频等多种广告形式全方位推广展示企业品牌信息，将最为精华和直接的品牌信息展现在网民面前，以便众多客户更便捷地了解品牌官网信息，更方便地获取所需企业资讯。移动端百度品牌专区是在百度无线搜索结果页首页最上方为品牌量身定制的资讯发布平台，是客户通过移动设备搜索特定品牌、产品相关关键词时，在百度无线搜索结果页首页最上方，以文字、图片等多种整合形式及时展现的创新搜索结果展现样式。

（2）百度品牌专区的购买方式。① 价格规则。品牌专区以包段形式按月售卖，售价是结合样式以及所购买品牌词的数量和页面浏览量确定的，通用规则如下。PC端百度品牌专区：月刊例价10万元/月起。移动端百度品牌专区：月刊例价2万元/月起。② 投放地域。广告内容全国展示，不分地域。③ 投放时长。每次投放最短1个月，最长12个月。

3. 百度信息流广告

百度信息流广告是在百度首页、百度贴吧、百度App等百度平台的信息流中穿插展现的原生广告。百度信息流广告依托百度大平台资源优势，借助百度大数据资源、百度大脑和AI创新科技等技术，可高效精准触达品牌潜在人群，打破内容同质化瓶颈，使内容营销与品牌曝光双效合一。广告与信息流更融合，内容页会根据不同平台、不同环境改变展示方式，更适合人们阅读，比较容易为人们所接受。

（1）展现形式。百度信息流广告主要以单图、大图、三图、视频等样式展现在原生资讯内容之中。其最大优点就是"在内容里面融入广告"，使用户在浏览内容时不自觉地接受广告信息，保留了固有的用户体验。

（2）企业开户。百度信息流广告开户目前有两种渠道，一种是代理商，另一种是百度官方。不管采用哪种渠道，企业都必须准备营业执照、法人身份证、行业资质等材料，并提供给代理商或者百度官方。

（3）创建广告。进入百度信息流广告管理页面，选择"创建推广计划"选项，单击"新建计划"按钮。要想好计划的名称，名称的长度为9～15个汉字，接着设置推广对象、引流的类型，即广告展示位置（如百度首页、百度贴吧和百度App），可以根据自己广告要投放的位置进行选择；此外还要设置每天的投放预算、日期和推广时段。接下来，根据提示设置单元。单元是计划的子级，一个推广计划可以包含多个推广单元，因此在新建推广单元时，可以根据计划选择的广告位设置名称，或者根据产品、服务设置名称，接着在单元定向设置中，选择广告面向群体的年龄、性别、兴趣、关键词和相应的用户环境及广告点击价格。再接着设置创意层级，一个单元是包含创意的，创意也就是看到的信息流广告的样式，有图片、标题、描述和链接。在图片设置中，可以选择相应的单图或者三图样式，然后输入广告创意的标题、描述内容和推广URL，如果还没上传图片，则需要先上传推广图片。在上传图片之后，需要根据图片的尺寸要求进行裁剪。在推广计划、单元和创意设置好之后，通过预览查看有没有出错和要修改的情况，确定无误之后单击"提交审核"按钮，就可以看到百度信息流广告创建成功的提示。

课堂测评

测评要素	表现要求	已达要求	未达要求
知识点	能掌握付费搜索引擎营销的含义		
技能点	能初步认识付费搜索引擎营销的操作		
任务内容整体认识程度	能概述付费搜索引擎营销与企业的关系		
与职业实践相联系程度	能描述百度付费推广的实践意义		
其他	能描述本课程与其他课程、职业活动等的联系		

小 结

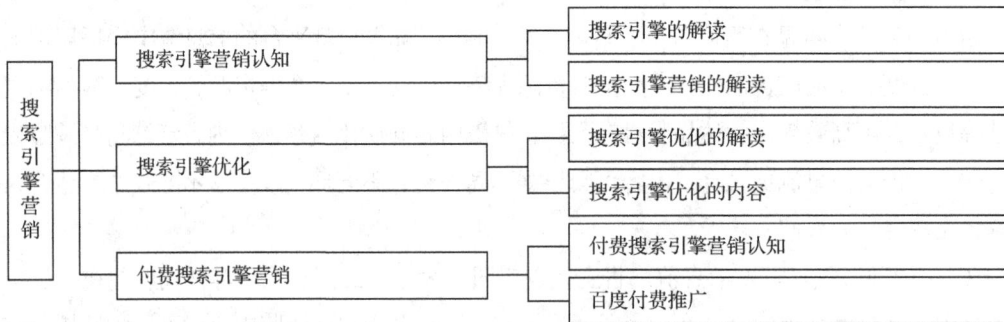

教学做一体化训练

重要名词

搜索引擎　　搜索引擎营销　　搜索引擎优化　　付费搜索引擎营销

课后自测

一、单项选择

1. （　　）是第一代搜索引擎，它自身包含可搜索的数据库。

　　A. 全文检索式搜索引擎　　　　　　B. 元搜索引擎

　　C. 垂直搜索引擎　　　　　　　　　D. 分类目录式搜索引擎

2. 目前最大的中文搜索引擎是（　　）。

　　A. 谷歌　　　　　B. 搜狗　　　　　C. 雅虎　　　　　D. 百度

3. 在搜索引擎营销的目标中，（　　）在搜索引擎营销中属于战略层次。

　　A. 第一层目标　　　B. 第二层目标　　　C. 第三层目标　　　D. 第四层目标

4. 百度搜索推广采取（　　）。

　　A. 预付费制　　　　B. 预约制　　　　C. 预算管理　　　　D. 后付费制

二、多项选择

1. 通过搜索引擎，企业可以搜索的信息主要有（　　）。

　　A. 供货商和原材料资源信息　　　　B. 市场供求、会展及其他商务信息

　　C. 设备、技术、知识等信息　　　　D. 组织、人才及咨询等信息

2. 网站结构优化一般包括（　　）。

　　A. 物理结构优化　　　　　　　　　B. 逻辑结构优化

　　C. 上下结构优化　　　　　　　　　D. 左右结构优化

3. 百度品牌专区分为（　　）。

　　A. PC端百度品牌专区　　　　　　　B. 移动端百度品牌专区

　　C. 新媒体专区　　　　　　　　　　D. 传统媒体专区

4. 网站外部链接的建设方法包括（　　）。

　　A. 合作伙伴　　　　　　　　　　　B. 外链引导Spider爬取

　　C. 高权重外链提升站点权重　　　　D. 主页链接

5. 网站导航包括（　　）。

　　A. 主导航　　　　　　　　　　　　B. 多级导航

　　C. 底部导航　　　　　　　　　　　D. 面包屑导航

6. 以百度为例，目前主要的付费搜索引擎推广分为（　　　）。

    A. 搜索推广　　　　　B. 品牌专区　　　　　C. 信息流广告　　　　D. 试用新产品

三、判断

1. 严格意义上，分类目录式搜索引擎不能称为真正的搜索引擎，只是按目录分类的网站链接列表。（　　　）

2. 搜索引擎营销的基本思想是企业与用户及时互动。（　　　）

3. 主导航展示网站二级重要频道入口。（　　　）

4. 每一个推广都有单独的投放预算和投放时间，如果投放预算为零，则该推广计划有效。（　　　）

5. 网页之间的链接可以让Spider在不同的页面进行跳转，不利于收录更多的页面。（　　　）

6. 在搜索引擎检索信息主要是通过输入关键词实现的。（　　　）

7. 网站的二次销售能力主要体现在在线客服的咨询量、转化率及电话客服的接听量、转化率上。（　　　）

四、简答

1. 什么是搜索引擎营销？

2. 搜索引擎的工作原理是怎样的？

3. 什么是搜索引擎优化？

4. 什么是付费搜索引擎营销？

5. 关键词优化的策略有哪些？

案例分析

美国联合航空公司的搜索引擎营销

📖 同步实训 •••••

实训名称： 搜索引擎营销初步认知。

实训目的： 认识搜索引擎营销，理解其实际意义。

实训安排：

1. 学生分组，收集一些著名企业开展搜索引擎营销的典型案例，如当当、亚马逊或其他企业，并讨论分析，总结概括出这些企业的具体做法。

2. 学生分组，收集身边的一些企业关于搜索引擎营销的具体措施，选取一个企业，分析讨论，并概括其营销效果。

3. 分组将讨论成果以PPT形式进行展示，并由教师组织全班讨论与评析。

实训总结： 学生小组交流不同企业、行业的分析结果，教师根据讨论成果、PPT、讨论分享中的表现分别对每组进行评价打分。

学生自我学习总结

通过完成任务3搜索引擎营销，我能够进行如下总结。

一、主要知识

概括本任务的主要知识点：

1.

2.

二、主要技能

概括本任务的主要技能：

1.

2.

三、主要原理

你认为，搜索引擎营销的基本原理是：

1.

2.

四、相关知识与技能

1. 搜索引擎营销出现的原因有：

2. 搜索引擎优化的发展趋势有：

3. 付费搜索引擎营销的发展方向是：

五、成果检验

1. 完成本任务的意义有：

2. 学到的知识或技能有：

3. 自悟的知识或技能有：

4. 对搜索引擎营销诚信意识的看法是：

网络广告营销

学习目标

1. 知识目标
- 能认知网络广告的含义
- 能认知网络广告策划的内容
- 能认知网络广告投放的含义

2. 能力目标
- 能分析网络广告内容
- 能说明网络广告策划流程
- 能测评网络广告效果

3. 素养目标
- 增强诚信意识
- 养成正确审美观念
- 自觉传承优秀文化

视野拓展

抖音广告创意

任务解析

根据网络营销职业学习活动顺序，本任务可以分解为以下子任务。

4.1　网络广告认知

4.2　网络广告策划与创意

4.3　网络广告投放与效果测评

说起开屏视频广告，人们第一个想到的是微博。不过，自2017年开始，在越来越多的App上可以看到类似的开屏视频广告。InMobi推出了一系列原生视频广告，其中就有原生开屏视频广告。InMobi是中国第一家提供这种广告形式的独立第三方移动广告平台。

开屏广告因能在第一时间引起用户关注而一直备受品牌广告主的青睐，并在经历了从纯展示到可供点击的演变后，其功能也更加完善，除了可满足品牌知名度提升的需求，还能帮助品牌实现转化率的提高。开屏广告从原来的静态图文形式发展到动态视频形式，实现了重大的升级。这对用户来说，意味着更立体、更具观赏性的广告体验，而对品牌广告主和移动媒体来说也是双赢，移动广告生态系统也将得到良性的发展。

那么，InMobi这次推出的原生开屏视频广告到底是什么样的呢？

InMobi原生开屏视频广告是时长为6秒、全屏展示的视频广告，它可在App刚刚启动或用户从桌面返回App等黄金时机进行展示。这段时间是用户在整个App体验中的自然等待时间，在此时展示广告并不会打断用户体验；相反，如果是高质量的广告则会自然地引起用户的关注，从而大大提高广告的展示效果。InMobi原生开屏视频广告与一般的图文形式开屏广告相比，具备更多维度的表现力，通过听觉、视觉等各方面向用户传达广告内容，实现真正的多媒体触达。在这个过程中，用户会因为广告的高质量而对品牌的好感度大大提升，相应的，与品牌之间的互动也将变得更加频繁，这无疑会受到品牌广告主的极大欢迎。而移动媒体想要向用户展示这一广告形式，只需集成InMobi新版轻量级的软件开发工具包即可，更为人性化的是，移动媒体还可以自主设置视频声音播放规则，给用户带来更完美的体验。

从开屏广告的效果来看，其点击率通常可以达到8%以上，转化率也可以达到3%左右，相对于其他形式的广告，这已经是一个非常可观的数据了。原生开屏视频广告在未来会实现进一步的突破，点击率将增长1～5倍，转化率也将增长1～3倍，这会大大提高品牌广告主的投放效率。

读后问题：

（1）开屏广告为什么受欢迎？

（2）你经历过这样的广告吗？

（3）InMobi原生开屏视频广告有哪些优势？

（4）你怎样评价网络广告？

4.1 网络广告认知

与传统媒体相比，企业可以通过互联网对用户进行追踪、研究，以实现精准营销。网络广告正是在这一基础上发展起来。那么，什么是网络广告？网络广告有哪些形式？网络广告的推广手段是怎样的？网络广告具备哪些特点呢？

经过20多年的高速增长，我国互联网广告市场迎来了结构性调整与资源配置优化。2023年1月12日，中关村互动营销实验室联合普华永道、秒针营销科学院、北京师范大学新闻传播学院编制了《2022中国互联网广告数据报告》（以下简称《报告》）。《报告》显示，2022年，中国互联网广告市场规模约为5 088亿元，较2021年下降6.38%，市场规模近七年首次出现负增长，如图4-1所示；中国互联网营销市场规模约6 150亿元，较2021年下降0.37%；广告与营销市场规模合计约为11 238亿元，较2021年下降3.19%。

单位：亿元

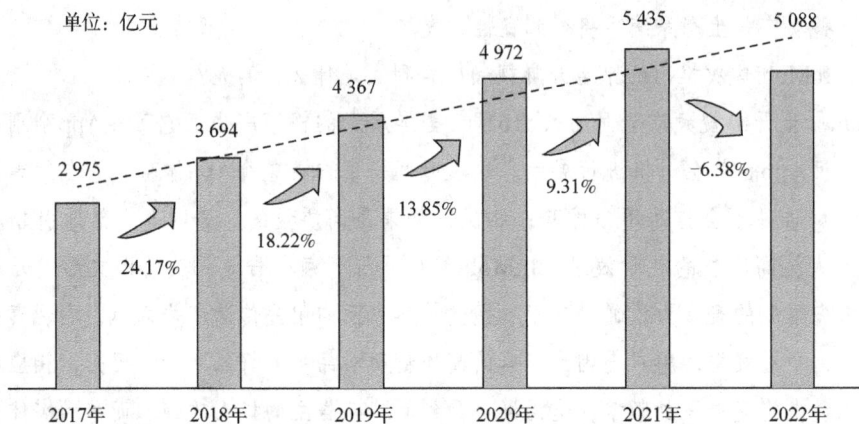

图4-1　2017—2022年中国互联网广告市场规模

通过分析《报告》数据可以看出，我国互联网广告市场结构性调整步入深水区，市场规模首次出现回调。从宏观市场结构的角度看，此次调整有利于互联网广告市场长期稳定发展。

4.1.1　网络广告的解读

相较于传统媒体广告，网络广告具有得天独厚的优势，是实施现代营销媒体战略的重要组成部分。网络广告呈现形式多种多样，也是主要的网络营销方法之一，在网络营销方法体系中具有举足轻重的地位。

1. 网络广告的含义

网络广告是广告业务在计算机网络中的新拓展，也是网络营销领域率先开发的营销技术之一。从技术层面考察，网络广告是指以数字代码为载体，采用先进的电子多媒体技术设计制作的，通过互联网广泛传播，具有良好的交互功能的广告形式。简单来说，网络广告是指广告主为了实现商品交换的目的，通过网络媒体所发布的广告。

显然，网络广告的本质是向互联网用户传递营销信息的一种手段，是对用户注意力资源的合理利用。

🎓 **重要名词4-1**

网络广告

　　网络广告是以网络为载体，在网络上做的广告。网络广告即利用网站横幅、文本链接、多媒体的方法，在互联网上发布广告，吸引网上用户，从而起到提升商家知名度或实现某一商业目的的作用。

---

2. 网络广告的特点

　　网络广告是互联网问世以来广告业务在计算机领域新的拓展，随着互联网的迅猛发展，已成为企业不可或缺的重要广告形式。与传统媒体广告相比，网络广告以互联网为载体，其特点主要体现在以下几个方面。

　　（1）广泛和开放性。网络广告可以通过互联网把广告信息全天候不间断地传播到世界各地，其效果是传统媒体广告无法达到的。另外，报纸、杂志、电视、广播、路牌等传统广告都具有很大的强迫性；而网络广告是开放的，网络用户可以根据意愿选择是否浏览。

　　（2）实时和可控性。网络广告可以根据企业的需求快速制作并进行投放；而传统广告制作成本较高，投放周期固定。网络广告可以根据企业需要及时变更和调整广告内容，以便经营决策及时实施和推广，顺应市场需求变化；而传统媒体广告在发布后不易更改，若要更改，则要花费更多时间及更高的费用。

　　（3）直接和针对性。通过传统媒体广告，用户只能间接地接触宣传的产品，无法通过广告直接感受产品或了解企业的具体运作和服务。而网络广告则不同，只要用户看到了感兴趣的内容，可直接进入该企业网站，搜寻产品或企业的具体信息。另外，网络广告可以投放给某些特定的人群，进行精准投放。网络广告可以根据不同用户的特点，灵活地实现时间定向、地域定向、频道定向，实现对用户的清晰归类，在一定程度上保证广告的触达率与效率。

　　（4）双向和交互性。传统的广告信息流是单向的，即企业推出什么内容，用户只能被动地接受什么内容。而网络广告突破了这种单向的局限，实现了供求双方信息流的双向互动。通过网络广告的链接，用户可以从企业的相关站点中得到更多的信息。另外，用户可以通过广告位直接填写并提交在线表单信息，企业可以随时得到用户的反馈信息。同时，网络广告可以提供进一步的产品查询功能，方便企业与用户互动与沟通。

　　（5）易统计和可评估性。网络广告可用于详细地统计一个网站各网页被浏览的总次数、每个广告被点击的次数，甚至还可以详细、具体地统计出每个访问者的访问时间和IP地址。另外，提供网络广告发布服务的网站一般都能建立用户数据库，内容包括用户的地域分布、年龄、性别、收入、职业、婚姻状况、爱好等。这些统计资料可以帮助企业统计与分析市场和受众，根据广告受

重要信息4-1

国内外最早的网络广告

众的特点，有针对性地投放广告，并根据用户特点进行定点投放和跟踪分析，对广告效果做出客观准确的评估。

4.1.2　网络广告的类型

依据广告载体和发布方式的不同，网络广告可以划分为以下类型。

1. 网幅广告

网幅广告（见图4-2）是以GIF、JPG等格式建立的图像文件，定位在网页中，用来表现广告内容，同时还可使用Java等语言产生交互性，用Shockwave等插件工具增强表现力。它们大多位于网页的最上面或者最下面。根据统计结果，这是互联网上最流行的广告方式，约占所有互联网广告的60%。这种广告包含Banner、按钮（Button）、通栏、竖边、巨幅等具体形式。

图4-2　网幅广告

2. 文本链接广告

文本链接广告的素材形式是一段链接到广告主网页的文字。文本链接广告有时像网幅广告那样占据固定的版面，有时则穿插在大量内容链接条目中。文本链接广告是一种对浏览者干扰最少，但最有效的网络广告。

3. 搜索引擎广告

搜索引擎广告通过关键词搜索和数据库技术把用户输入的关键词与商家的广告信息进行匹配，广告可以显示在用户搜索结果页的一侧，也可以显示在搜索结果中，如图4-3所示。这种广告由于与用户查询的信息具有较高的相关度，因此易于被用户接受，传播效果显著。

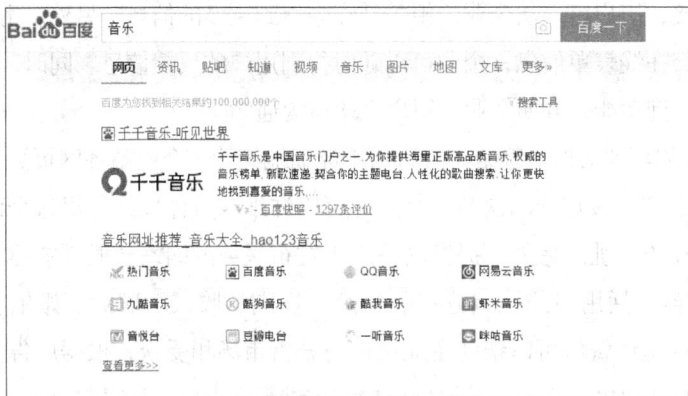

图4-3　搜索引擎广告

4. 电子邮件广告

电子邮件广告通过电子邮件的方式向目标用户传递推广信息，一般采用文本格式或HTML格式。采用文本格式的电子邮件广告，就是把一段广告文字放置在新闻邮件或经许可的E-mail中间，也可以设置一个URL，链接到广告主公司主页或提供产品或服务的特定页面。采用HTML格式的电子邮件广告可以插入图片，和网页上的网幅广告没有区别。

电子邮件广告具有针对性强、费用低廉等特点，广告内容不受限制，它可以针对用户发送定制广告，这是其他网络广告类型无法相比的。值得注意的是，电子邮件广告非常容易成为垃圾邮件的主要来源。

5. 插播式广告

插播式广告是在一个网站的两个网页之间的空间中插入的广告，就像出现在电视节目中间的广告一样。插播式广告有不同的形式，有的出现在浏览器主窗口，有的会新开一个小窗口，有的可以创建多个广告，也有一些是尺寸比较小的、可以快速下载内容的广告，如图4-4所示。插播式广告很容易被网页浏览者看到，具有很强的广告效应，因此备受广告主的青睐。插播式广告的缺点就是可能引起浏览者的反感。

图4-4 插播式广告

6. 软件广告

软件广告又称搭载广告，是指软件开发者把含有广告代码的插件或者广告链接捆绑在软件中，在用户安装软件的同时，能够将插件同时安装在用户的计算机上，并能够把广告标志显示在软件界面中。用户如果使用该软件或者单击界面上的广告链接，就会弹出广告信息。所搭载的软件主要是常用聊天软件、工具软件等。

7. 在线游戏广告

在线游戏广告常常预先设计在互动游戏中，大多以内在形式嵌入游戏的界面或内容，方式隐蔽且易于让人接受。在线游戏广告直接把品牌信息融合在游戏中，利用人们对游戏的一种爱好心理和游戏本身的互动性提高广告的认知度，从而产生强烈的广告效果。目前，在线游戏广告已经成为网络上受众多、广告商青睐的广告类型之一。

8. 视频广告

随着在线视频的快速发展，在视频流播放的间隙插入的广告也成为网络广告的一种重要形式。根据插入位置的不同，可将视频广告分为前插片、后插片、暂停等类型。由于载体的独特性质，视频广告的效果和广告创意比较类似于线下传统的电视广告。

9. 富媒体广告

受限于带宽，互联网发展初期，网站的内容以文本和少量的低质量的GIF、JPG图片为主。随着技术的进步以及消费市场的成熟，出现了具备动画、声音、视频、图片、文字、超链接等多媒体组合的媒介形式，人们把这些媒介形式的组合称作富媒体，而以这些技术设计的广告称作富媒体广告。富媒体广告具有极强的视觉、听觉表现力以及大容量、交互性等优势，颇受广告商的青睐。

10. 移动广告

在移动互联网爆发式增长的大背景下，移动广告快速发展。移动广告是通过移动应用或移动网页投放在移动设备（如手机、平板电脑等）上的广告。目前，移动广告典型的形式有图片、富媒体、视频、积分墙、推荐墙、重力感应广告等。

课堂测评

测评要素	表现要求	已达要求	未达要求
知识点	能掌握网络广告的含义		
技能点	能初步认识网络广告的类型		
任务内容整体认识程度	能概述网络广告与传统广告的区别与联系		
与职业实践相联系程度	能描述网络广告的实践意义		
其他	能描述本课程与其他课程、职业活动等的联系		

4.2　网络广告策划与创意

与传统广告一样，网络广告也需要进行精心的策划。网络广告策划是对广告活动进行整体的规划，这项工作关系到广告活动的整体构思与最终效果。那么，网络广告策划与创意是指什么？这项工作的主要内容有哪些呢？

4.2.1　网络广告策划

网络媒体的特点决定了网络广告策划工作的特殊性。在网络的高互动性下，网络广告不再只是单纯地用于创意表现与信息发布，广告主对广告效果反馈的及时性要求会更高，广告用户对广告内容浏览的选择更多，这意味着网络广告必须吸引用户注意力，才能产生预期的广告效果。在实现这一目标的过程中，网络广告策划是非常重要的一环。

1. 网络广告策划的含义

网络广告策划是企业网络营销人员根据互联网的特征及网络人群的特征，从全局角度展开的一种运筹和规划。

重要名词4-2

> **网络广告策划**
>
> 网络广告策划是对网络广告活动的筹划与谋划，是企业网络营销人员根据企业的网络营销计划与广告目的，在市场调查的基础上，对网络广告活动进行全面筹划和整体战略部署的一系列行为。

网络广告策划在本质上仍然属于广告策划的一种，是在有限的广告信息体上，对整个网络广告活动加以协调安排，在广告设计、广告投入、广告时间、广告空间安排等具体环节尽可能做到考虑充分并精益求精。

2. 网络广告策划的内容

网络广告策划的内容主要包括确定网络广告目标、确定网络广告对象、选择网络广告创意及策略、选择网络广告发布渠道等。

（1）确定网络广告目标。确定网络广告目标的目的是利用信息沟通使消费者产生对品牌的认识、情感、态度和行为的变化，从而实现企业的营销目标。企业在不同发展时期有不同的网络广告目标。例如产品广告，在产品的不同发展阶段，产品广告的目标可分为提供信息、说服购买和提醒使用等。AIDA法则可用于确定网络广告目标：①A是注意（Attention），在网络广告中意味着消费者在计算机屏幕上通过对广告的阅读，逐渐对企业的产品或品牌产生认识和了解；②I是兴趣（Interest），消费者注意到企业所传达的信息后，对产品或品牌产生了兴趣，想要进一步了解广告信息，就可以点击广告，进入企业在网上的营销站点或网页；③D是欲望（Desire），感兴趣的消费者对企业通过产品或服务提供的利益产生占为己有的想法，他们会仔细阅读企业的网页内容，这时就会在企业的服务器上留下记录；④A是"行动"（Action），消费者把浏览网页的动作转换为符合网络广告目标的行动，如在线注册、填写问卷参加抽奖或者在线购买等。

（2）确定网络广告对象。网络广告对象就是网络广告目标受众。为了使网络广告的创意、制作、发布更具有针对性，必须事先明确网络广告目标受众。简单来说，就是确定网络广告希望让哪些人看到，确定他们属于哪个群体、哪个区域。只有让合适的人参与广告信息活动，才能使广告有效地实现其目标。

（3）选择网络广告创意及策略。网络广告创意是为了表现广告主题而进行的新颖独特的、创造性的构思。其基本要求包括：撰写明确有力的标题和简洁的广告信息、设计互动功能、合理安排网络广告发布的时间（包括发布时机、时段、时序、时限等）、科学确定广告费用预算、设计网络广告效果测试方案等。

（4）选择网络广告发布渠道。发布网络广告的渠道较多，应根据企业自身情况或消费者情况选择合适的渠道站点或形式。可供选择的渠道主要有以下几

重要信息4-2

网络广告时序策略与时限策略

种。① 主页形式。这是企业必须要采用的形式，可以更有效地建立良好的企业形象，更好地宣传企业产品。② 门户网站。例如新浪、腾讯、搜狐、网易等，它们提供大量消费者生活需要的免费信息，访问量很大，是网上最引人注目的站点。目前，这些站点旗帜广告居多。③ 搜索引擎。例如Google、百度等，消费者通过它们搜索自己需要的信息，使用量大，精准度高。④ 特定品类销售网。消费者通过在该类站点进行产品搜索，可以直接找到所需产品，快捷方便、针对性强。⑤ 企业名录。互联网服务商或一些政府机构可将部分商业信息融入主页，从而更便捷、准确地找到目标受众。⑥ 电子邮件。直接将广告群发至目标受众的电子邮箱内。⑦ 网络报纸或网络杂志等。

4.2.2　网络广告创意

在互联网的环境中，信息的海量化、传播渠道的密集化、信息发布主体的复杂化，已经使得如何争夺用户的注意力，引起用户的关注，与用户进行互动沟通成为信息传播的核心问题。信息的发布很容易，但要产生传播效果却越来越难。没有创意就等于没有传播。与传统广告传播相比，创意在网络广告传播中具有更重要的地位和价值。

1. 网络广告创意的含义

网络广告创意是广告创意人员对确定的广告主题进行的整体构思活动。为了让网络广告达到最佳的宣传效果，广告创意人员根据网络媒体的特点，充分发挥想象力和创造力，提出有利于创造优秀甚至杰出广告作品的构思。创意策略以研究产品概念、目标消费者、广告信息和传播媒介为前提，是广告活动的灵魂，也是广告取得成功的关键。

2. 网络广告创意的策略

网络广告创意需要进行策略性思考，创意的背后是策略和智慧。创意策略，即对创意的一种想法和规划。

（1）独特的销售主张（Unique Selling Proposition，USP）策略。USP策略是在20世纪50年代由美国广告大师罗素·瑞夫斯提出的一种具有广泛影响的广告创意策略。该策略强调，广告创意人员应当挖掘并且放大隐藏在产品中的独特性，这种独特性就是与其他产品的差异，必须能够满足消费者某方面的需要，符合消费者的利益，然后以消费者乐于接受的方式传达出来。

营销案例4-1

网络广告"呼唤"诚信

USP策略的核心要素包括：① 每一则广告必须向消费者提供一个销售主张，该主张必须能够提供给消费者一种具体的利益；② 所强调的销售主张必须是广告产品独有的而竞争对手做不到或无法提供的；③ 所强调的销售主张必须是强而有力的和能够促进销售的。

采用USP策略，要以产品分析为基础，并以产品与其他产品在功能上有明显差异为前提，主要适用于以下情形：产品差异是区分市场的重要依据；消费者对产品特点非常关心；某些产品特点或优点处于中心位置（指某一类产品具有大部分消费者最关心的特点或优点）。

（2）品牌形象策略。该策略产生于20世纪60年代后期的美国，由大卫·奥格威提出。当时产品的同质化越来越严重，寻求产品的独特卖点越来越难。该策略强调，在产品完全同质的基础上，谁更有独特气质，谁就能脱颖而出。因此，为品牌产品建立一个个性标志和发起一个成功广告运动是非常重要的。

（3）定位策略。定位的英文是positioning，是指在对目标消费群体、广告产品、竞争产品深入分析的基础上，确定广告产品与众不同的优势和与此相联系的在消费者心目中的独特地位，并将它们传递给目标消费者的动态过程。定位策略是20世纪70年代由艾·里斯和杰克·特劳特提出的。定位策略把关注的核心从产品或品牌转向消费者，它实质上反映了营销观念的深刻转变。

（4）共鸣策略。该策略强调广告通过怀旧等方式，唤起广告对象珍贵的、难以忘怀的生活经历、人生体验和感受，激发其内心深处的回忆，同时赋予品牌相关的含义和象征意义。该策略通过建立广告对象的移情联想使其产生有利于品牌的情绪情感，通过广告情节或观念与广告对象生活经历的共鸣作用而获得良好的广告效果。

（5）情感策略。情感策略强调广告创意人员应该致力于在品牌和消费者之间建立一种情感联系，通过广告的情节、音乐、语言或者充满感情和象征意义的形象来激发消费者内心深处美好的情感，并且将这种美好的情感和品牌联系在一起。该策略的心理学基础是人类的移情心理，消费者在接受广告的过程中所激发的美好的情感是与广告的产品紧密相关的，也就很容易将所激发的情感转移到广告所宣传的产品上，从而对该产品产生同样的好感。

课堂测评

测评要素	表现要求	已达要求	未达要求
知识点	能掌握网络广告策划的含义		
技能点	能初步认识网络广告创意的策略		
任务内容整体认识程度	能概述网络广告策划与创意的联系		
与职业实践相联系程度	能描述网络广告策划的实践意义		
其他	能描述本课程与其他课程、职业活动等的联系		

4.3 网络广告投放与效果测评

网络广告效果测评是指网络广告活动实施以后，通过对广告活动过程的分析、评价及效果反馈，以检验广告活动是否取得了预期效果的过程。网络广告怎么投放？网络广告效果包括哪些方面？如何对网络广告效果进行有效测评？

网络广告活动中，网络媒体提供高效的网络广告环境和资源，企业可以自主地进行广告投放、更换、效果监测和管理，而用户可以根据自己的需要选择自己感兴趣的广告信息及表现形式。只有建立了三者之间良好的互动关系，才能实现和谐的网络广告环境，才可以让网络广告真正成为大多数企业都可以采用的营销策略，网络广告的效果也才能最大限度地体现出来。

4.3.1　网络广告投放

网络广告投放的主要任务是分析和选择适当的信息发布渠道，以便在适当的时机、适当的场合把广告信息传达给适当的受众群体。网络广告投放及发布一般由广告主、网络广告代理或网络广告联盟的专人负责。

1. 网络广告投放的含义

网络广告投放是指企业网络营销人员及网络广告代理等实施广告信息发布策略，即在选定的网络平台上发布已经策划、制作好的广告作品。

网络广告投放及发布费用在网络广告投入总费用中占很大比例，网络广告投放及发布计划必须遵循效率最大化原则，明确对信息投放及发布终端的选择，有针对性地进行媒体购买，以保证在一定费用下最大限度地实现预定广告目标。

2. 网络广告投放的方式

实践中，常见的网络广告投放的方式主要包括以下几种。

（1）自媒体投放。这是目前企业经常选择的网络广告投放方式之一。自媒体投放是指企业可以在自己的网站、App、微信公众号、微博上投放广告，并与受众互动。以这种方式投放的广告主要定位于树立企业整体形象。

（2）直接投放。这也是目前十分常见的网络广告投放方式，即企业根据广告意图，选择合适的网络媒体进行广告投放。一般来讲，选择媒体时应遵循以下原则。①选择访问量大的媒体平台。互联网上有许多访问量非常大的媒体平台，包括搜索引擎网站及其App，如百度、搜狗、360搜索；许多导航网站，如hao123、360导航等；许多影响力较大的门户网站及其App，如新浪、搜狐、腾讯、今日头条、网易等；近年来快速兴起的视频平台及其App，如抖音、快手、西瓜等。这些媒体平台受众面广，访问量大，可以吸引大量的注意力与浏览量。②选择受众定位明确的媒体平台。互联网上还有许多专业性媒体平台，其特点是访问人数相对较少，覆盖面窄，但访问用户恰恰是广告的目标受众，通过广告信息的传达，可实现非常高的转化率。

（3）通过代理商投放。网络广告代理商数量众多，类型多样，企业网络营销人员应通过横向对比，客观地分析判断每个网络广告代理商具备的资源优势，再结合自身条件，从中进行科学选择，最终形成理想的广告投放效果。

（4）广告联盟投放。广告联盟是指网络广告联盟，是互联网广告组织的一种形式。广告联盟投放具体指集合联盟会员（各中小网站、个人网站等站点）组成联盟，再通过联盟的平台帮助广告主实现广告的投放与数据监测，广告主依据投放效果向联盟会员支付相应的费用。广告联盟包括三个要素：广告主、广告联盟平台、联盟会员（各网站）。

重要信息4-3

网络广告投放
计费形式

（5）网络广告交换。网络广告交换是一种资源合作的推广方法，是指通过网站交换链接、交换广告、内容合作、用户资源合作等方式,在具有类似目标的网站之间实现互相推广的目的,其中最常用的资源合作方式为网站交换链接。

4.3.2　网络广告效果认知

一般来讲,网络广告效果是指网络广告通过网络媒体发布之后所产生的实际作用与影响。与传统媒体广告一样,网络广告效果也可以根据其内容和影响范围分为传播效果、经济效果、社会效果等。

1. 网络广告传播效果

网络广告传播效果,又称网络广告的本身效果或心理效果。它是指网络广告发布之后,受众对广告的印象以及产生的各种心理效应,表现为广告对受众的知觉、记忆、理解、情感、态度和行为等方面的影响。网络广告活动能够激发消费者的心理需要和购买动机,培养消费者对品牌的认同、信任和好感,从而树立企业的良好形象。因此,网络广告传播效果是一种内在的、能够产生长远影响的效果。

2. 网络广告经济效果

网络广告经济效果是指广告主通过网络广告活动在促进产品和服务销售以及提高企业利润等方面所取得的成果。企业运用各种网络广告传播媒体,把产品、服务以及观念等信息传播出去,其根本目的是刺激消费心理、促进消费者购买、增加利润。因此,网络广告经济效果是网络广告活动最基本、最重要的效果,也是网络广告效果测评的主要内容。

3. 网络广告社会效果

网络广告社会效果也称网络广告的接受效果,是指网络广告对社会道德、文化教育及伦理等方面的影响和作用。网络广告所倡导的消费观念、道德规范、文化意识等都会产生一定的社会影响,可见,网络广告的社会效果不容忽视。

营销案例4-2

重庆成"抖音之城"

4.3.3　网络广告效果测评

网络广告一旦投放到网络媒体,广告主最关心的是网络广告所产生的效果,那么,自然会对网络广告投放一段时间后的效果进行测评。这个测评结果既是衡量网络广告活动成功度的标尺,也是广告主实施后续广告策略的基本依据。

1. 网络广告效果测评的含义

网络广告效果测评就是利用一定的指标、方法和技术对网络广告效果进行综合衡量和评定的活动。

网络广告效果测评的内容是通过对在互联网上发布的广告的统计分析,了解广告投放状况、分析广告投放策略、评估广告效果。这项工作也是企业了解广告市场动态、媒介构成、竞争品牌广告投放量的直接有效的手段。

网络广告效果测评，不仅能对企业前期的广告进行客观评价，而且能对企业今后的广告活动起到指导作用。

2. 网络广告效果测评的指标

广告的根本目的在于促成消费者购买产品，但是由于网络广告效果的显现是非常缓慢的，因此应对网络广告的传播效果、经济效果以及社会效果进行综合衡量，并按照网络广告活动过程分阶段进行测评。

（1）网络广告传播效果测评的指标。

广告对于广告主来说最终目的是促进产品销售，但是这个目的不可能一步实现，势必要经过几个阶段，遵循AIDA法则。每一个阶段都可以作为网络广告传播效果测评的内容。

① 广告曝光次数（Advertising Impression）。广告曝光次数是指网络广告所在的网页被访问的次数，这一数字通常用计数器统计。假如广告刊登在网页的固定位置，那么在刊登期间获得的曝光次数越多，表示该广告被看到的次数越多，获得的注意力就越多。

② 点击次数与点击率（Click & Click Through Rate）。点击次数是指浏览者点击网络广告的次数。点击次数可以客观准确地反映广告效果。而点击次数除以广告曝光次数，就可得到点击率，这项指标也可以用来评估网络广告效果，是衡量广告吸引力的一个指标。如果刊登某则广告的网页的曝光次数是5 000，而网页上广告的点击次数为500，那么点击率则是10%。点击率是网络广告最基本的测评指标，也是反映网络广告传播效果最直接、最有说服力的量化指标。一旦浏览者点击了某个网络广告，说明他已经对广告中的产品产生了兴趣，与广告曝光次数相比，这个指标对广告主的意义更大。随着人们对网络广告的了解，点击率越来越低，因此单纯的点击率不能充分反映网络广告的真正效果。

③ 网页阅读次数（Page View）。浏览者在对广告产品产生了一定兴趣之后进入广告主的网站，在了解产品的详细信息后，其可能产生购买的欲望。当浏览者点击网络广告之后即进入介绍产品信息的主页或者广告主的网站，浏览者对该页面的一次浏览阅读称为一次网页阅读。而所有浏览者对这一页面总的阅读次数就称为网页阅读次数。这个指标可以用来衡量网络广告效果，它从侧面反映了网络广告的吸引力。网页阅读次数与网络广告的点击次数事实上是存在差异的，这种差异是浏览者点击了网络广告而没有浏览阅读这则广告所打开的网页所造成的。目前由于技术的限制，很难精确地对网页阅读次数进行统计。在很多情况下，假定浏览者打开广告主的网站后都进行了浏览阅读，因而网页阅读次数可以用点击次数进行估算。

④ 转化次数与转化率（Conversion & Conversion Rate）。"转化"被定义为受网络广告影响而形成的购买、注册或者信息需求行为。转化次数即受网络广告影响所产生的购买、注册或者信息需求行为的次数。而转化次数除以广告曝光次数，即得到转化率。网络广告的转化次数包括两部分：一部分是浏览并且点击了网络广告所产生的转化行为的次数，另一部分是仅浏览而没有点击网络广告所产生的转化行为的次数。转化次数与转化率可以反映那些被浏览而没有

被点击的广告所产生的效果，同时，点击率与转化率不存在明显的线性关系，所以出现转化率高于点击率的情况是正常的。但是，目前监测转化次数与转化率，在实际操作中还有一定的难度。通常情况下，将受网络广告的影响所产生的购买行为的次数视为转化次数。

（2）网络广告经济效果测评的指标。

网络广告经济效果主要表现为广告主利用广告促进销售而获取的广告收入与付出的广告成本之间的差额，因此，网络广告经济效果测评指标主要包括网络广告收入和网络广告成本。

① 网络广告收入。网络广告收入是指消费者受网络广告的影响产生购买而给广告主带来的销售收入。其计算公式为：

$$网络广告收入 = P \times \sum N_i$$

其中：P表示网络广告所宣传的产品价格；N_i表示消费者i在网络广告的影响下购买产品的数量。

这一结果看似很简单，但是要得到准确的统计数字还必须考虑网络广告只是影响产品销售的一个因素，产品的销售是诸多因素共同作用的结果，如产品的质量、价格等，还涉及很多难于统计计算的因素，如消费者消费习惯等，甚至还要受到其他广告形式的促销作用的影响。此外，网络广告对产品销售的影响是长期的，有些网络广告的影响要经过一段时间才能体现出来。

② 网络广告成本。网络广告成本主要包括以下几种计算形式。

第一，千人印象成本（Cost Per Mille，CPM）。千人印象成本是指网络广告产生1 000个广告印象的成本（即每1 000人分别听到或者看到某广告一次，广告主需要付出的广告成本），通常以广告所在页面的曝光次数为依据。这一模式常用于较大型的知名度宣传工作。它的计算公式为：

$$CPM = 总成本 / 广告曝光次数 \times 1\,000$$

第二，每点击成本（Cost Per Click，CPC）。每点击成本就是用户点击某网络广告1次，广告主所付出的成本。百度竞价广告就是这种模式。其计算公式为：

$$CPC = 总成本 / 广告点击次数$$

第三，每行动成本（Cost Per Action，CPA）。每行动成本就是广告主为每次行动所付出的成本，也称为按效果付费成本，即按广告投放实际效果，如回应的有效问卷、注册或订单来计费。这一模式常用于拉新广告。其计算公式为：

$$CPA = 总成本 / 转化次数$$

第四，按时长计费（Cost Per Time，CPT）。按时长计费是按播出时间长短来计费。这一计算形式常见于贴片广告和开屏广告。

（3）网络广告社会效果测评的指标。

网络广告的社会效果主要指广告活动所引起的社会文化、教育等方面的作用。无论是广告构思、广告语言，还是广告表现，都要受到社会伦理道德的约束。测评网络广告的社会效果，受一定的社会意识形态下政治观点、法律规范、伦理道德以及文化艺术标准的约束。意识形态不同，约束的标准也不同，网络广告社会效果，很难像网络广告传播效果和经济效果那样用几个指标来衡量，因为网络广告的社会影响涉及整个社会的政治、法律、艺术、道德伦理等上层建筑和社会意识形态。所以网络广告社会效果只能用法律规范标准、伦理道德标准和文化艺术标准进行衡量。

3. 网络广告效果测评的方法

网络广告效果测评的一项基础工作就是获得统计数据，这是测评工作得以进行的前提。目前，网络广告效果测评主要通过以下三种方式获得数据。

（1）通过使用访问统计软件获得测评数据。

通过服务器上的一些专门的软件可随时监测网民对网络广告的反应情况，并能生成、分析相应报表，广告主可以随时了解在什么时间、有多少人访问过其广告页面，多少人点击过广告图标，或有多少人访问过载有旗帜广告的网站。

（2）通过查看网民反馈量获得测评数据。

网络广告投放后，网民对广告有一定的反馈，如果反应比较强烈，反馈量大大增加，则说明所投放的广告比较成功；反之，则说明所投放的广告不太成功。广告主可通过观察表单提交量和E-mail在广告投放后是否大量增加来判断广告投放效果。

（3）通过第三方机构进行监测来获得测评数据。

网络广告效果测评特别强调公正性，可由第三方机构独立进行。传统媒体广告在这方面已经形成一套行之有效的审计认证制度，并且也有专门的机构来从事这一工作，如美国的盖洛普、中国的索福瑞等。第三方独立于互联网服务提供者（Internet Service Provider，ISP）或互联网内容提供者（Internet Content Provider，ICP），因此在客观程度上独立性有所提高，减少了作弊的可能，使统计数据的可信度增强。

课堂测评

测评要素	表现要求	已达要求	未达要求
知识点	能掌握网络广告投放与效果测评的含义		
技能点	能初步认识网络广告效果测评的操作		
任务内容整体认识程度	能概述网络广告形式与测评指标的关系		
与职业实践相联系程度	能描述网络广告效果测评的实践意义		
其他	能描述本课程与其他课程、职业活动等的联系		

小 结

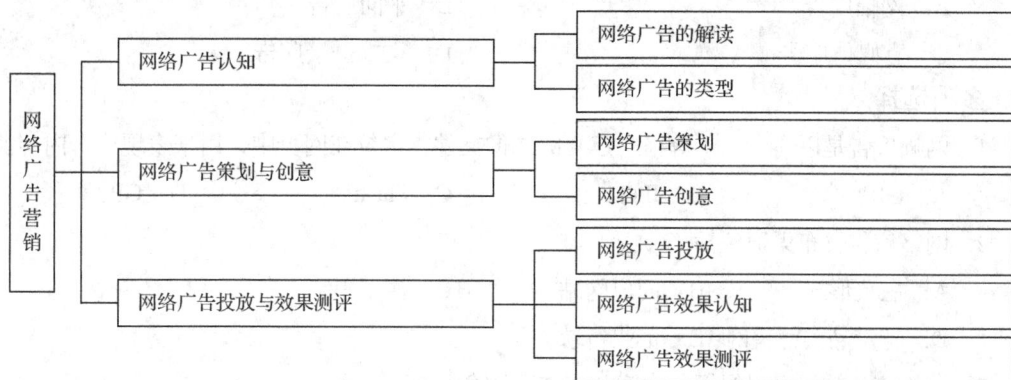

教学做一体化训练

重要名词

网络广告　　网络广告策划

课后自测

一、单项选择

1. 网络广告可以通过互联网把广告信息（　　）不间断地传播到世界各地，其效果是传统媒体广告无法达到的。

    A. 全天候　　　　　　　　　　　B. 不受限制

    C. 不受影响　　　　　　　　　　D. 不间断

2. 传统的广告信息流是（　　）的，即企业推出什么内容，用户只能被动地接受什么内容。

    A. 单项　　　　　B. 双向　　　　　C. 复合　　　　　D. 复杂

3. （　　）大多位于网页的最上面或是最下面。根据统计结果，这是互联网上最流行的广告方式。

    A. 网幅广告　　　　　　　　　　B. 平面广告

    C. 立体广告　　　　　　　　　　D. 多媒体广告

4. （　　）是一种对浏览者干扰最少，但最有效果的网络广告形式之一。

    A. 网幅广告　　　　　　　　　　B. 平面广告

    C. 立体广告　　　　　　　　　　D. 文本链接广告

5. （　　　）具有极强的视觉、听觉表现力以及大容量、交互性等优势，颇受广告商的青睐。

  A. 网幅广告   B. 平面广告

  C. 富媒体广告   D. 文本链接广告

二、多项选择

1. 网幅广告是以（　　　）等格式建立的图像文件，定位在网页中，用来表现广告内容。

  A. GIF   B. JPG   C. Flash   D. GPS

2. 网络广告发布渠道包括（　　　）。

  A. 主页形式   B. 门户网站   C. 搜索引擎

  D. 特定品类销售网 E. 企业名录

3. 网络广告效果可以根据其内容和影响范围分为（　　　）。

  A. 传播效果   B. 经济效果

  C. 社会效果   D. 沟通效果

4. 网络广告社会效果也称网络广告的接受效果，是指网络广告对（　　　）等方面的影响和作用。

  A. 社会道德   B. 文化教育

  C. 伦理   D. 社会公众

5. 网络广告经济效果测评的内容及指标包括（　　　）。

  A. 网络广告收入   B. 网络广告投放计费形式

  C. 网络公共关系   D. 网络广告制作

三、判断

1. 网络广告与传统广告一样，很难实现精准营销。   （　　　）

2. 电子邮件广告不容易成为垃圾邮件的主要来源。   （　　　）

3. 网络广告传播效果是网络广告活动最基本、最重要的效果，也是测评广告效果的主要内容。   （　　　）

4. 随着人们对网络广告的了解，点击率越来越低，因此单纯的点击率不能充分反映网络广告的真正效果。   （　　　）

5. 网络广告效果评估特别强调公正性，最好由广告主自己独立进行。 （　　　）

四、简答

1. 什么是网络广告营销？

2. 网络广告的类型主要有哪些？

3. 网络广告效果测评的意义有哪些？

4. 网络广告效果测评的方法有哪些？

5. 如何进行网络广告经济效果测评？

案例分析

网络广告如何开展

📖 同步实训

实训名称： 网络广告营销活动认知。

实训目的： 认识网络广告营销活动，理解其实际意义。

实训安排：

1. 学生分组，观察天猫、淘宝、京东、当当、亚马逊或其他网络平台，选择相关的网络广告，并讨论分析，总结概括出这些网络广告的传播效果。

2. 学生分组，收集身边的一些企业开展网络广告营销的案例，选取一个企业，分析讨论，并概括其网络广告针对的目标人群。

3. 分组将讨论成果以PPT形式进行展示，并由教师组织全班讨论与评析。

实训总结： 学生小组交流不同企业、行业的分析结果，教师根据讨论成果、PPT、讨论分享中的表现分别对每组进行评价打分。

📈 学生自我学习总结

通过完成任务4网络广告营销，我能够进行如下总结。

一、主要知识

概括本任务的主要知识点：

1.

2.

二、主要技能

概括本任务的主要技能：

1.

2.

三、主要原理

你认为，网络广告营销策略与传统广告营销策略的关系是：

1.

2.

四、相关知识与技能

1. 网络广告营销的意义有：

2. 网络广告营销的特点有：

3. 网络广告效果测评的意义是：

五、成果检验

1. 完成本任务的意义有：

2. 学到的知识或技能有：

3. 自悟的知识或技能有：

4. 对网络广告营销活动诚信的初步看法是：

任务 5

网络视频营销

学习目标

1. 知识目标
- 能认知网络视频的含义和产业生态
- 能认知网络视频营销的含义
- 能认知网络视频营销的内容

视野拓展

短视频创意的
五项原则

2. 能力目标
- 能掌握网络视频营销策划工作内容
- 能说明网络视频制作流程
- 能应用网络视频营销策略

3. 素养目标
- 具备美学意识
- 秉承工匠精神
- 激发创新创业热情

任务解析

根据网络营销职业学习活动顺序，本任务可以分解为以下子任务。

5.1　网络视频营销认知

5.2　网络视频营销策划与制作

5.3　网络视频营销策略

课前阅读

2021年9月2日，抖音电商联合巨量算数发布了《2021抖音电商"抖in爆款榜"趋势洞察报告》。这份报告基于2021年4月至9月抖音电商累计发布的近2万个"抖in爆款榜"的基础数据，探索了抖音电商平台内热卖商品的共性，同时从不同维度盘点了数个潮流"爆品"的趋势，提供了选品、经营相关的精细化指导。这份报告还充分解析了"抖in爆款榜"背后的商业价值，让商家看到了将商品快速"引爆"及推动销量可持续增长的机会。

见证无数热卖商品诞生的抖音电商平台，凭借其拥有的高流量、成熟的创作者生态和丰富的话题氛围场成为"引爆"商品的土壤，帮助商家在平台推广中催生商品的规模化认知，打通口碑式推荐、话题式裂变的商品引爆路径。在如此强大的先发优势下，为了帮助消费者缩短筛选路径，助力商家精准触达消费者获得强曝光，"抖in爆款榜"应势出炉。自推出以来，"抖in爆款榜"基于真实用户选择，并设计专业的多维度智能排序模型，全面评估商品的综合品质，精心打造热卖商品榜单，为用户快速优选好物。

"抖in爆款榜"上线后收获了众多消费者的认可：72%的"抖in爆款榜"用户认为榜单为官方推荐，值得信赖。榜单快速建立起权威性，同时也成为上榜品牌品质的展现平台。

除了为用户提供指南，榜单本身也激发了上榜品牌的增长新动能。榜单通过专属权益扶持、高效流量分发和长期品牌曝光，赋予了上榜商品更强的销货能力，这意味着商品一旦登榜，就获得了一次被"引爆"的机会。

数据显示，上榜商品的平均购买人数、平均销量分别是未上榜商品的87倍、39倍。以上榜品牌伊利为例，仅用84天便实现了自播销量从零到千万件的突破，伊利集团总裁助理、电子商务公司总经理王东军认为："基于兴趣电商属性，'抖in爆款榜'除了售卖转化，还增加了一层强宣传属性。这对于打造特色商品、强势新品都具有极高价值，也更容易形成良性营销环境。"

"抖in爆款榜"的诞生，不仅赋予了各品牌"引爆"商品的可能，还实现了商品、品牌、达人和消费者供需多端高效率、高精度的串联。这些在抖音上走红的案例也在刺激着一些品牌主在抖音上投放硬广。

读后问题：

（1）你觉得抖音为什么受欢迎？

（2）商家入驻抖音，效果怎样？

（3）你怎样评价抖音营销？

5.1 网络视频营销认知

快速阅读时代，很少有人能够耐着性子读完冗长的文字信息，取而代之的是各种图片、视频。随着互联网的诞生，一部分新媒体和新的传播方式应运而生，网络视频因形式生动、信息传递直观而被人们所接受。那么，什么是网络视频？网络视频营销又有哪些形式？

当今世界，快速崛起的新技术正在深刻影响着我们的生产生活方式，核心技术的进步成为中国创新发展的新标志。在信息社会向智能社会升级的进程中，视频成为重要的信息载体。技术驱动引领内容提升，进而构建起一个全新的视频产业生态，催生产业链、价值链聚变，推进国家治理现代化创新，提升美好生活获得感，增进社交跨界融合。

5.1.1 网络视频的解读

2020年11月25日，人民日报中国品牌发展研究院正式发布《中国视频社会化趋势报告（2020）》。报告称，基于技术创新和产业升级，在经历了影视视频时代、网络视频时代之后，我们正在加速进入一个全新的视频社会化时代，2020年被定义为中国视频社会化元年。2022年8月31日，中国互联网络信息中心（CNNIC）在北京发布的第50次《中国互联网络发展状况统计报告》显示，截至2022年6月，我国短视频的用户规模达9.62亿，较2021年12月增长2 805万，占网民整体的91.5%。视频用户规模不断扩大、视频平台不断演进，背后同样是产业竞争与整合，不断创新的品牌经受住时代浪潮的洗礼，成为推动视频社会化发展的重要平台力量。

1. 网络视频的含义

在视频网站上，我们可能都有过在线发布、浏览和分享视频作品的经历。近几年，随着互联网用户需求的改变，许多视频网站也在积极地寻求品牌升级，涌现出爱奇艺、优酷、腾讯视频、哔哩哔哩等著名的网络视频平台。2020年，短视频市场规模超过传统网络视频市场规模，成为引领视频行业发展的支柱力量。那么，什么是网络视频呢？

重要名词5-1

网络视频

网络视频是指由网络视频服务商提供的、以流媒体为播放格式的、可以在线直播或点播的声像文件。网络视频以WMV、RM、RMVB、FLV以及MOV等视频文件格式为主，包括各类影视节目、新闻、广告、Flash动画、自拍DV、聊天视频、游戏视频等。

2. 网络视频的有关术语

（1）在线视频播放客户端。在线视频播放客户端是指安装在用户终端上，提供网络视频服务的软件。

（2）网络视频用户。网络视频用户是指最近半年在网上借助浏览器、客户端播放软件等工具收看视频的人群。

（3）用户生成内容（User Generated Content，UGC）。用户生成内容是指网络视频用户自行制作、加入自己的创意和思想的视频内容。

（4）短视频。短视频即短片视频，是一种互联网内容传播方式，一般指在各种融媒体平台上播放、适合在碎片时间观看、高频推送的视频内容，时长从几秒到几分钟不等，内容包括社会热点、技能分享、时尚潮流、街头采访、幽默搞怪、公益教育、广告创意、商业定制等方面。由于短视频时长较短，其可单独成片，也可成为系列栏目。

3. 网络视频的产业生态

伴随着视频社会化进程，网络通信技术和信息传输技术的革新与普及引发了从硬件到软件的更深层次的变革，从底层重塑了内容生产的形态，从而渗透至内容生产全链，不断重新定义视频产业及其边界。视频产业链正逐步拓宽，形成完整的产业图谱，带动内容制作（包括内容生产机构、多频道网络等的内容服务）、基础技术支持（网络运营、硬件设备、影音技术、支付渠道）、第三方服务支持（版权保护、数据监测服务）等上下游产业的扩张与发展。网络视频的产业生态如图5-1所示。

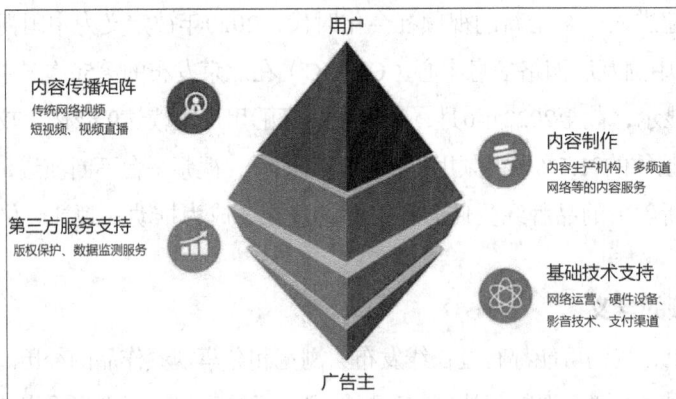

图5-1 网络视频的产业生态

5.1.2 网络视频营销的解读

网络视频营销是视频与互联网的结合，因此具备了两者的优点。日新月异的网络视频在给传媒行业带来巨大影响的同时，也形成了更具商业价值的用户群。企业往往利用网络视频增加品牌曝光机会，以最大限度地达成自己的营销目标。

1. 网络视频营销的含义

互联网时代瞬息万变，人们会接触到大量信息，视频在信息超载的时代更容易被眼睛和大脑所接受。视频为企业展示其视野、专业知识、产品、服务提供了平台，成为企业网络营销的一大利器。

🎓 **重要名词5-2**

网络视频营销

　　网络视频营销是建立在互联网及其技术基础之上的，企业或其他组织机构为了达到营销目标而借助网络视频介质发布企业或其他组织机构的信息，展示其产品内容和组织活动，推广自身品牌、产品和服务的营销活动和方式。

　　在经历了影视视频时代之后，网络视频时代的信息化、移动化不断加速视频产业化进程，基于技术创新、产业升级以及更宏观层面的驱动力，我们正在加速进入一个全新的视频社会化时代。近年来，除了企业和其他组织机构等主体对象外，个人也开始使用网络视频营销，如视频简历就是个人推广的一种有效的营销工具。

2. 网络视频营销的特点

　　网络视频营销结合了网络与电视媒体的特点。网络视频传播范围广泛，不受时空的限制，可以全天全球传播；同时，网络视频还采用了视频流或音频流技术，结合Flash、Java等程序，形式多样，具备生动的表现力和强烈的视听冲击力。网络视频的交互性支持受众进行网络体验且自行控制全过程。网络视频营销能够比较精确地找到企业的目标用户。例如YouTube有"群"（group），"群"是有相同视频兴趣倾向的用户的集合。此外，网络视频营销成本低廉、效果可测。视频网站的访问量，以及视频的点击次数和点击率、用户停留时间、转载量和转载率、评论数及评论情感倾向等都是可以测量的，这些数据可以精确测量企业网络视频营销的效果，为企业的网络视频营销提供决策依据。

3. 网络视频营销的趋势

　　网络视频营销有三个趋势，即品牌视频化、视频网络化、广告内容化。

　　（1）品牌视频化。很多广告主将品牌广告通过视频展现出来，这个趋势非常明显。例如2022年2月北京冬奥会期间，腾讯视频与创作者联合发起《冬奥创作家》活动，涵盖体育、科技、绝活、美妆、音乐、纪录片等18个领域的创作者和150多档视频节目。其中，冬奥会闭幕日9组冬奥冠军的"神还原"视频登上了社交平台热搜榜，获得了网友超过7 000万次的阅读。以运动青春成长为命题，借助优质内容全方位与年轻人对话，腾讯视频在契合和触达受众不同价值需求的同时，完成了平台价值的一次延展和升级，输出了更多具有价值的内容。

　　（2）视频网络化。视频网络化已经成为一种趋势。网络视频营销通过影视广告、宣传片、微电影等多种方式，把产品或品牌信息植入视频，产生一种视觉冲击力和表现张力，通过网民的力量实现自传播，达到营销产品或品牌的目的。网络视频营销具有互动性、主动传播性、传播速度快、成本低廉等特点，实质上是将电视广告与互联网营销集于一身。

　　（3）广告内容化。广告内容化已经成为一种新的营销趋势。网络视频营销的关键在于视频的内容，内容决定了其传播的广度。好的视频能够不依赖传统媒介渠道，通过自身价值获得无数网民作为传播的中转站。

网民看到一些或经典，或有趣，或惊奇的视频，总是愿意主动传播，自发地帮助推广企业品牌信息，视频就会带着企业的信息在互联网蔓延。因此，如何找到合适的品牌诉求，并且和视频结合是企业需要重点思考的问题。美团外卖抖音创意广告、《农夫山泉让山里孩子的才华被看见——我有一个朋友》、小米体重秤广告等案例，都将广告的内容用视频的形式展现。相较于传统广告，网络视频广告更能引起用户点击、互动甚至转化。尤其是游戏类、购物类网络视频广告，甚至可以直接在广告上实现交易，将广告打造成内容，提高整体的变现效率。

4．网络视频营销方式

网络视频的传播平台是互联网或移动网络。随着多媒体技术的发展和网络的普及，网络视频营销方式在不断创新和发展。

（1）影视节目二次传播。由于网络视频网站对传统电视观众的分流，很多具有新闻性、可欣赏性的影视节目由视频网站、普通网民或意见领袖主动发布到视频网站平台进行二次传播。与电视传播相比，影视节目二次传播可以让广告主和公众进行深度交流。传统媒体与新媒体从竞争变为合作，媒介之间互为补充、互相拓展、共同延伸，进行全方位、立体化的整合推广，从一次传播迈向二次传播。视频网站成为很多电视综艺节目的传播平台，很多深受欢迎的电视综艺节目都在各大视频网站上开设专辑，使其广告受众范围和影响力得以极大扩张和提高。

（2）网络视频短剧。网络视频短剧通常剧情轻松，演员、导演年轻化，整体风格时尚、简洁、幽默、贴近生活，较受年轻一代的喜欢，成为行业新的增长点。网络视频短剧符合互联网风格，制作灵活，软性宣传效果好，也逐渐受到广告主的青睐。网络视频短剧能够帮助广告主充分与用户互动，在保证品牌曝光度的基础上，确保品牌的黏性、喜好度，让用户与品牌保持密切、良好的沟通。

（3）视频病毒营销。网络病毒营销通过用户间的口碑传播，使信息像病毒一样利用快速复制的方式传向数以万计、数以百万计的受众。网络病毒营销通过提供有价值的信息，"让大家告诉大家"，实现营销杠杆的作用。网络视频是视听合一的多媒体传播工具，十分适合开展网络病毒营销。视频病毒营销需要企业找到适合品牌诉求的"视频病毒"，配合一定的推广手段，可以融入搞笑、幽默等元素，从而更好地吸引用户眼球。

（4）微电影。微电影即微型电影，是指能够通过互联网新媒体平台传播的几分钟到60分钟不等的影片。微电影适合在移动状态和短时休闲状态下观看，具有完整故事情节的"微（超短）时（1～30分钟）放映""微（超短）周期（7～15天或数周）制作"和"微（超小）规模投资"的视频（"类"电影）短片，内容融合了幽默搞怪、时尚潮流、公益教育、商业定制等主题，可以单独成篇，也可系列成剧。

（5）短视频营销。短视频营销是指营销方将品牌或者产品的营销信息融入短视频，借助短视频这种媒介形式进行社会化营销。与传统营销不同，短视频营销在用户观看短视频时，将产品信息不知不觉传达给用户。当用户对产品或者视频内容感兴趣时，就会主动分享或者下单购买产品，最终实现裂变引流的目的。

短视频相较于传统信息传播方式（文字、图片）有很大的突破，是对信息传播渠道的一种补充。制作精良、内容优质的短视频可以于很短的时间在各大社交媒体上大范围传播，实现病毒式传播。

（6）用户生成内容（UGC模式）。用户生成内容是指终端用户将其原创内容（如文字、图片、音频、视频等形式）通过互联网平台进行展示或与其他用户分享的行为。这种模式可以调动用户参与视频创作的积极性，主动产生作品，如征集与企业相关的视频作品。

重要信息5-1

短视频营销的展现形式

UGC模式超越了普通的单向浏览模式，让用户与品牌高度互动，将品牌传递方式提升到用户参与创造的高度，增强了品牌黏性，深化了广告效果。很多企业都采取过这种模式，如ViTrue推出"品牌视频社区"的广告类型，为品牌建立广告社区，鼓励用户为他们喜欢的品牌制作视频广告；Holotof则推出"广告创意"网络平台，然后从用户提交的创意中选用最好的创意。

课堂测评

测评要素	表现要求	已达要求	未达要求
知识点	能掌握网络视频营销的含义		
技能点	能初步认识网络视频营销方式		
任务内容整体认识程度	能概述网络视频营销与传统营销的区别		
与职业实践相联系程度	能描述网络视频营销的实践意义		
其他	能描述本课程与其他课程、职业活动等的联系		

5.2 网络视频营销策划与制作

与传统营销一样，网络视频营销也需要进行精心的策划。网络视频营销策划是对网络视频进行整体的规划，这项工作关系到营销活动的整体构思与最终效果。那么，网络视频营销策划指什么，这项工作的主要内容有哪些呢？

5.2.1 网络视频营销策划

随着网络成为很多人生活中不可或缺的一部分，网络视频营销的重要性上升到一个新的高度。很多企业纷纷开始重视网络视频营销，力争以创新策划的形式吸引消费者的关注。

一般来讲，网络视频营销策划包括以下几个方面的工作。

1. 设定网络视频营销目标

为了设定网络视频营销目标，营销人员首先应回答以下几个问题。

网络视频营销想达到什么目的？网络视频营销是面向哪些人的？进行网络视频营销是想更多的人知道产品、推广品牌，还是实实在在地表达视频内容？

设定网络视频营销目标可以从以下几个方面着手。

（1）产品与品牌角度。要分析产品卖点、品牌的核心诉求，如产品的功能属性、使用价值等。例如小米手机制作了一个和品牌名称相匹配（以小米为食材）的短视频，在短视频中，小米手机上显示的是小米这种粮食，然后用手一拍手机，小米立即从屏幕内撒了出来；把手机扔到沙发上，手机消失了，而小米撒了一地。这样的内容非常有趣，一提起小米，大家就会想起这个视频，同时联想到小米手机品牌。

（2）消费者角度。要分析消费者在消费产品时，有哪些需求未得到满足，最关注的是什么，遇到了哪些困惑与问题。策划创意人员可以将产品的使用、产品带来的额外利益等融入创意。从消费者角度来看，短视频不仅是用来"看"的，同时也是用来"玩"的，它的开放性、解构性、颠覆性构成了其重要的精神内核。

营销案例5-1

抖音助力岳阳
文旅事业

（3）市场角度。要分析市场上还有哪些空白点，竞争对手的策略是怎样的、有哪些薄弱环节，企业可以采取的对策有哪些。

2. 分析用户习惯

在设定了网络视频营销目标的基础上，还需要对网络视频用户习惯进行分析。例如用户喜欢在什么视频平台上观看内容、习惯从哪些渠道获取信息，在行业网站、论坛关注的重点内容有哪些，对企业想了解的内容有哪些等。营销人员可以利用平台软件或相关研究机构数据，对用户习惯进行分析。图5-2所示为艾媒咨询发布的《2021—2022年中国MCN行业发展研究报告》中的2021年中国短视频/直播用户画像。

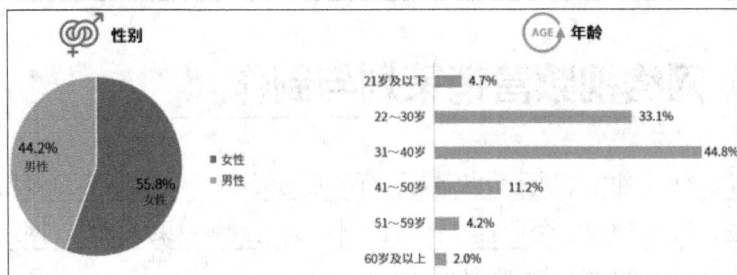

图5-2　2021年中国短视频/直播用户画像

通过分析用户习惯，营销人员可以确定重点推广与传播的平台和渠道，根据用户的问题与反馈，设计、组织视频的内容。

3. 分析用户喜欢网络视频的原因

中国互联网络信息中心（CNNIC）发布的第50次《中国互联网络发展状况统计报告》显示，截至2022年6月，我国短视频用户规模达9.62亿。作为一种文化形态，短视频比文字、图片具有更强的感染力。艾媒咨询数据显示，近四成用户愿意采用短视频代替文字交流，越来越多的人陷入不断滑动刷新短视频的过程之中。那么，究竟什么样的视频内容才易于传播呢？

（1）新奇元素。好奇是人类与生俱来的心理品质和思维形式。相较于报刊、电视、电影等，互联网为人们提供了更多的释放与满足好奇心的空间。因此，一些网络视频增加了新奇元素，能够满足用户的好奇心，从而被广泛传播。

（2）焦点元素。当网络视频中出现某个公众焦点（这个焦点可以是艺人，或者知名的公司等）时，只要公众焦点具有极高的关注度，拥有将公众的目光聚向自己的能力，那么包含这个焦点元素的网络视频就会传播得很快。

（3）幽默元素。如今通过便捷的互联网，用户不仅可以看到与电视上相同的幽默视频，更能够看到其他用户创作的搞笑视频。带有幽默元素的网络视频不仅能够打破用户沉闷的情绪，也能够创造出戏剧性、游戏性的视觉体验，达到良好的营销效果。

（4）情感元素。以情系人、用情动人也是网络视频营销的常用方法。该类视频以亲情、爱情等情感为主，主要表现父母与子女之间，或者情侣、配偶之间的情感故事，而品牌对这些情感都有重要的意义。带有情感元素的网络视频是十分具有感染力的视频类型，因为每个受众都有自己的情感故事，所以在观看网络视频的时候容易产生共鸣，从而达到网络视频营销的良好效果。

（5）励志元素。含有励志元素的网络视频，其主要人物一般为奋发向上的年轻人，这类视频通过抓住奋斗的特点来设计情节，品牌的特性也是偏向励志方面的。其表现手法以叙事为主，风格多自然真实，以真实、感人的故事引起观众的共鸣。

5.2.2 网络视频制作

随着硬件设备的更新与软件技术的进步，企业营销人员可以利用自己的思维、创意制作出独具特色的视频，并基于视频网站、相关官方网站和平台提供的展示机会进行展示推广，宣传企业的品牌与产品，从而发挥网络视频营销的作用。

1. 网络视频的作用

企业制作的网络视频的作用通常分为两种：企业宣传与产品宣传。

（1）企业宣传。用于企业宣传的网络视频侧重介绍企业主营业务、企业规模及人文历史，表现价值取向、文化传承、经营理念等。通过对企业内部的各个方面有针对性、有秩序地进行策划、拍摄、录音、剪辑、配音、配乐、配以动画和特效、合成输出制作成片，凸显企业独特的风格面貌、彰显企业实力，让买家对企业产生正面良好印象，进而建立对企业的好感和信任，并信赖其产品与服务。

（2）产品宣传。用于产品宣传的网络视频通过全方位、多角度地展示产品，有助于增加买家对产品的信心，有利于产品的推销。从买家的角度讲，视频可以丰富网络购物的真实体验，减少网购风险，比单纯的文字、图片更具真实性和说服力。这类视频一般是企业自己低成本制作的产品展示视频，相比由专业主持人或演员担任导购的电视购物视频，更贴近买家，也更具有真实感。而且，这种网络视频在网上可以24小时为企业服务，不需要巨大的广告费用，形式灵活，无论是在宣传的时间上、区域上还是力度上，都远远超过电视购物视频。

2. 网络视频制作流程

网络视频的制作可遵循以下流程。

（1）视频内容构思。网络视频制作的关键环节在于内容构思。网络视频需要用一段时间讲述一个完整的故事，往往花费几天甚至几周的时间构思故事情节、背景和主题。在构思的过程中，制作者应注意脱离传统的广告思维，在内容充实生动的基础上体现出视频的创意。

（2）剧本创作和故事板设计。基于内容构思，制作者开始编写剧本。剧本不仅包括对话，还包括场景及人物的表演设计。剧本通过审核后，需要进行故事板设计，以图画形式表现视频所需的视觉与情感效果。

（3）角色派定。视频中的角色，无论是主角还是配角都需要深入地筛选演员。

（4）特色外景或内景拍摄。视频拍摄可能涉及外景，也可能涉及内景或两者相结合。无论是内景还是外景，制作者都需要进行事先考察，对所有的背景与场景进行观察与分析，以预防拍摄中可能出现的问题。

（5）拍摄。一般的网络视频，使用手机就可以拍摄；大制作成本的网络视频，可以用摄像机拍摄。在拍摄过程中，导演、演员、摄影师、灯光师与音频师等各司其职，完成本职工作。

（6）剪辑。在剪辑环节，查看拍摄的所有场景，决定保留与删除哪些内容，然后将保留的内容编辑成一个完整的故事。影片剪辑软件可以很好地完成这一工作。

（7）压缩和格式转换。剪辑完成后，可将视频压缩成一个很小的文件并且转换成合适的格式。由于视频网站接受FLV格式的文件，因此通常需要将文件转换成FLV格式。FLV格式具有兼容性高、文件容量小、图像质量高、传输方式多和播放器控制功能强等特点，已成为十分受欢迎的网络视频格式。

（8）上传发布。完成压缩和格式转换后，即可将视频上传到视频网站或企业相关站点。

课堂测评

测评要素	表现要求	已达要求	未达要求
知识点	能掌握网络视频营销策划的含义		
技能点	能初步认识网络视频制作的流程		
任务内容整体认识程度	能概述网络视频营销策划与网络视频制作的联系		
与职业实践相联系程度	能描述网络视频营销策划的实践意义		
其他	能描述本课程与其他课程、职业活动等的联系		

5.3 网络视频营销策略

网络视频营销的重要目标就是有效培养消费者、与消费者交流、提高品牌知名度。实现了这些目标，企业就能扩展销路、提高转化率。为了实现这些目标，营销人员需要精心筹划，设计出合适的营销策略。实践中，网络视频营销策略有哪些内容呢？

5.3.1 网络视频整合传播营销策略

企业营销人员利用网络视频开展营销活动会受到多方面的影响，只有充分利用一切有利条件，规避营销活动障碍，才能取得应有的效果。

1. 整合传播营销

网络视频的整合传播营销，不仅是整合营销，还有关键的"传播"。网络视频的整合传播营销是指在整合营销的基础上进行系统化的传播。整合传播营销策略以产品和服务为核心，以消费者为中心和目标，以网络视频为媒介，整合多种形式与内容，实现立体传播的目标。

2. 整合传播营销策略的运用

（1）网络视频营销模式与类型的整合传播。网络视频营销模式有病毒视频营销、植入式视频营销、UGC视频营销、体验式视频营销、E-mail视频营销等，网络视频营销类型有微电影营销、音乐电视营销、动画营销、短视频营销、网络自制剧营销等。将不同类型的网络视频营销模式和类型进行组合，可以形成各种整合方案。例如微电影植入营销，是在微电影中植入广告；网络自制剧病毒式营销是指将网络自制剧以UGC的方式制作，邀请广大网民参与创作、拍摄、编剧，并通过网民自发地传播开来。

（2）视频网站的整合传播。国内点击率较高、流量较大的视频网站有优酷、爱奇艺、哔哩哔哩等。国内视频网站可以划分为四种类型，即视频分享网站、视频点播／直播类网站、P2P播放平台和视频搜索网站。企业在进行网络视频营销时，要考虑视频网站的类型及其特性，整合不同的视频网站资源，做到辐射面广、系统传播。

5.3.2 网络视频创意营销策略

1. 创意营销

在多元化的网络营销环境下，网络视频营销要脱颖而出，创意营销十分重要。创意营销是指企业构思、执行完整的、创新性的营销活动。创意营销能吸引消费者的注意、激发消费者的兴趣，甚至促使消费者购买，给广告主带来意想不到的收获。对于网络视频营销，创意营销是在网络视频创作和传播时，在内容和形式方面突破思维定式、创新的营销活动。

2. 创意营销策略的运用

（1）内容为王。网站的生存之道在于网站的内容质量，为网民提供优质的视频内容是视频网站的根基，然而视频和视频网站的高度重复与毫无新意成为阻碍视频营销发展的隐患，提升网民体验成为视频网站建设和生存的关键。

（2）从利用事件到制造事件。近年来，网络视频营销有从利用事件到制造事件的发展趋势。事件营销运用媒体的力量及消费者的口碑，让企业的产品或服务成为消费者谈论的话题，以达到营销的目的。企业要将自己的被动地位改为主动地位，主动出击，制造话题事件，利用口碑，引起目标人群的关注。

（3）巧妙叙事，出奇制胜。要在众多的网络视频中脱颖而出，吸引受众的注意力，优秀的视频一定要会讲故事，而且故事情节跌宕起伏，故事结果出人意料，这样才能吸引和留住受众的注意力。

营销案例5-2

温暖真诚的对话

（4）形式创新。有了创新的内容后，形式的创新也是关键。现有的视频形式多种多样，并不断推陈出新。企业要在已有的基础上开发和尝试新的形式，将有创意的内容以创新的形式传播出去。

5.3.3　网络视频连锁传播营销策略

在网络视频营销活动中，营销人员必须依据传播对象的特点、传播的目的确定信息传播的媒体工具。这就要求营销人员对各种媒体工具的优缺点有确切的了解，能够依据传播的目的设计出有效的连锁传播营销策略。

1. 连锁传播营销

在营销过程中，传播交流的渠道非常重要。连锁传播营销主要从传播渠道进行考虑。单一传播渠道的网络视频营销的效果可能不够明显，而连锁传播营销则主要是指在网络视频传播运营时，采用多渠道、多链接、环环相扣的连续性、连锁性传播的营销活动。

2. 连锁传播营销策略的运用

网络视频连锁传播营销策略包括纵向连锁传播和横向连锁传播。

（1）纵向连锁传播。纵向连锁传播是指在网络视频的构思、制作、宣传、发布、传播等环节都有相应的传播策略，每一个环节都要找准传播点和传播渠道对网络视频进行推广。在网络视频构思初期，可以发布一些消息告知网民，如该网络视频将要制作，用新闻营销的方式初步将网络视频推广出去。在制作阶段，可以剪辑预告片并发布到网上，进行预热。在整个拍摄制作过程中，也可不时发布一些新闻稿件。投资方或制作方都应与新闻媒体机构保持联系，利用新闻媒体资源连锁传播产品或品牌视频。视频正式上线后，更要大力、深度宣传，通过"大传播"推动营销目的的实现。视频在网上播映一段时间后，后期的后续传播也不能少，可以采用"小传播"保持视频的热度。从视频的整个构思到传播的过程，要纵向、连环传播，以提高网络视频营销的效用。

重要信息5-2

短视频平台的营销策略

（2）横向连锁传播。有了纵向连锁传播，横向连锁传播也同样需要。横向连锁传播贯穿整个纵向连锁传播，纵向连锁传播的每一个环节都可以同时采用横向连锁传播。横向连锁传播指选择更多传播平台，不局限在一家媒体，也不局限在一家网络视频网站；可以利用社交网站，如知乎、小红书等，进行网络病毒营销，让更多网民关注视频；也可以使用企业的自媒体，如微博、微信公众号等，自主发布视频链接，通过关注者辅助传播；还可以在BBS，如百度贴吧等不同的平台宣传视频信息。连续在每个环节都采用横向传播策略，扩大传播幅度和广度，让营销效果增强。

课堂测评

测评要素	表现要求	已达要求	未达要求
知识点	能掌握网络视频营销策略的类型		
技能点	能初步认识网络视频营销策略的要点		
任务内容整体认识程度	能概述网络视频营销策略与营销目标的关系		
与职业实践相联系程度	能描述网络视频营销策略的实践意义		
其他	能描述本课程与其他课程、职业活动等的联系		

小 结

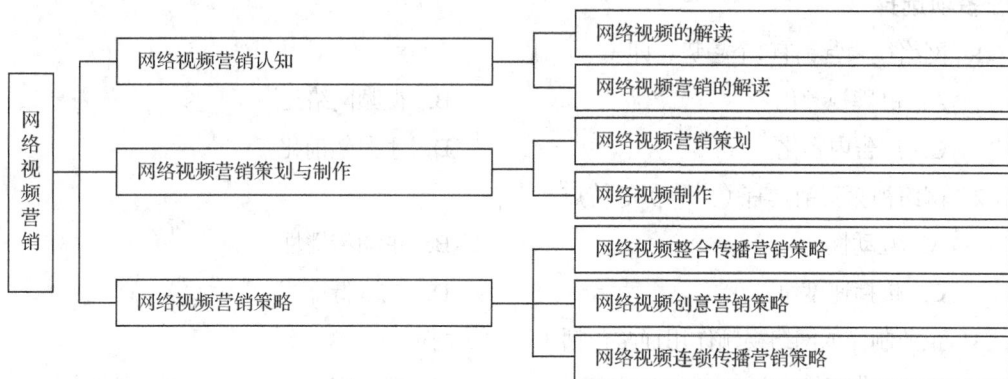

教学做一体化训练

重要名词

网络视频　　网络视频营销

课后自测

一、单项选择

1. 网络视频营销是视频与（　　）的结合，因此具备了两者的优点。

　　A. 广告　　　　　　B. 互联网　　　　　　C. 富媒体广告　　　　D. 文本链接广告

2. 可以调动用户参与视频创作的积极性，主动产生作品的视频营销模式指的是（　　　）。

    A. 微电影 　　　　　　　　　　　B. 影视节目二次传播

    C. 用户生成内容 　　　　　　　　　D. 网络视频短剧

3. （　　　）是视听合一的多媒体传播工具，十分适合开展网络病毒营销。

    A. 手机 　　　　　　　　　　　　　B. 计算机

    C. 网络视频 　　　　　　　　　　　D. QQ群

4. 微电影即微型电影，是指能够通过互联网新媒体平台传播的（　　　）时长的影片。

    A. 1～5分钟 　　　　　　　　　　　B. 5～10分钟

    C. 10～20分钟 　　　　　　　　　　D. 几分钟到60分钟

5. 剪辑完成后，可将视频压缩成一个很小的文件并且转换成合适的（　　　）。

    A. 格式 　　　　　B. 内容 　　　　　C. 文字 　　　　　D. 信息

6. 网站的生存之道在于网站的（　　　），为网民提供优质的视频内容是视频网站的根基。

    A. 格式 　　　　　　　　　　　　　B. 内容质量

    C. 更新速度 　　　　　　　　　　　D. 编辑水平

二、多项选择

1. 网络视频营销有3个趋势，即（　　　）。

    A. 品牌视频化 　　　　　　　　　　B. 视频网络化

    C. 广告内容化 　　　　　　　　　　D. 手段超前化

2. 网络视频营销具有（　　　）等特点。

    A. 互动性 　　　　　　　　　　　　B. 主动传播性

    C. 传播速度快 　　　　　　　　　　D. 成本低廉

3. 企业制作的网络视频作用通常包括（　　　）两种。

    A. 企业宣传 　　　B. 文化宣传 　　　C. 经济宣传 　　　D. 产品宣传

4. 设定网络视频营销目标可以从（　　　）着手。

    A. 产品与品牌角度 　　　　　　　　B. 消费者角度

    C. 市场角度 　　　　　　　　　　　D. 社会公众角度

5. 创意营销能够（　　　）。

    A. 吸引消费者的注意、兴趣 　　　　B. 促成购买

    C. 给广告主带来意想不到的收获 　　D. 影响网络广告制作

三、判断

1. 网络视频与传统电视节目一样，传播范围受时空限制。　　　　　　　（　　　）

2. 视频网络化已经成为一种趋势。　　　　　　　　　　　　　　　　　（　　　）

3. 好的视频可以不依赖传统媒介渠道，网友自然会传播。　　　　　　　（　　　）

4. 网络上，网民不能创造、上传视频作品，只能观看已播出视频。　　　（　　　）

5. 网络视频营销者可以利用热点事件，制造话题，利用口碑，引起目标人群关注。（　　）

四、简答

1. 什么是网络视频营销？

2. 网络视频营销的方式主要有哪些？

3. 网络视频营销为什么要强调内容为王？

4. 网络视频营销策略有哪些？

5. 网络视频为什么更适合开展网络病毒营销？

案例分析

36氪的短视频
营销

📖 同步实训 ●●●●●

实训名称： 网络视频营销活动认知。

实训目的： 认识网络视频营销活动，理解其实际意义。

实训安排：

1. 学生分组，观察爱奇艺、优酷、腾讯视频、哔哩哔哩、抖音、快手等网络视频平台，选择其具体的网络视频营销活动，并讨论分析，总结概括出这些营销活动的传播效果。

2. 学生分组，收集身边的一些企业关于开展网络视频营销的案例，选取一个企业，分析讨论，并概括其网络视频营销的目标人群。

3. 分组将讨论成果以PPT形式进行展示，并由教师组织全班讨论与评析。

实训总结： 学生小组交流不同企业、行业的分析结果，教师根据讨论成果、PPT、讨论分享中的表现分别对每组进行评价打分。

📈 学生自我学习总结

通过完成任务5网络视频营销，我能够进行如下总结。

一、主要知识

概括本任务的主要知识点：

1.

2.

二、主要技能

概括本任务的主要技能：

1.

2.

三、主要原理

你认为，网络视频营销策略与传统营销策略的关系是：

1.

2.

四、相关知识与技能

1. 网络视频营销的意义有：

2. 网络视频营销的特点有：

3. 网络视频营销策略的意义是：

五、成果检验

1. 完成本任务的意义有：

2. 学到的知识或技能有：

3. 自悟的知识或技能有：

4. 对网络视频营销活动的初步看法是：

任务 6

网络直播营销

学习目标

1. 知识目标
- 能认知网络直播营销的含义
- 能认知网络直播营销的优势
- 能认知网络直播营销平台

2. 能力目标
- 能分析网络直播营销模式
- 能策划网络直播营销活动方案
- 能复盘网络直播营销

3. 素养目标
- 关注乡村振兴
- 培养家国情怀

视野拓展

如何做好直播
内容的创意策划

任务解析

根据网络营销职业学习活动顺序，本任务可以分解为以下子任务。

6.1 网络直播营销认知

6.2 网络直播营销活动策划

6.3 网络直播营销复盘与数据分析

课前阅读

新东方旗下的东方甄选直播间火啦！其粉丝数从0到100万用了半年，从100万到1 000万却只用了一周。截至2023年3月，该直播间粉丝数已经达到2 900万，让东方甄选一跃成为抖音电商顶流！连带着新东方的股价也翻了6倍！他们有什么秘籍吗？

东方甄选能被粉丝们称为"进去就出不来的直播间""看哭了的直播间"，关键就在于它与其他直播间完全不同的直播逻辑和内容，差异化为它的破圈提供了土壤！

东方甄选直播间在直播形式上与众不同，结合了新东方的自身优势，采用中英双语直播；直播氛围更是一绝，与目前抖音上一般的直播间不同，东方甄选直播间没有反复强调低价和下单催促，有的只是娓娓道来的知识讲解，令人身心舒适。

差异化对实体门店来说非常重要，例如：

定位差异化——宠物医生开的宠物店和普通人开的宠物店，你会更偏向去哪一个；

视觉差异化——更具特色的装修、布置，能有效提高进店转化率；

服务差异化——对比市面上传统的收银管理软件，有的软件只教商家怎么使用，而有的软件不仅提供数字经营工具，还为商家分享运营干货，更受商家欢迎。

东方甄选最令人拍案叫绝的是它的售卖方式，无论是多普通的产品，不管是大米、玉米、水蜜桃……主播总能用场景化的体验描述，实现产品最大化的情感连接，让人感同身受，激情下单！

场景营销成功的关键不仅是要找到一个可借助的恰当场景，更需打造沉浸式的场景体验，深挖消费者痛点，建立品牌和消费者的强关联。正如有粉丝评论主播"为卖一根玉米，说哭了一群人"，其实卖货就是将产品卖给有血有肉的一个个人，让人产生情感共鸣是一种高级的卖货方式！普通商家在日常营销中宣传物料要更场景化，如母婴商家营造小孩开心玩的场景，烘焙商家营造掰开蛋糕流心的场景，这样才能与消费者建立沉浸式的情感关联。

产品是品牌与消费者最直接的接触，它是品牌认同的基础。东方甄选直播间以销售农产品为主，农产品不是快消标准品，每个产品可能大小、形状、质量都不尽相同，但东方甄选却能做到让大多数消费者满意。秘密就在于他们对产品本身的重视：直播间售卖的大米、玉米等农产品，都会送去质检，或者团队飞到产地调研；与农产品生产厂商合作售卖的产品，例如牛排，挑选的均是口碑较好的品牌，品控有保障；每次直播时，直播间工作人员也会随机下单，相当于在随机调研合作品牌的产品质量。

读后问题：

（1）你了解东方甄选吗？

（2）你觉得东方甄选成功的原因有哪些？

（3）你觉得东方甄选的成功对实体店有哪些启示？

6.1 网络直播营销认知

随着互联网的快速发展，人们对网络的依赖越来越强了，而作为信息传播重要渠道之一的网络直播也得到了飞速的发展，以淘宝、抖音、快手等为代表的平台更是发展迅速，用户数量也是与日俱增。那么什么是网络直播营销呢？

微课
网络直播营销

网络直播的发展吸引了大批企业的关注，一批直播平台如同雨后春笋大量涌现。除了传统的淘宝、抖音、快手外，京东、拼多多、哔哩哔哩都开放了直播功能，而小红书、蘑菇街等导购社区则早已在直播领域做过诸多尝试，甚至QQ音乐、网易云音乐这类音乐类产品也正发力直播。

6.1.1 网络直播营销的解读

网络直播营销是在现场随着事件的发生、发展同时制作和播出节目的营销方式，其以直播平台为载体，可实现提升品牌形象或增加销量的目的。知名主播的直播自带流量和话题，普通个人的直播较接地气，都能产生很好的营销效果。

1. 网络直播营销的含义

网络直播营销是一种营销形式上的重要创新，也是非常能体现互联网视频特色的板块。网络直播营销是通过一些互联网平台，使用直播技术进行商品线上展示、咨询答疑、导购销售的新型服务方式。

网络直播营销与传统媒体直播相比，具有不受媒体平台限制、参与门槛低、直播内容多样化等优势。如今，淘宝、蘑菇街、京东等大型电商平台都提供了直播入口，如淘宝直播、蘑菇街直播、京东直播等；一些专注于直播领域的平台也可进行直播营销。

2. 网络直播营销的要素

一般来讲，网络直播营销包括场景、人物、产品和创意四个要素。

（1）场景。场景是指直播的情景、气氛，直播时应让消费者有身临其境之感。

（2）人物。人物是指直播的主角，可以是主播或直播嘉宾。

（3）产品。产品要与直播中的道具或互动有关，以软植入的方式实现营销的目的。

（4）创意。创意可增强直播效果，吸引消费者观看，如艺人访谈、互动提问等形式就比简单的直播更加吸引消费者。

3. 网络直播营销的优势

与其他网络营销形式相比，网络直播营销有着极大的优势。

（1）信息覆盖面更广泛。某种意义上，在当下的语境中，网络直播营销就是事件营销。除了本身的广告效应，网络直播营销的新闻效应往往更明显，引爆性更强，覆盖面更广。网络直播营销通过一个事件或者一个话题，就可以轻松地进行大范围传播和引起关注。

（2）用户群体更精准。在观看直播时，用户需要在一个特定的时间进入播放页面，但这其实是与互联网视频所倡扬的"随时随地性"背道而驰的。但是，这种播出时间上的要求恰恰识别并抓住了这批具有忠诚度的精准目标人群。

（3）用户互动更便捷。相较传统电视直播，网络直播的一大优势就是能够满足用户更为多元的需求。用户不仅单向观看，还能一起发"弹幕"吐槽，喜欢谁就直接点赞，甚至还能集合力量改变节目进程。这种互动的真实性和立体性，在直播的时候能够完全展现。

（4）用户沟通更深入。直播作为一种带有仪式感的内容播出形式，能让一批具有相同志趣的人聚集在一起，聚焦在共同的爱好上，使情绪相互感染，沟通更加深入，转化更加直接。

6.1.2 网络直播营销平台

网络直播营销以直播平台为载体。从平台运作来看，目前的网络直播营销平台可以分为三种类型。

1. 电商类直播平台

电商类直播平台是在电商平台中直接镶嵌直播功能，可以实现边直播边销售的营销目的。目前主流的电商类直播平台有淘宝、京东等，其中淘宝因为较早涉足直播领域，其直播"带货"能力可谓一枝独秀。电商类直播平台的特点是：利用电商平台流量带动直播流量，等直播平台拥有充足的固定流量之后，再反哺电商平台。

2. 短视频类直播平台

短视频类直播平台是在短视频平台中直接镶嵌直播功能，目前主流的短视频类直播平台有快手、抖音等，其中快手早于抖音进行网络直播。这类直播平台可以借助产品链接与电商平台建立联系，主播可以在直播间添加产品链接，粉丝点击链接即可跳转至电商平台下单。与电商类直播平台专注于直播"带货"不同，短视频类直播平台的直播场景更丰富，直播内容更多元，功能类似于专用直播平台。

3. 专用直播平台

专用直播平台很多，其直播内容丰富，主要涉及游戏、美食、秀场、电视、演唱会、发布会、体育等领域。目前主流的专用直播平台有一直播、映客直播、花椒直播、斗鱼直播、虎牙直播等，营销者可在这类直播平台中随时随地、立体化地展示企业文化、产品等，实现品牌和产品的推广。

6.1.3 网络直播营销模式

网络直播营销模式在很大程度上决定了直播的效果，企业要根据营销的目的、具备的资源条件选择适合自己的网络直播营销模式。网络直播营销模式主要有以下六种。

1. 直播+电商

"直播+电商"是直播和电商相结合的一种以直播方式销售实体和虚拟产品的经营活动。从直播形式来看，"直播+电商"主要有店铺直播、KOL直播"带货"和佣金合作三种模式。

（1）店铺直播模式。店铺直播模式是以线下实体店为直播场景，直接在店铺开展直播"带货"的模式。店铺直播模式中，产品和店铺真实可靠，可以提升消费者对店铺的信任度。

（2）KOL直播"带货"模式。KOL在某一特定的领域具有话语权和影响力，能够引导消费者的消费心理和观念。KOL直播"带货"一般采用商家合作的模式，由商家主动联系KOL敲定直播"带货"的产品和价格。

（3）佣金合作模式。在佣金合作模式下，主播会收取商家一定的佣金作为劳务报酬，这是很多新手主播的主要合作模式。

"直播+电商"是很常见的直播营销场景，时下非常火爆的直播"带货"就是"直播+电商"模式的典型应用。与传统电商主要通过产品详情页引导消费者购买产品不同，"直播+电商"模式下进行的是一对多的实时互动。在传统电商营销模式下，消费者通过浏览产品详情页得到的购物决策是相对理性的，这就是实体店有导购存在的原因。另外，传统电商往往不能给予消费者足够的安全感，消费者不能预测实物穿戴或使用效果，对产品展示始终存有疑虑。"直播+电商"却不一样，产品实物会真实地展示在画面中，产品的详情、优缺点、使用效果等都可以在直播中展现出来，这些特性都是传统电商没有的。

2. 直播+发布会

"直播+发布会"已经成为众多品牌抢夺人气、制造热点的主要营销模式。这种模式下，直播地点不再局限于会场，互动方式也更多样和有趣。例如，小米联合十几家短视频网站和手机直播App，举办了一场在线直播的新品发布会，发布了小米的无人机。仅小米直播App中，这场发布会的在线观看人数就高达50多万。

3. 直播+企业日常

在社交时代，营销强调人性化。如同普通用户分享自己日常生活中的点滴，企业分享自己日常做的事，也成为与公众建立密切联系的社交方式，用户对企业日常也很感兴趣。

4. 直播+广告植入

直播中的广告植入能够摆脱生硬感，原生内容的形式能收获粉丝好感，在直播场景下能自然而然地进行产品或品牌的推荐。例如，很多主播通过直播与消费者分享化妆秘籍，植入面膜、保湿水、洁面乳等护肤产品广告，同时，导入购买链接，引导消费者购买。

5. 直播+活动

"直播+活动"的魅力在于在活动中通过有效的互动将人气与品牌链接。企业通过实时互动问答，为消费者全方位解读产品卖点，使品牌得到大量曝光。直播时的互动形式多样，如弹幕互动、产品解答、打赏粉丝、分享企业的独家情报等。企业通过发布专属折扣链接、热卖商品提前购、红包口令、新品预购等信息和福利，可使粉丝感受到企业对他们的重视，从而提升粉丝对企业的忠诚度。

6. 直播+访谈

"直播+访谈"也称采访营销，是从第三方的角度阐述观点和看法的，如可采访行业意见领袖、专家、路人等，利用第三方的观点提升产品信息的可信度，对传递企业文化、提升品牌知名度、塑造企业良好的市场形象都有着正向作用。这种直播方式切忌作假，在没有行业意见领袖和专家的情况下可以选择采访路人，以拉近与消费者的距离。

课堂测评

测评要素	表现要求	已达要求	未达要求
知识点	能掌握网络直播营销的含义与优势		
技能点	能初步认识网络直播营销的要素		
任务内容整体认识程度	能概述网络直播营销与传统营销的区别		
与职业实践相联系程度	能描述网络直播营销的实践意义		
其他	能描述本课程与其他课程、职业活动等的联系		

6.2 网络直播营销活动策划

网络直播营销活动策划与所有的策划一样，是一项考验创意能力的工作，它统领着网络直播营销的全局，一个没有经过策划的网络直播营销活动是不成熟的，一个好的网络直播营销活动方案可以创造出让人惊喜的销售业绩。那么，什么是网络直播营销活动策划？这项工作包括哪些内容？

6.2.1　网络直播营销活动方案策划

网络直播营销活动并非一场简单的小型活动，如果没有一个清晰的网络直播营销活动方案进行指导，网络直播营销活动很可能无法达成目标。网络直播营销活动方案策划要做好以下几个方面的工作。

1. 确定直播营销目标

确定直播营销目标有助于个人或企业有目的、有针对性地策划与开展网络直播营销活动。确定直播营销目标需要将目标具体化，考虑目标的可行性和可操作性，这就需要个人或企业对直播商品与目标消费者进行分析，量化目标并明确目标完成的时间。

（1）直播商品分析。不同商品品类在直播平台上的畅销程度、受众不同，因此商品品类及其属性（如款式、价格）会对直播营销目标产生一定影响。在从商品层面考虑想要达成的直播营销目标时，如果是首次直播，可以通过横向对比同类型、同等级主播实现的直播效果来确定自己的直播营销目标；如果不是首次直播，则可以以上一次直播的最终效果为基准设置直播营销目标。例如上一次直播吸引了5万名消费者参与，则本次直播可将目标设定为吸引9万名消费者参与。另外，主播在直播时应根据商品的不同特性采用不同的讲解方法。为了实现预期的直播营销目标，直播团队需要根据商品特性提炼出商品的优势与卖点，并通过主播进行巧妙的介绍和演示。

（2）目标消费者分析。直播的目标消费者包括主播已有的粉丝（私域流量）和直播平台上的消费者（公域流量）两种类型。为了留住目标消费者、实现预期目标，个人或企业需要对目标消费者的年龄阶层、消费能力、直播观看时间段、利益诉求等进行分析。

重要名词

公域流量、私域流量

公域流量指商家直接入驻平台实现流量转换所获得的流量。例如拼多多、京东、淘宝、饿了么等，以及内容付费行业的喜马拉雅、知乎、得到等均属于公域流量平台。

私域流量是指从公域（Internet）、他域（平台、媒体渠道、合作伙伴等）流入商家私域（官网、微信群）的流量，以及私域本身产生的流量（访客、关注者）。

① 年龄阶层。年龄阶层指目标消费者的年龄段，不同年龄段的消费者有不同的个性特征和语言风格等。通过分析目标消费者的年龄段，个人或企业可以有针对性地设计直播互动和引导策略。例如，对于较年轻的消费者，个人或企业可以通过在直播间创造热闹的气氛调动消费者的情绪，或通过促销折扣、礼品赠送等方式配以主播的引导话术，刺激消费者的购买欲望。需要注意的是，主播应设计符合年轻消费者偏好的互动方式和引导话术。

② 消费能力。不同年龄段的目标消费者有不同的消费能力，而目标消费者的消费能力不仅影响其购买能力，也会影响商品的定价区间。通常情况下，消费能力强的消费者愿意为观看直播投入的时间、精力会相对较少，愿意投入的金钱会相对较多；而消费能力偏弱的消费者，往往会在货比三家之后做出购买决策，低价好货策略在此时会发挥巨大的作用。

③ 直播观看时间段。直播观看时间段的选择直接影响观看直播的人数与直播的效果。也就是说，个人或企业应选择目标消费者观看直播的高峰期进行直播。

④ 利益诉求。目标消费者观看直播一般都具有目的性，期望观看直播后有所收获，如获得快乐的心情、高性价比的商品等。

（3）量化直播营销目标。个人或企业通过对直播商品和目标消费者进行分析，可以制定可行性和可操作性较强的直播营销目标。但在明确了直播营销目标后，个人或企业还需要将直播营销目标设定为可量化的指标，这有利于推动直播的开展，方便衡量直播的效果。例如某企业预计通过一场直播达到销售额突破1 000万元的目标，那么，这1 000万元便是此次直播营销目标的量化指标，若销售额未达到1 000万元，则没有完成目标。又如，某企业预计通过一场直播吸引10 000名粉丝，这10 000名粉丝便是此次直播营销目标的量化指标。

（4）明确目标完成时间。设立直播营销目标完成时间，一方面是为了方便编制预算，另一方面是为了提高效率，督促相关负责人尽量在计划时间内完成目标。目标完成时间需要个人或企业根据直播内容、参与项目人员的数量等确定。

2. 选择合适的主播

对于商家而言，选择合适的主播是网络直播营销活动策划中的重要环节。通常情况下，商家应结合自身资源条件，根据直播营销目标选择主播。

选择主播有两种情形，一种是由商家内部人员担任主播或商家自己招聘主播；另一种是选择外部专业主播。由商家内部人员担任主播的优势是更加了解直播商品的特性，缺点是大多欠缺主播的专业能力和直播"带货"的经验。

（1）选择直播合作方式。商家更多会选择与外部专业主播合作，商家与外部专业主播的合作方式主要有两种，即专场直播和拼场混播。

① 专场直播。在专场直播中，主播只针对商家的品牌进行直播销售，入驻主播直播间的商品数量一般没有限制。专场直播的时间越久，佣金（一般占商品销售额的20%左右）和"坑位费"（或服务费）等费用就越高；对商家而言，专场直播的营销效果往往也更加显著。

② 拼场混播。拼场混播指在同一场直播中，主播按一定的顺序对多个商家的商品进行推广销售。如果主播一天直播一场，直播时长为5~6小时，直播间上架50~60个不同商家的商品，那么每个商家的商品讲解时间为5~7分钟，商家应根据主播对商品的讲解时间付费。相较于专场直播，拼场混播的成本更低，如果选择的主播比较符合商家的要求，也可以产生很好的营销效果。此外，商家可通过多场拼场混播与不同的主播合作，通过直播效果对比确定更适合自己的主播，并与之建立长期合作关系。

（2）分析主播特点。商家可借助直播数据分析工具了解主播信息，分析其特点，如灰豚数据、飞瓜数据、蝉妈妈等。这些工具的使用方法类似，部分功能需要付费。这里以灰豚数据为例，简要说明如何查询淘宝平台上的主播信息，具体操作如下。

① 打开灰豚数据官方网站，注册并登录账号（可通过微信扫一扫直接登录）。灰豚数据主页面显示了"淘宝版""抖音版""快手版""小红书版"按钮，分别用于对应平台上的直播数据分析，这里单击"淘宝版"按钮。

② 打开淘宝直播数据的分析页面，在左侧列表的"播主分析"栏中选择"播主查询"选项，商家在"行业分类"栏中可选择主播所属的行业类别，在"筛选条件"栏中根据"播主类型""播主等级""播主层级""粉丝数"等条件筛选主播。播主层级分为足部主播、腰部主播、头部主播、超级头部主播等，超级头部主播的"带货"能力和影响力最强，头部主播次之，以此类推。

3. 制订直播方案

制订直播方案不仅有助于商家梳理直播思路，还能让参与直播的人员熟悉直播活动的流程。直播方案一般在直播参与人员内部使用，内容应简明扼要、直达主题。一般来说，直播方案主要包括直播营销目标、直播思路、人员分工、时间节点、费用预算等内容。

（1）直播营销目标。直播方案首先应说明这场直播要实现的目标，要求有具体的量化描述，如"店铺冬装新品上市，通过此次直播获得15万元以上的销售额""本场直播结束24小时后，新增粉丝5 000人以上"等。

（2）直播思路。直播方案应对本场直播的整体思路进行简要描述，说明直播形式（如商家自播、邀请知名人物进行专场直播或与达人主播合作等）、直播平台（如抖音）、直播主题（如"×××，9月10日晚9：00，直播首秀"等）。

（3）人员分工。直播方案应明确各直播参与人员的职责。大型直播可对人员进行分组，如文案编辑组、道具组、摄制组等，每组都应设置相关负责人负责工作对接等。

（4）时间节点。直播方案应明确直播的各个时间节点，包括直播前期筹备时间、直播预热时间、直播开始时间、直播结束时间等，以便实时跟进直播活动。

（5）费用预算。直播方案应说明整场直播的费用预算情况。例如商家自播，添置话筒与专业声卡等设备，计400元；直播红包派送，计400元；直播参与人员工资，计800元……对直播各环节费用做预算，便于商家合理控制成本。

营销案例6-1

电商直播振兴乡村

6.2.2 网络直播营销活动宣传规划

网络直播营销活动宣传就是直播预热，其作用是扩大直播的声势，提前为直播引流。

1. 直播预热方式

直播预热方式有很多，具体形式和效果不一。下面介绍三种常见的直播预热方式。

（1）在个人简介中发布直播预告。主播在开播前，提前将直播预告更新到个人简介中，包括直播时间、直播主题等，以便用户通过个人简介得知直播信息。个人简介中的直播预告通常以简洁的文字形式出现，如"9月10日20点直播，好物狂欢购"。这种直播预热方式适合有一定粉丝基础的主播。

（2）发布直播预告短视频。直播预告短视频是指借短视频的形式告知用户直播时间、直播主题和直播内容。对于粉丝，主播可以直接发布直播预告，简明扼要地告知直播的相关信息；若要吸引新用户，主播可以在短视频中告知直播福利或设置悬念等。

（3）站外直播预热。站外直播预热指主播可在企业网站、微博、微信、社群等第三方平台上进行直播预热。商家通过第三方平台进行直播预热能够进一步扩大直播预热的范围。

商家还可以在线下门店以发放海报、宣传单等方式，配合直播活动的亮点环节或优惠策略等宣传推广直播活动，以吸引用户了解直播活动并关注直播间。

2. 直播预热策略

进行直播预热时需搭配一定的策略，以达到更好的营销效果。下面介绍两种常见的直播预热策略。

（1）发放直播专享福利。商家在直播预热中提前告知直播中会发放的专享福利，以吸引更多的用户观看直播。例如，在预告中告知用户赠品的数量、折扣的力度、福利的类型和获得条件等。

（2）直播PK。直播PK是指不同直播间的主播约定在同一时间进行连线挑战的直播方式。商家在直播预热中将直播PK的信息告知用户，不仅可以增加直播的趣味性，还可以扩大直播的影响力。

6.2.3 网络直播营销活动实时跟进

做好网络直播营销活动的前期准备工作，并不意味着一劳永逸。在正式开播之后，直播团队还应该实时跟进直播，以便及时应对突发状况，使直播顺利进行。实时跟进直播主要有以下三个方面的内容。

1. 多平台观测

在正式开播之后，直播团队应将直播链接分享到各个平台，使用户可以通过不同渠道顺利进入直播间。直播团队应对不同平台、渠道的数据信息进行收集整理，为后期直播活动复盘提供依据。

2. 直播间维护

直播过程中可能会出现突发情况，直播团队应该密切关注直播间的一举一动，维护好直播活动秩序。当直播间内用户提出问题时，直播团队应协助主播为用户解惑答疑。当主播的直播节奏出现问题时，直播团队应及时予以提醒纠正。

3. 用户维护

用户维护是为了提升用户的消费体验，主要工作包括及时公布中奖名单并与中奖者取得联系，及时查看直播活动的订单处理、奖品发放等情况。

课堂测评

测评要素	表现要求	已达要求	未达要求
知识点	能掌握网络直播营销活动策划的内容		
技能点	能初步认识网络直播营销活动策划的技巧		
任务内容整体认识程度	能概述网络直播营销活动策划与整体营销的联系		
与职业实践相联系程度	能描述网络直播营销活动策划的实践意义		
其他	能描述本课程与其他课程、职业活动等的联系		

6.3　网络直播营销复盘与数据分析

网络直播营销复盘与数据分析是一个查漏补缺的过程，其重要程度不亚于直播准备和直播"带货"。网络直播营销是一个长期的事情，直播团队只有通过复盘与数据分析，优化直播环节和技巧，才能持续提升直播能力与"带货"水平。那么，网络直播营销复盘与数据分析主要包括哪些工作呢？

6.3.1　网络直播营销复盘

网络直播营销复盘主要是为了发现直播活动存在的问题，进一步找出问题出现的原因，有针对性地解决这些问题。

1. 网络直播营销复盘的出发点

网络直播营销复盘工作首先是发现直播活动存在的问题。在实际工作中，一般将直播团队成员主观发现问题和通过数据分析客观发现问题两种方式相结合，以便全面、准确地发现直播活动中存在的问题。

（1）发现问题。直播团队成员主观发现问题指直播团队成员能够凭借自身的经验和参与直播活动的经历，快速地发现整场直播活动中哪个环节或哪个方面存在不足。直播团队成员的主观判断可用于快速找到直播活动存在问题的方向，但不能准确发现问题。此时，直播团队可以借助数据分析将直播活动中存在的问题具体化、量化，这就是通过数据分析客观发现问题。例如某款商品的销量没有达到预期，只完成了目标的70%。再如，在整场直播中，抽奖环节消费者的积极性高，但商品了解环节缺乏良好的互动，据此便可分析商品讲解环节互动效果不佳的原因。

（2）分析问题产生的原因。直播团队发现直播活动中存在的问题后，就要对问题产生的原因进行分析。例如整场直播的流量主要来源于直播平台推荐（如直播推荐、短视频推荐），说明直播预热效果较好，获得了充分的公域流量；但是直播新增粉丝少，新增粉丝的占比（新增粉丝／观看用户总数）极低，说明陌生用户没有被直播内容吸引。因此，直播团队就要分析直播场景是否合理，商品是否具有吸引力，主播"带货"是否专业，话术表达是否恰当，直播互动是否存在不足等，通过排除法找到问题产生的原因。

（3）提出解决问题的方案。直播团队在分析了问题产生的原因后，就可以有针对性地提出解决问题的方案。针对直播间场景布置不当的问题，调整直播间的场景布置，将物料摆放整齐，让直播间设计风格与主播个人形象相匹配；针对主播经验欠缺的问题，提升主播的商品讲解能力、话术表达的感染力、亲和力，并做好直播脚本和话术的准备工作；针对互动不足的问题，丰富直播间的互动玩法，开展抽奖活动，上架更多引流款商品，提升用户参与直播互动的积极性；针对商品转化率低的问题，根据目标消费人群挑选合适的商品，提高商品的性价比，采用合理的策略促使用户下单。

2. 网络直播营销复盘的主要内容

在网络直播营销复盘的过程中，直播团队应抓住重点内容进行分析，包括主播状态、团队配合情况、直播销售数据、直播间消费者评论、直播间人气变化等。

（1）分析主播状态。在分析主播状态时，首先要看主播是否重视本场直播，开播前是否做好了充足准备，是否充分了解商品的卖点信息，是否熟悉直播脚本与话术，其妆容及穿着是否适宜。其次，还应分析直播过程中主播的精神状态是否饱满，注意力是否集中，是否与消费者积极互动等。如果某一方面存在问题，主播就需要及时调整状态，在下一场直播中避免出现类似情况，并不断总结经验、提升直播能力。

（2）分析团队配合情况。网络直播营销复盘时需要分析整个直播团队工作人员的工作是否执行到位。副播是否能制造话题、烘托气氛，辅助主播及时对商品进行展示，详细介绍福利规则；助理是否存在推广引流人群不精准、道具准备错误、与主播互动不及时、声音不够洪亮等问题；场控是否存在商品上下架操作失误、优惠券发放不及时、库存数量修改错误、实时问题出现后没有进行记录等问题；策划是否存在商品卖点归纳不足、预估直播数据出现偏差、对直播突发状况未做出有效判断等问题。

（3）分析直播销售数据。销售数据能充分体现直播"带货"的效果，直播间的销售效果与选品策略、价格策略紧密相关，直播间的高销量商品可以反映消费者的购买意愿，销售数据可指导下次选品和定价。另外，销售数据也能体现主播的直播"带货"能力。需要综合分析直播间在一段时间内的数据走向，如果一段时间内的销售数据出现下滑的趋势，直播团队就要找出原因，尽快调整策略，才能保证直播数据的稳定性。

（4）分析直播间消费者评论。通过分析直播间消费者评论，一方面可以了解消费者感兴趣的话题，以便在下次直播时能够对症下药；另一方面，在主播讲解商品的环节中，通过掌握消费者对各类商品的咨询情况，直播团队可以了解哪类商品受欢迎，下次直播可以重点推荐这类商品，提高消费者的下单转化率。另外，通过消费者反馈的信息（如消费者主动要求主播推荐哪些商品），直播团队还可以了解其感兴趣的商品，为主播的直播选品提供参考。

（5）分析直播间人气变化。通过回顾直播间人气变化，结合直播间进场人数和在线人数等数据，可以分析哪个时间段进入直播间的人数较多，哪个时间段的在线人数较多等，从而分析什么话术和直播形式更受消费者欢迎；或者根据直播间消费者流失的数据，结合该时间段的直播内容，分析大量消费者离开直播间的原因。

6.3.2　网络直播营销数据分析

在分析网络直播营销数据时，数据运营人员（包括个人主播）既要分析运营账号的直播数据，了解账号的运营状况，又要分析直播行业的相关数据，了解消费者的购买需求和当前热门的直播"带货"商品等，从而为优化直播内容、提升直播质量和效果提供参考。

1. 网络直播营销数据分析的主要指标

数据运营人员在进行网络直播营销数据分析时，首先需要了解主要指标。通常情况下，网络直播营销数据分析的主要指标包括四类：用户画像数据指标、流量数据指标、互动数据指标和转化数据指标。

（1）用户画像数据指标。用户画像数据指标包括性别分布、年龄分布、地域分布、用户来源等。图6-1所示为抖音直播平台某主播的用户性别分布与年龄分布数据。在性别分布上，男性用户占多数；在年龄分布上，24～30岁的用户占比较高，他们的消费能力也普遍较强。图6-2所示为该主播的用户地域分布数据。图6-3所示为该主播的用户来源数据。

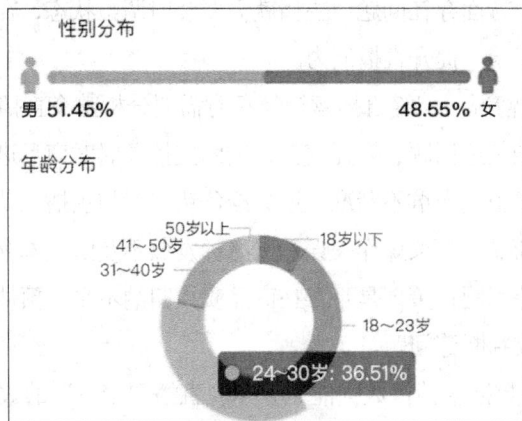

图6-1　用户性别分布与年龄分布数据

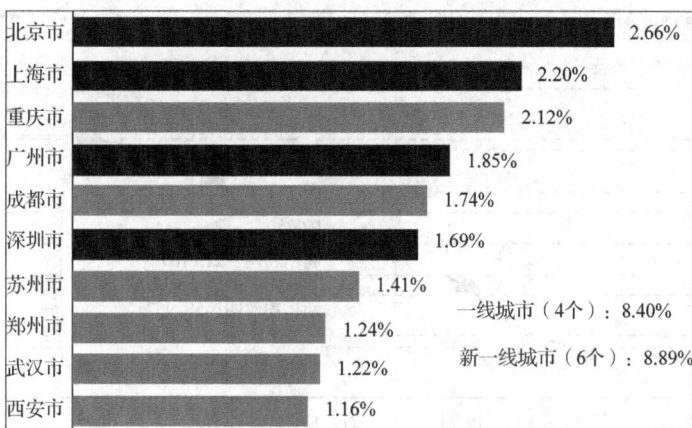

图6-2 用户地域分布数据

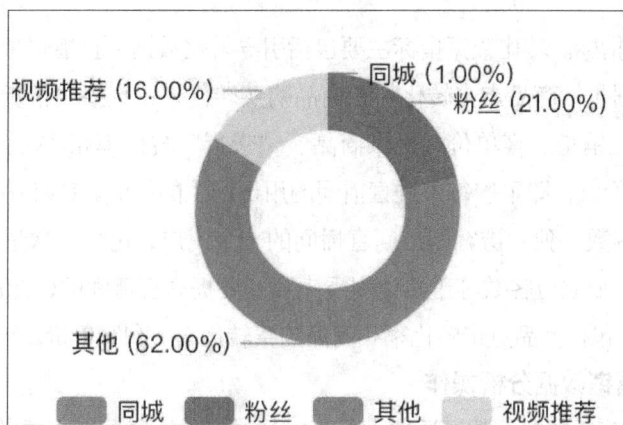

图6-3 用户来源数据

（2）流量数据指标。以抖音为例，流量数据指标包括粉丝团数据、涨粉数据和在线流量数据，这里主要介绍粉丝团数据。粉丝团是粉丝和主播的一个专属组织，用户加入粉丝团后会受到主播更多的关注，主播可通过粉丝团更好地维护粉丝关系，与粉丝互动。粉丝团数据包括本场新增粉丝团、粉丝团增量峰值、峰值时间及增量趋势图等，粉丝增量趋势图如图6-4所示。其中，本场新增粉丝团指本场直播粉丝团新增粉丝总数；粉丝团增量峰值指本场直播某时间点的最高新增粉丝数；峰值时间指最高新增粉丝数出现的时间；增量趋势图显示了粉丝团粉丝增量的走势。

（3）互动数据指标。互动数据指标主要包括互动情况和弹幕热词。互动情况包括累计点赞数、累计评论数、点赞数和评论数等指标。弹幕热词是指通过形成关键词云层或关键词渲染，对本场直播中出现频率较高的关键词进行视觉上的突出。在直播过程中，用户评论中出现次数最多的关键词会突出显示，反映在弹幕热词中。主播可以直观地看到用户互动频率较高的关键词，并根据互动频率较高的关键词，在后续的直播中导入相关的话题、设计话术或上架商品等。弹幕热词包括弹幕总数、弹幕人数和观众互动率等指标，其中，观众互动率=弹幕人数÷累计观看人次。

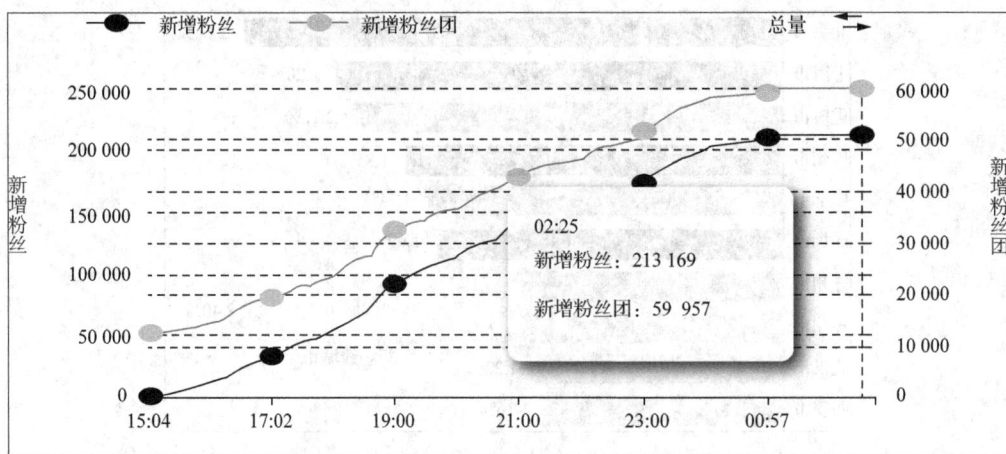

图6-4　粉丝增量趋势图

（4）转化数据指标。转化数据指标主要包括引导转化数据和直播"带货"数据。引导转化数据包括商品点击转化率和商品购买转化率；直播"带货"数据包括本场销售额、销量、客单价、上架商品、"带货"转化率和UV价值。UV价值指用户人均价值，即平均每个进直播间的用户产生的价值。UV价值=本场销售额÷独立访客数。独立访客即访问直播间的一个用户，用户多次进入直播间只被统计一次，独立访客数等于累计观看人数。要提高直播间的UV价值，应提高直播间的"带货"转化率（包括商品点击转化率和商品购买转化率）和客单价。

2. 网络直播营销数据分析操作

（1）分析后台直播数据。数据运营人员可以通过多种途径分析直播数据，其中较简单直接的方式是分析后台直播数据。以淘宝直播为例，数据运营人员可以通过淘宝主播App和淘宝直播中控台分析直播数据。

① 通过淘宝主播App分析直播数据。运营人员通过淘宝主播App可以随时随地分析直播数据，包括分析单场直播的数据和最近7日的总体直播数据。进入淘宝主播App主页面，在首页的"全部工具"栏中点击"我的直播"按钮，打开"直播列表"页面，选择主播开播后的某一场直播，点击相应按钮，查看该场直播数据。打开"实时下播数据"页面，在顶部可查看本场直播时段，在"实时总览"栏中可以查看最高在线人数、活跃度、直播成交金额等数据。上滑页面，如果主播进行了直播"带货"，在页面下方还可查看"带货"数据。选择"指标说明"选项，在打开的页面中可查看"带货"数据的指标说明，包括点击次数、成交件数、成交金额和预售定金。

② 通过淘宝直播中控台分析直播数据。首先，在PC端打开淘宝直播的官方网站，将鼠标指针移到上方的"立即直播"选项上，在打开的列表中选择"直播中控台"选项，然后在打开的页面中输入开通直播功能的淘宝账号和密码，登录直播中控台，接着在打开页面的"我的直播"栏中选择要查看的直播场次，单击"数据详情"按钮，可查看本场直播的相关数据并进行分析。另外，在"数据"栏中选择"直播业绩"选项，在打开的页面中查看直播总体数据情况。

（2）利用第三方数据分析工具分析直播数据。第三方数据分析工具专注于直播数据的分析，其数据分析功能强大，数据分析维度多元化。第三方数据分析工具一方面可用于分析直播行业的相关数据，另一方面用于分析某直播账号的直播数据。目前，市面上已有的用于分析直播数据的第三方数据分析工具较多，多数第三方数据分析工具需要付费才能获得更多的功能权限。比较典型的第三方数据分析工具有蝉妈妈和飞瓜数据等。

① 蝉妈妈。蝉妈妈是厦门蝉羽网络科技有限公司旗下品牌，是国内知名的抖音、小红书数据分析服务平台，致力于帮助国内众多的达人、机构、品牌主和商家通过大数据精准营销，实现品效合一。

② 飞瓜数据。飞瓜数据是一款短视频及直播数据查询、运营及广告投放效果监控的专业工具，提供短视频达人查询等数据服务，并提供多维度的抖音、快手达人榜单排名、电商数据分析、直播推广等实用功能。

课堂测评

测评要素	表现要求	已达要求	未达要求
知识点	能掌握网络直播营销复盘的意义		
技能点	能初步认识网络直播营销数据分析的技巧		
任务内容整体认识程度	能概述网络直播营销数据分析与整体营销的联系		
与职业实践相联系程度	能描述网络直播营销数据分析的实践意义		
其他	能描述本课程与其他课程、职业活动等的联系		

小 结

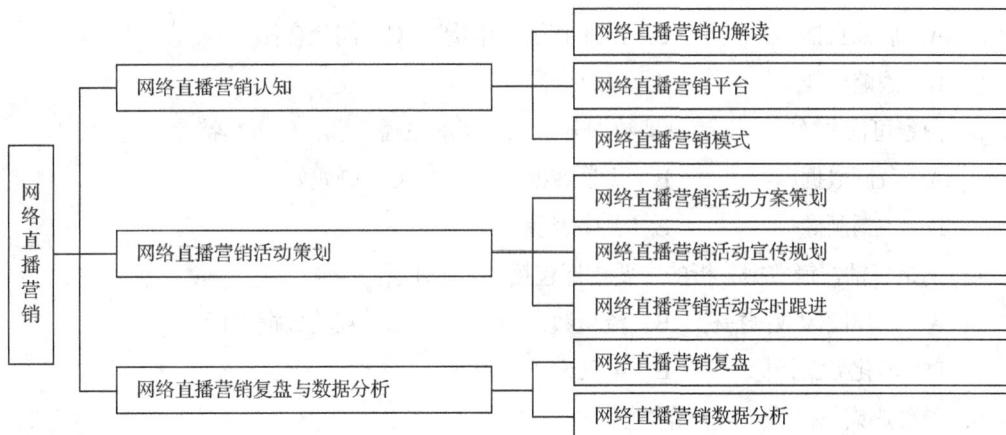

教学做一体化训练

重要名词

公域流量　　私域流量

课后自测

一、单项选择

1. 网络直播营销可看作以（　　）为载体开展的营销活动。
   A. 文字广告　　　　　　B. 图片广告　　　　　　C. 直播平台　　　　　　D. 广告策划

2. （　　）已经成为众多品牌抢夺人气、制造热点的主要营销模式。
   A. 直播+发布会　　　　B. 直播+电商　　　　　C. 直播+故事　　　　　D. 直播+软文

3. （　　）是指不同直播间的主播约定在同一时间进行连线挑战的直播方式。
   A. 直播PK　　　　　　B. 直播福利　　　　　　C. 直播红包　　　　　　D. 直播优惠

4. （　　）是指通过形成关键词云层或关键词渲染，对本场直播中出现频率较高的关键词进行视觉上的突出。
   A. 立意　　　　　　　　B. 塑形　　　　　　　　C. 真实性体现　　　　　D. 弹幕热词

5. 蝉妈妈是国内知名的（　　）、小红书数据分析服务平台。
   A. 斗鱼　　　　　　　　B. 抖音　　　　　　　　C. 快手　　　　　　　　D. 淘宝

二、多项选择

1. 一般来讲，网络直播营销包括（　　）等要素。
   A. 场景　　　　　　　　B. 人物　　　　　　　　C. 产品
   D. 创意　　　　　　　　E. 环境

2. "直播+电商"主要有（　　）等模式。
   A. 店铺直播　　　　　　B. KOL直播"带货"　　C. 佣金合作
   D. 战略合作　　　　　　E. 股权合作

3. 商家可借助（　　）等直播数据分析工具了解主播信息，分析其特点。
   A. 灰豚数据　　　　　　B. 飞瓜数据　　　　　　C. 蝉妈妈
   D. 主播画像　　　　　　E. 主播表现

4. 网络直播营销数据分析的主要指标包括（　　）。
   A. 用户画像数据指标　　B. 流量数据指标　　　　C. 互动数据指标
   D. 转化数据指标　　　　E. 第三方数据指标

5. 弹幕热词包括（　　）等指标。
   A. 弹幕总数　　　　　　B. 弹幕人数　　　　　　C. 观众互动率
   D. 需求问题　　　　　　E. 提问时间

三、判断

1. 短视频类直播平台的直播营销场景更丰富。　　　　　（　　）
2. 传统电商往往能给予消费者足够的安全感。　　　　　（　　）
3. 外部专业主播的优势是更加了解直播商品的特性。　　（　　）
4. 商家一般不能通过第三方平台进行直播预热活动。　　（　　）
5. 直播新增粉丝少，说明陌生用户没有被直播内容吸引。（　　）

四、简答

1. 什么是网络直播营销？
2. 网络直播营销的模式主要有哪些？
3. 什么是网络直播营销复盘？其主要作用是什么？
4. 网络直播营销活动宣传规划策略有哪些？
5. 网络直播营销效果怎样评估？

案例分析

抖音短视频
话题活动

📖 同步实训 ●●●●●

实训名称： 网络直播营销活动认知。

实训目的： 认识网络直播营销活动，理解其实际意义。

实训安排：

1. 学生分组，登录抖音、快手、淘宝直播等网络直播平台，选择一些有趣的网络直播营销活动，并讨论分析，总结概括出这些营销活动的传播效果。

2. 学生分组，收集身边的一些企业开展网络直播营销的案例，选取一个企业，分析讨论，并概括其网络直播营销的目标人群。

3. 分组将讨论成果以PPT形式进行展示，并由教师组织全班讨论与评析。

实训总结： 学生小组交流不同企业、行业的分析结果，教师根据讨论成果、PPT、讨论分享中的表现分别对每组进行评价打分。

📈 学生自我学习总结

通过完成任务6网络直播营销，我能够进行如下总结。

一、主要知识

概括本任务的主要知识点：

1.

2.

二、主要技能

概括本任务的主要技能：

1.

2.

三、主要原理

你认为，网络直播营销策略与传统营销策略的关系是：

1.

2.

四、相关知识与技能

1. 网络直播营销的意义有：

2. 网络直播营销的特征有：

3. 网络直播营销策略的意义是：

五、成果检验

1. 完成本任务的意义有：

2. 学到的知识或技能有：

3. 自悟的知识或技能有：

4. 对我国直播助农振兴乡村活动的初步看法是：

网络软文营销

学习目标

1. 知识目标
- 能认知网络软文的特点
- 能认知网络软文营销的含义
- 能认知网络软文营销的原则

2. 能力目标
- 能分析网络软文的内容
- 能评估网络软文营销效果
- 能撰写网络软文

3. 素养目标
- 了解中国品牌故事
- 增强品牌自信和民族自豪感
- 培养家国情怀

视野拓展

网络软文营销
创意技巧

任务解析

根据网络营销职业学习活动顺序，本任务可以分解为以下子任务。

7.1　网络软文营销认知

7.2　网络软文营销策划

7.3　网络软文写作

课前阅读

看过百岁山的广告，众人纷纷表示：广告画面唯美、格调雅致，但是看不懂广告讲述的故事情节，没想到广告里讲述的是这样一个凄美的爱情故事。

1650年，斯德哥尔摩的街头，52岁的笛卡尔邂逅了18岁的瑞典公主克里斯汀。那时，落魄、一文不名的笛卡尔过着乞讨的生活，全部的财产只有身上穿的破破烂烂的衣服和随身携带的几本数学书。

一个宁静的午后，笛卡尔照例坐在街头，沐浴在阳光中研究数学问题，突然，有人来到他身旁，拍了拍他的肩膀，"你在干什么呢?"扭过头，笛卡尔看到一张年轻秀丽的脸庞，一双清澈的眼睛如同湛蓝的湖水，楚楚动人，她就是瑞典的小公主——克里斯汀。

她蹲下身，拿过笛卡尔的数学书和草稿纸，和他交谈起来。言谈中，笛卡尔发现这个小女孩思维敏捷，对数学有着浓厚的兴趣。和女孩道别后，笛卡尔渐渐忘却了这件事，依旧每天坐在街头写写画画。几天后，他意外地接到通知，国王聘请他做小公主的数学老师。公主的数学知识水平在笛卡尔的悉心指导下突飞猛进，他们之间也开始变得亲密起来。没过多久，他们的恋情传到了国王的耳朵里，国王大怒，下令将笛卡尔处死。在克里斯汀的苦苦哀求下，国王将笛卡尔放逐回国，公主被软禁在宫中。

当时，欧洲大陆正流行黑死病。身体羸弱的笛卡尔回到法国后不久，便染上重病。在生命进入倒计时的那段日子，他日夜思念公主，每天坚持给她写信，在笛卡尔给克里斯汀寄出第十三封信后，他永远地离开了这个世界。此时，被软禁在宫中的小公主依然徘徊在皇宫的走廊里，思念着远方的情人。这最后的一封信没有写一句话，只有一个方程式:$r=a(1-\sin\theta)$。

国王看不懂，便把全城的数学家召集到皇宫，但是没有人能解开这个方程式。国王不忍看着心爱的女儿每天闷闷不乐，便把这封信给了她。拿到信的克里斯汀欣喜若狂，她立即明白了恋人的意图，找来纸和笔，着手把方程图形画了出来，一个心形图案出现在眼前，克里斯汀不禁流下感动的泪水，这条曲线就是著名的心形线。

国王去世后，克里斯汀继承王位，登基后，她便立刻派人去法国寻找心上人的下落，收到的却是笛卡尔去世的消息，这给克里斯汀留下了一个永远的遗憾……

读后问题：

（1）你听说过上文中提到的百岁山吗?

（2）你觉得上文的故事是真的吗?

（3）商家推出这样的文章主要是瞄准了消费者的哪些心理?

（4）你怎样评价这一网络软文?

7.1 网络软文营销认知

营销活动中，过于生硬的广告往往招人厌烦。为了避免这种情形的出现，营销人员通过特定的概念诉求，以摆事实、讲道理的方式，借助"软"性手段展示产品信息，迅速实现产品销售，这就是网络软文营销。那么，什么是网络软文？什么是网络软文营销？

微课

网络软文营销

7.1.1 网络软文的解读

顾名思义，软文是相对于硬广告（即硬广）而言的，追求的是一种春风化雨、润物无声的传播效果。与硬广告相比，软文的精妙之处就在于一个"软"字，可以使文章内容与广告完美结合，从而形成较好的宣传效果。

1. 网络软文的含义

网络上，故事的传播性非常强。当你发现一篇精美的散文，耐心细致地读到结尾，企业的品牌或符号突然出现时，你就已经掉入企业精心设计的软文广告"陷阱"。那么，什么是网络软文呢？

🎓 **重要名词7-1**

网络软文

　　网络软文是基于对产品的概念诉求和问题分析，用文字的形式使消费者接受某些概念和观点，从心理上对消费者进行引导的一种网络宣传方式。

实际上，网络软文就是一种文字广告，多由公司内部策划人员或者广告公司文案人员撰写，以此宣传品牌或产品。

2. 网络软文的特点

与传统硬广告相比，网络软文具有以下特点。

（1）费用低。传统的硬广告费用高，单位时间内的成本甚至超出单位时间内的企业利润，让许多企业望而却步；而且想要得到良好的宣传效果，就必须投入较长的时间，没有雄厚的资金支撑，实现不了对企业的有效宣传。而软文的费用则是硬广告的十分之一、百分之一，甚至千分之一，就算是刚起步的小企业，也完全可以支付其低廉的宣传费用。

（2）见效快。硬广告需要长期投放，才能提升企业的受关注程度，而如果企业宣传预算有限，投放硬广告并不是一个明智的选择。用投放一个硬广告的费用来投放一百个软文广告，其性价比不言而喻，而且保证了较高的曝光率，广告铺的范围越广，企业的认知度也就越高。

（3）周期灵活。当企业遇到危机的时候，一般会选择危机公关。当官方声明、澄清公告要出现在媒体上时，以软文的形式出现会更恰当。一波接一波的软文发布能够在最短的时间里帮助企业重树形象，解决面临的紧迫问题。

（4）操作简易。目前与软文相关的操作正在走向规范化，聘请有信誉的代理公司是好选择。这些公司整合了全国各地区的媒体资源，包括新闻门户、行业门户、地方门户等，对软文的发布及后期跟进有着丰富的经验，能够帮助企业实现预定目标。

3. 网络软文的作用

网络软文的形式以新闻报道、案例分析、购买者使用反馈、深度软文居多。对于企业来说，网络软文的作用非常重要，主要体现在以下几个方面。

（1）降低广告成本。传统硬广告费用一直居高不下，很多企业都难以承受。相对于此，软文有绝对的优势，一篇原创软文的价格比硬广告费用要低很多。而且，一篇质量优秀的软文常会被读者转载，这样就扩大了产品的宣传范围，提升了企业的形象和口碑，从而让消费者更愿意信任企业和产品。

（2）辅助搜索引擎优化。一篇优秀的软文最好具备两个要点：网址链接和关键词。软文有了这两个要点，可以大大提高点击率和曝光率，从而提升企业和产品形象，如果链接页面做得完美，甚至可以直接勾起消费者的购买欲望。

（3）提升品牌知名度。要想提升品牌知名度，仅靠硬广告是远远不够的，因为硬广告不仅费用高昂，而且广告作用难以持久。网络软文的传播范围广且广告作用持久，有利于提升品牌知名度。

（4）提高网站流量。抓住消费者的心理，进而撰写一篇优秀的软文，可以给网站带来很高的流量及转化率。这样不仅可以间接地影响产品的销售量，而且还可以提升相关产品的受关注度。

7.1.2　网络软文营销的解读

如果把网络软文看作含有某种动机的文体，网络软文营销就是指个人和群体通过撰写软文实现这一动机（达成交换或交易）的营销方式。

1. 网络软文营销的含义

网络软文营销通过特定的概念诉求，以新闻、访谈、评论、故事等文字形式使消费者理解企业设定的概念，从而达到产品销售的目的。

🎓 **重要名词7-2**

网络软文营销

网络软文营销又叫网络新闻营销，是指企业通过门户网站、自建网站或行业网站等网络平台，传播一些具有阐述性、新闻性和宣传性的文章，包括一些网络新闻通稿、深度报道、案例分析等，把企业、品牌、人物、产品、服务、活动项目等相关信息及时、全面、有效、经济地向社会公众广泛传播的新型营销方式。

网络软文营销形式并不单一，通常情况下，网络软文营销会与博客营销、微博营销、微信营销、论坛营销等相互配合。这样的组合营销，强化了软文营销的效果，提升了产品的影响力与销量。

2. 网络软文营销的原则

对于互联网企业来讲，网络软文营销起着十分重要的作用，成功的网络软文营销应该遵循以下几个原则。

（1）精准定位。根据消费者的定位、软文的发力点，找准软文目标对象的切入点，软文的目标定位才会准确，企业才能够做到精准营销，软文的投放也就有了明确的方向。

（2）注重标题。碎片化阅读时代，写软文时一定要注重标题。一个成功的标题意味着软文成功了三分之一。只有通过标题将读者吸引过来，让读者阅读，软文才能发挥出自己应有的功能。

（3）优化内容。有了一个引人注目的标题后，接下来就是"内容为王"。文章内容就是进一步影响读者购买意愿的重要因素，撰写人员一定要认真构思，布局谋篇。

（4）巧妙营销。毫不夸张地说，网络软文营销是一种很好的营销方式。成功软文的重要特征在于一个"巧"字，突出自然巧妙的软文，才能算得上一篇优秀的软文。

课堂测评

测评要素	表现要求	已达要求	未达要求
知识点	能掌握网络软文营销的含义		
技能点	能初步认识网络软文营销原则		
任务内容整体认识程度	能概述网络软文营销与传统营销的区别		
与职业实践相联系程度	能描述网络软文营销的实践意义		
其他	能描述本课程与其他课程、职业活动等的联系		

7.2 网络软文营销策划

网络软文营销策划统领着网络软文营销的全局，一个没有经过策划的网络软文营销活动是不成熟的，一个好的网络软文营销策划方案可以创造出让人惊喜的销售业绩。那么，什么是网络软文营销策划，这项工作包括哪些内容？

7.2.1 网络软文营销策划认知

网络软文营销策划是网络软文营销的第一个阶段。网络软文营销策划涉及的内容较多，需要不同维度策略的综合运用，这些策略庞杂且具有系统性。

1. 网络软文营销策划的含义

网络软文营销策划是指企业的营销人员根据企业的产品或服务特征，结合企业经营管理过程中的各个阶段的具体情况，以及当前及未来一段时间的市场需求变化趋势而制定的网络软文营销计划。

2. 网络软文营销策划的内容

网络软文营销策划主要包括以下内容。

（1）制定一定时期内的整体软文营销战略。一般来讲，注重软文营销的企业往往对媒体运作比较熟悉，因此系统性的软文营销战略往往围绕一个主题展开，结合当前的社会热点，促发新闻事件，引来媒体的广泛关注。软文营销策划往往与企业的事件营销等战略结合在一起，能发挥出"1+1＞2"的效果。

（2）强化品牌建设。软文的基础是文字，而文字则是文化传承的最佳载体。在企业的品牌建设中，企业文化是比企业视觉设计更具生命力的组成要素，所以，企业文化可通过软文营销传播，软文是品牌建设最佳的载体。当然，一些软文形式既可用于品牌建设，也能够对企业的视觉设计进行有效的传播。

在软文营销策划过程中考虑企业品牌的建设需要考虑多方面的内容，特别值得一提的是软文写手的选择，由于高水平的软文写手往往在网络上具有较大的影响力或传播力，因此他们往往也不自觉地成为企业品牌元素中的一分子。如何选择一个契合企业品牌形象的软文写手，也是软文营销策划需要考虑的内容。

（3）软文营销的预算与效果评估。软文营销策划与其他所有网络营销策划一样，必须要考虑投入与产出比例。软文营销一个突出的特点是，效果难以评估，因为软文的宣传结果往往难以预料。例如最可能产生爆发力量的新闻类软文，如果策划阶段没有选择一个符合企业产品或服务特征的新闻点，那么新闻软文的反响往往就是相对平淡的。同时，一篇好的软文经过各种网站的广泛转载，也难以统计其浏览量。但是从长远来看，软文营销的效果是有目共睹的。

营销案例7-1

华为手机网络
软文营销

7.2.2　网络软文营销策划操作

网络软文营销策划操作主要包括策划准备和具体操作等。

1. 网络软文营销策划准备

网络软文营销策划同所有的网络营销策划一样，需要考虑多方面的内容，这些内容主要包括以下几个方面。

（1）熟悉企业市场营销整体战略。软文营销只有很好地与企业的市场营销整体战略融合起来，才能相互借力，实现营销目标。在企业中，软文营销是纳入全媒体市场营销战略进行操作的，往往伴随着新闻营销活动展开，相关软文的浏览量和点击率相当惊人。

（2）具备新闻媒体眼光和意识。营销的最高境界是传播，新闻类软文往往容易实现新闻的病毒式传播效果，进入搜索引擎的新闻源系统，进而带来意想不到的转载效果。因此，软文营销策划由具有新闻工作背景的人操作比较合适。这也存在一定局限，即有新闻工作背景的人往往容易局限在纸媒新闻上，对网络传播缺乏一线的实战经验，需要具有网络营销背景的人协助其工作。

（3）具备品牌意识。软文是企业品牌建设的最佳载体，因此，软文营销策划人必须具有品牌意识，在软文营销的每一个部分都要考虑企业品牌元素的巧妙植入，否则将会损失软文营销本来应该发挥的作用。

（4）熟悉尽可能多的网络媒体特征。无论是综合门户网站、地方行业门户网站，还是个人媒体，软文营销策划人必须了解每一种网络媒体的特点，才能制定出具有针对性的软文写作形式和软文发布方案。把合适的东西放在合适的地方，是软文营销策划人最基本的能力。

2. 网络软文营销策划具体操作

下面以电商软文营销策划的具体操作为例。

（1）明确电商不同阶段的营销重点。① 初创期。软文适合讲述网站的新模式、团队、优势、人性化的服务、精准的产品线、专业的平台等偏重于品牌内涵的内容。② 扩张期。软文适合讲述网站的大事件、与知名合作伙伴实施的相关举措、大型活动、促销等偏重于市场外延的内容。③ 成熟期。软文适合讲述网站的良好运营情况、会员数量、会员的感受、产品销售量、业绩评价等偏重于网站运营的内容。

（2）软文营销策划的三个步骤。① 组建专业策划团队。企业一定要有专业的策划人员来完成整个品牌的软文营销布局，要有阶段性目标、针对性标题、符合品牌推广进程的内容。② 根据营销目标设定具体安排，主要包括选择媒体、确定发布时间、分析覆盖范围。③ 确定软文行文风格。软文行文风格主要包括商业色彩淡，新闻色彩重；吹捧色彩淡，公正色彩重；回顾性色彩淡，即时性色彩重；第一人称色彩淡，第三人称色彩重。要让软文更像一篇新闻，具备客观公正性。

（3）网络软文的发布。软文的发布要注意以下几点。① 选好平台。要根据产品特性和软文营销目标选择平台，同时要注意平台的权重，尽量选择权重高、有新闻源的平台。② 做好软文发布前的检查。发布软文前要进行全面审核，不仅要审核文字图片是否正确，还要重点审核标题是否具有足够吸引力，关键词植入的数量、位置是否合理，文字图片是否有法律风险等。③ 明确软文发布的时间。同样的软文在不同的时间发布，所产生的效果大不相同。软文的发布时间要结合受众的浏览习惯来确定，尽量选择在受众活跃度高的时段发布。

7.2.3 网络软文营销效果评估

网络软文营销对企业认知度和品牌知名度的提升以及产品线下销售的促进等作用，是不容忽视的，企业可通过一些客观的指标做一个相对客观的效果评估。一般可以采取以下几种方法。

1. 成本评价法

这一方法主要针对以营销为导向的企业。将软文营销投入的费用与业绩增长额进行对比，如果业绩增长额远远超出投入的费用，那么软文营销的效果就毋庸置疑了。这种方法适合评价平面软文和网络软文。

2. 搜索引擎收录评价法

这一方法主要针对网络软文。搜索引擎收录评价法的具体做法如下。在实施网络软文营销之前，分别在百度网页和百度新闻栏目下检索相应关键词，记录检索到的数字结果；实施网络软文营销后，进行相同的操作，将检索结果进行对比。还可以增加搜狗等搜索引擎的检索对比，从而客观评价网络软文的收录效果。

3. 转载率评价法

转载率评价法可以简单理解为二次传播量评价法，无论是平面软文还是网络软文全部适用。平面软文引起网民主动引用或者评价，即可认为是一次二次传播。网络软文主要看转载量。

4. 流量分析评价法

这一方法主要针对推广网站的网络软文，看其为网站带来多少点击量，点击量可以通过站长工具非常精确地统计出来。这种评价方法最客观。

5. 置顶率评价法

这一方法主要针对网络论坛中帖子形式的软文，简单来说，就是统计软文被置顶多少次。

课堂测评

测评要素	表现要求	已达要求	未达要求
知识点	能掌握网络软文营销策划的含义		
技能点	能初步认识网络软文营销策划的操作		
任务内容整体认识程度	能概述网络软文营销策划与营销目标的关系		
与职业实践相联系程度	能描述网络软文营销策划的实践意义		
其他	能描述本课程与其他课程、职业活动等的联系		

7.3 网络软文写作

如果说硬广告像少林功夫，那么，软文则像绵里藏针、以柔克刚的武当拳法，软硬兼施、内外兼修。那么，网络软文写作要求、技巧有哪些？网络软文写作的要点是什么？

7.3.1 网络软文写作的形式

由于不同企业的背景和需求不尽相同，软文的表现形式也各式各样。按照传播渠道和受众，软文大致可分为新闻类软文、行业类软文、用户类软文（产品软文）三类。

1. 新闻类软文

新闻类软文作为软文发展初期常用的手法，同时也是最基本的软文类型之一，形式以新闻通稿、新闻报道、媒体访谈为主。企业在大多数情况下会使用新闻类软文对企业的重大事件、大型活动、新产品发布等进行预热或曝光。

（1）新闻通稿。对于公关与营销界人士而言，新闻通稿原本只是在新闻媒体中的一个专指媒体在采访到一些重要新闻后，以统一的文章形式发给全国需要稿件的媒体的术语，后来慢慢演化为企业为统一宣传口径，在对外发布新闻时，提供给需要的媒体的新闻稿件。

来源于传统媒体的新闻通稿，其写作形式与传统媒体稿件相同，分为消息稿和通讯稿。概括来说，消息稿是对整个事件简要且完整的说明，即包含整个事件始末；通讯稿则是对消息内容，如背景、花絮、具体的人或故事等的补充。基本上，新闻通稿只要确保文字流畅、语言精准、层次分明、逻辑性强、表述清楚、表达完整即可。

（2）新闻报道。新闻通稿的形式简单，并且都是由企业内部人员完成，这就容易导致宣传效果不够深入，若想达到促进产品销售等效果，就稍显不足。而新闻报道则可有效解决这一问题。此类软文对事件的报道基本上都是采用新闻的写作手法，以媒体的口吻进行发布，具有一定的隐蔽性。

（3）媒体访谈。不同于新闻通稿语言的公式化，新闻报道内容的单向灌输，媒体访谈更具渗透性、感召性和互动性，也更易让人接受。通过媒体访谈的形式进行营销，企业想传达的内容和理念会显得更加亲切、吸引人和富于感染力，能够达到以理服人、以情动人的效果。

重要信息7-1

新闻类软文的亮点

2. 行业类软文

面向行业内人群的软文，称为行业类软文，通常情况下，扩大影响力、奠定品牌地位是此类软文的目的。行业类软文主要从以下五个方面切入。

（1）经验分享。此类软文利用心理学中的互惠原理传播知识、分享经验，从而感染、影响他人，继而树立品牌地位。

（2）观点交流。与传播知识的软文不同，此类软文胜在传达思想与观念。一般来说，此类软文见解独到、分析缜密、评论犀利，能使读者产生共鸣，继而树立品牌地位和提升品牌影响力。

（3）权威资料。若企业有能力完成一些分析调查、数据研究的工作，或可以掌握一些独家消息，那么基于这些数字和报告，则完全可以发布一些相关软文。

（4）人物访谈。人物访谈有三大好处。其一，只邀请好访谈嘉宾，无须组织大量内容，准备好问题即可，有时甚至可以让观众帮忙想问题。其二，通过访谈，可以累积许多优质的媒体资源。其三，通过访谈，能够快速奠定行业品牌形象与影响力。

（5）第三方评论。通过邀请业内具有一定知名度和影响力的专家、名人，以第三方评论的方式发布软文是一种非常好的选择。

3. 用户类软文

用户类软文是指面向终端消费者或产品用户的文章，其主要作用是提升企业在用户中的知名度与影响力，博得用户的好感与信任，最终引导用户进行消费。这类文章的表现形式不尽相同，但必须遵循一条基本原则，即满足用户需求，具有可读性。以具体表现形式和手法为依据，此类软文可分为以下几种类型。

（1）知识型。随着互联网的普及，无论是获取信息，还是学习知识，用户越来越依赖网络。而知识型软文将广告信息与知识完美地结合在一起，很容易为用户所接受。

（2）经验型。经验型软文利用互惠原理，通过分享心得和体会影响与引导用户。

（3）娱乐型。娱乐型软文充满娱乐性，将会大受欢迎。

（4）悬念型。悬念型也称自问自答型，其表现形式就是全文围绕标题所提出的问题进行分析与解答，如"40岁的皮肤可以如同20岁的皮肤一般吗？"。标题即话题，可以吸引大众的目光。但是必须注意一点，标题所提出的问题必须具有高度关注度，且文章中的解答一定要符合常识和逻辑，不能自相矛盾、漏洞百出。

（5）故事型。讲故事，是人类最古老的传授知识的方式之一，我们每个人几乎都是听着故事长大的。用户阅读故事型软文，不仅接受了故事，同时也接受了心理暗示，进而在脑海中留下故事中所传递的信息，从而对其认知和选择产生影响。

（6）恐吓型。这类软文属于反情感式诉求，在网上对企业、产品一片颂扬的环境中，突然出现这种反其道而行之的恐吓型软文，其产生的效果要比赞美更能增强记忆。恐吓型软文最初用于医疗保健类产品，但如今也为其他行业所采用。

（7）情感型。当一篇软文建立在情感的基础上时，能真正打动用户，当用户读完一篇文章并被里面的情节所感动、震撼时，一般是不会计较其中嵌入的产品信息的。情感型软文较容易被转载并产生辐射效果。

（8）促销型。促销型软文常常伴随着上述几种软文出现，如"某地人排队买×××""×××在×地卖疯了""一天断货三次，某厂家告急"等。这样的软文或者直接配合促销使用，或者营造产品供不应求的气氛，通过影响力效应等多种因素促使用户产生购买欲。

营销案例7-2

南方黑芝麻糊
软文营销

7.3.2　网络软文写作的步骤

普通的网络软文只是为了吸引流量或传递某种商业信息，事实上，软文可通过更新和改变消费者相关价值观与信念，达到促成交易或交换的目的。

软文的主题其实是与消费者沟通，但不在于沟通的意图，而在于引发消费者的回应。撰写软文时，应当考虑消费者如何理解、认知、回应。简单来说，就是让消费者从了解到理解，从心动到行动。

1. 确定软文营销的目标

软文写作是为软文营销服务的，因此应当了解当前软文营销的目标是什么。首先要明确企业整体的营销目标是什么，了解企业各个发展阶段的目标、各个层面的目标是什么。

最好详细地列出软文营销的目标战略意图，如对内、对外的目标，线上、线下的目标，传统及网络媒体软文发布的目标，对广告、对公关的目标，还要列出发稿数量及投放媒体数量的目标。

2. 了解受众群体及投放媒体

对于企业内部从事软文营销的部门来说，自然了解企业品牌或产品的受众群体，有经验的工作人员对各类媒体也非常熟悉。但是对外包的软文写手来讲，则很难全方位地了解某个企业，只有详细地了解这家企业的产品与服务、企业的历史与文化、企业高层领导人、企业在行业中的地位、企业的竞争对手、行业的发展状况、客户、供应商、经销商、相关政策对行业对企业的影响等，才能写出高质量的软文。

从网络软文营销的角度看，尤其是对以网站为营销工具的站长、网店店主、工作室或微企业而言，必须要进行相关关键词的调研分析、自己网站优化的数据分析、竞争对手网站与网络广告基本情况分析以及详细了解哪些网站的信息容易被搜索引擎收录。其中对关键词的分析特别重要，这是因为网页内容的优化实际上可以看成软文的优化，为网页选择一个搜索量大、竞争小、相关性高的关键词，那么此网页在搜索引擎中的排名就会比较高。

软文营销包括3个层面，即软文推广、软文优化、软文传播。

从撰写软文的角度来看，我们应当了解受众群体的以下信息。

第一是习惯用语。了解受众群体的习惯用语，就是为了更好地设计关键词，唯有如此才能达到精准营销的目的。习惯用语主要是针对当前的产品或服务，受众会怎么表达。

第二是偏好网站。了解受众群体喜欢在哪些网站上浏览信息、互动讨论、听音乐或看视频，甚至要了解他们喜欢用什么搜索引擎，是百度、谷歌还是搜狗等。

第三是需求问题。对于企业的产品或服务，受众最关心的问题是什么，在整个交易过程中受众有什么不方便的地方，他们最关注的是哪几个点等。

3. 设定软文题材、内容、结构

（1）题材。软文的题材是多样的，如新闻类软文通过新闻的形式表现，故事类软文以小说、杂文或漫画等形式表现等。

（2）内容。软文的形式是为内容服务的，而内容主要是为营销目标服务的。选择适合的表现形式能更好地将内容传递给目标人群，也能更好地与目标人群沟通。

（3）结构。软文的结构主要指写作思路的结构和文章编辑的结构。写作思路的结构是为软文立意，文章编辑的结构是为软文塑形。

4. 选定软文标题

一般来讲，在设计标题上花费的时间往往比撰写正文的时间还要长。设计吸引人的软文标题是受众进一步阅读的前提。

7.3.3　网络软文写作的技巧

软文营销的效果如何，主要看软文质量。虽然堆砌词汇发布微博、公众号文章等相当容易，但是真正写好一篇软文却不是每个人都可以做到的。

一般来说，软文的写作通常可以由两类人完成，即企业内部相关人员和知名专业人士（行业KOL、知名博主等）。找知名专业人士撰写软文的好处在于：第一，质量可以保证；第二，知名专业人士有自己的媒体渠道，其撰写的软文更容易被发布甚至推荐到大的网络媒体上；第三，由知名专业人士写作的软文容易被用户认同，具有权威性。

1．软文写作要坚持原创

软文写作要坚持原创，但也可以适当借鉴一些别人好的观点（最好控制在10%左右）。原创内容对于读者阅读和搜索引擎收录来说，都是有帮助的。这样，文章被其他网站转载的机会也会更多，也就等于为作者本人和所要推广的产品做了无偿的宣传。

2．软文标题要足够吸引人

标题的好坏对于一篇文章的成败会起到很大的作用，它是吸引网民浏览文章的敲门砖，对于同样的内容，用两个不同的标题发在两个流量大致相同的平台上，点击浏览量差异可能会很大。不过，标题要紧扣文章的主题内容，不要一味标新立异，不提倡网络上流行的"标题党"。

3．软文内容一定要主题鲜明

写作文章的时候，一定要明白为什么要写这篇文章，写这篇文章要达到什么样的效果，为了达到这样的效果需要选择什么样的主题内容，要突出什么样的特点。文章要有权威的数据支撑，这样会更让人信服。

4．软文要紧跟社会热点

在写网络软文的时候，一定要知道最近网民对什么感兴趣。写作软文时可以查看微博热搜、今日头条、百度风云榜等，在这些地方能一目了然地看到当天或者近两天所发生的一些社会热点事件或者热点人物等。

5．适当配合评论及图片

一篇软文如果配合评论，比单独的软文效果要好。如果是新闻，带图片的新闻比只有文字的新闻效果要好。标题中出现企业名称比不出现企业名称要好，但是要出现得合理，不能让人一看就是广告。

6．尊重读者的阅读习惯

网络时代，生活节奏快。许多人在看别人文章的时候，要是长篇文章，能一字一句认真看完的人不会很多。所以在发表文章的时候，如果篇幅过长，最好分成上、下篇或者分页，这样方便读者阅读，还能加深读者的印象。

重要信息7-2

网络软文的三重境界

课堂测评

测评要素	表现要求	已达要求	未达要求
知识点	能掌握网络软文写作的形式		
技能点	能初步认识网络软文写作的技巧		
任务内容整体认识程度	能概述网络软文写作与创意的联系		
与职业实践相联系程度	能描述网络软文写作的实践意义		
其他	能描述本课程与其他课程、职业活动等的联系		

小 结

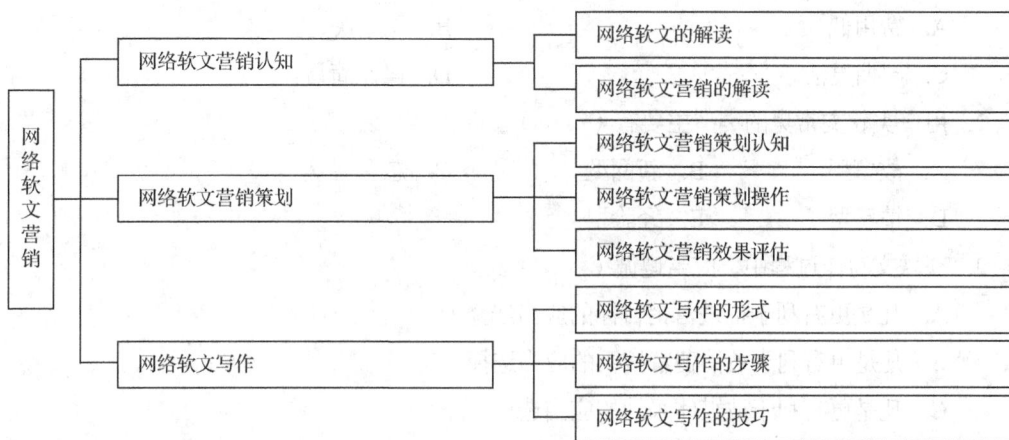

教学做一体化训练

重要名词

网络软文　　网络软文营销

课后自测

一、单项选择

1. 网络软文就是一种（　　　），多由公司内部策划人员或者广告公司文案人员撰写。

   A. 文字广告　　　　　　　　　　B. 图片广告

   C. 项目广告　　　　　　　　　　D. 广告策划

2. （　　　）一般通过设问引起话题或引起读者的好奇心。

   A. 知识型软文　　　　　　　　　B. 悬念型软文

   C. 故事型软文　　　　　　　　　D. 情感型软文

3. 软文营销包括3个层面，即（   ）。
   A. 软文创作、软文推广、软文优化
   B. 软文推广、软文优化、软文传播
   C. 软文创作、软文传播、软文优化
   D. 软文炒作、软文推广、软文传播

4. 写作思路的结构是为软文（   ）
   A. 立意
   B. 塑形
   C. 真实性体现
   D. 诚信体现

5. 企业选择软文推广在很大程度上是为了改善促销效果和降低促销成本，因此，软文不可能回避广告的（   ）。
   A. 公益本性
   B. 客观本性
   C. 商业本性
   D. 娱乐本性

二、多项选择

1. 网络软文的特点有（   ）。
   A. 费用低
   B. 见效快
   C. 周期灵活
   D. 操作简易

2. 用户类软文常见的类型主要有（   ）。
   A. 故事型
   B. 新闻型
   C. 悬念型
   D. 情感型
   E. 经验型

3. 在软文写作过程中，应当遵循（   ）。
   A. 凡是更有利于推进营销目标的应当选择
   B. 凡是更有利于被消费者接受的应当选择
   C. 凡是更有利于被媒体采纳的应当选择
   D. 凡是能吸引消费者眼球的事情都应当选择
   E. 凡是留了炒作的就不要考虑后果

4. 行业类软文主要从（   ）等方面切入。
   A. 经验分享
   B. 观点交流
   C. 权威资料
   D. 人物访谈
   E. 第三方评论

5. 从撰写软文的角度来说，我们应当了解的受众群体信息包括（   ）。
   A. 习惯用语
   B. 健康状况
   C. 偏好网站
   D. 需求问题
   E. 学历水平

三、判断

1. 网络软文与传统电视广告一样，传播范围不受时空限制。（   ）
2. 网络软文营销已经成为一种重要的营销方式，特别是在打造企业形象方面。（   ）
3. 好的软文可以不依赖媒体渠道，网友自然会传播。（   ）
4. 一篇软文如果配合评论，比单独的软文效果要好。（   ）
5. 网络软文营销者可以利用热点事件，制造话题，利用口碑，引起目标人群关注。（   ）

四、简答

1. 什么是网络软文营销？
2. 网络软文写作的形式主要有哪些？
3. 什么是用户类软文？其主要作用是什么？
4. 网络软文营销的原则有哪些？
5. 网络软文营销效果怎样评估？

案例分析

旅行社软文

📖 同步实训 ●●●●·

实训名称：网络软文营销活动认知。

实训目的：认识网络软文营销活动，理解其实际意义。

实训安排：

1. 学生分组，观察微信、微博、贴吧、问答百科等网络软文发布平台，选择一些你认为有趣的软文，讨论分析，总结概括出这些软文的营销效果。

2. 学生分组，收集身边的一些企业开展网络软文营销的案例，选取一个企业，分析讨论，并概括其网络软文营销的目标人群。

3. 分组将讨论成果以PPT形式进行展示，并由教师组织全班讨论与评析。

实训总结：学生小组交流不同企业、行业的分析结果，教师根据讨论成果、PPT、讨论分享中的表现分别对每组进行评价打分。

📈 学生自我学习总结

通过完成任务7网络软文营销，我能够进行如下总结。

一、主要知识

概括本任务的主要知识点：

1.

2.

二、主要技能

概括本任务的主要技能：

1.

2.

三、主要原理

你认为，网络软文营销与传统营销的关系是：

1.

2.

四、相关知识与技能

1. 网络软文营销的意义有：

2. 网络软文营销的原则有：

3. 网络软文营销策略的意义是：

五、成果检验

1. 完成本任务的意义有：

2. 学到的知识或技能有：

3. 自悟的知识或技能有：

4. 对国产品牌网络软文营销活动的初步看法是：

任务 8

网络病毒营销

学习目标

1. 知识目标
- 能认知网络病毒营销的含义
- 能认知网络病毒营销的特点
- 能认知网络病毒营销的策略
2. 能力目标
- 能分析网络病毒营销的传播原理
- 能策划网络病毒营销方案
- 能测评网络病毒营销效果
3. 素养目标
- 巩固互联网思维
- 塑造正确的网络价值导向
- 传播社会正能量

视野拓展

网络病毒营销
创意点

任务解析

根据网络营销职业学习活动顺序，本任务可以分解为以下子任务。

8.1　网络病毒营销认知

8.2　网络病毒营销策划

8.3　网络病毒营销效果测评

课前阅读

网络病毒营销通过利用公众的积极性和人际网络，使营销信息像病毒一样传播开来，被快速复制传向数以万计、数以百万计的受众。网络病毒营销已经成为网络营销独特的手段，被越来越多的商家和网站成功利用。

让我们看看燕小唛的移动"社交瓶"！

燕小唛CEO陈轩在采访中多次表示，让一款饮料看上去漂亮是对这个行业的一个贡献。燕小唛燕麦露因为其好玩又有趣的特性迅速打开了市场。燕小唛采用拟人化品牌策略，放弃产品瓶身最初的高冷格调，原创了一个时尚、可爱、极具亲和力的卡通人物燕小唛。罐体上的小人儿，时刻冲人微笑，小人儿头上的燕麦穗也让人忍俊不禁。这代表了一种情感诉求，能够拉近和消费者之间的距离。

同时，在传播策略上，燕小唛运用视频、图片、文章等各种形式进行病毒传播，同时充分利用社交新媒体，如微信、微博、堆糖、豆瓣等年轻人喜爱的平台，展开与消费者的深层次多频互动，以此增加燕小唛的曝光。

燕小唛，不仅是一罐饮料，更是一个和年轻消费者沟通的桥梁。燕小唛真正用网络病毒营销玩转了"互联网+"。

读后问题：

（1）你听说过燕小唛吗？

（2）你觉得燕小唛的推广、传播策略怎么样？

（3）你怎样评价这一病毒营销？

8.1 网络病毒营销认知

营销活动中，网络病毒营销是利用群体之间的传播，让人们建立起对产品和服务的了解，达到宣传的目的。由于这种传播是用户之间自发进行的，因此几乎不需要营销费用。那么，什么是网络病毒营销？网络病毒营销有哪些特点？

微课

网络病毒营销

8.1.1 网络病毒营销的解读

病毒，原指一种病原体，对于大部分网民来讲，比较耳熟能详的是计算机病毒。计算机病毒是一个程序、一段可执行码，就像生物病毒一样，具有自我繁殖、互相传染以及激活再生等特征。计算机病毒具有独特的复制能力，它们能够快速蔓延且难以根除。计算机病毒能把自身附着在各种类型的文件上，当文件被复制或从一个用户传送到另一个用户时，它们就随同文件一起蔓延开来。

许多营销人员正是看到了病毒的传播原理，于是开始利用群体之间的传播，让人们建立起对产品和服务的了解，从而达到宣传的目的。

1. 网络病毒营销的含义

通俗地讲，网络病毒营销就是通过提供有价值的产品或服务，"让大家告诉大家"，通过他人代为宣传，实现营销杠杆的作用。那么，什么是网络病毒营销呢？

重要名词8-1

网络病毒营销

网络病毒营销也称病毒式营销，是指通过类似病理方面和计算机方面的病毒传播方式，即自我复制的病毒式传播过程，利用已有的社交网络提升品牌知名度或者达到其他营销目的的营销方式。

网络病毒营销从信息源开始，再依靠用户自发的口碑宣传，达到一种快速滚雪球式的传播效果。它描述的是一种信息传递战略，经济学上称之为病毒式营销，因为这种战略像病毒一样，利用快速复制的方式将信息传向数以万计、数以百万计的受众。

2. 网络病毒营销的传播原理

生活中的病毒往往让人心生畏惧，唯恐避之不及。病毒之所以可怕，其本身的破坏性只是一方面，其独特的扩散方式才是真正的麻烦制造者。病毒捕获易感人群中的个体，使其成为最初的病毒携带者，然后随着携带者的交往活动，传染给下一级的易感人群。如此滚雪球般地循环往复，病毒在很短时间内就会以几何级数迅速扩散。

网络病毒营销的传播方式与病毒的传播方式十分类似，但网络病毒营销并不是指以传播病毒的方式开展营销，而是指利用口碑传播原理，通过网络的快速复制与传递功能，使营销信息像病毒一样蔓延和扩散，达到营销信息的高效传播和快速裂变，在短时间内将营销信息传递给更多的消费者。

病毒传播的是自身，依赖的是自身的特性；而网络病毒营销传播的是"种子"，依赖的是"种子"的价值。"种子"的传播过程可分为五个阶段，即吸引、参与、增值、满意、传递。当"种子"被上传到网络上时，对此"种子"有兴趣的消费者就会被这个"种子"所吸引，然后对该"种子"所提供的信息进行确认，即所谓参与。当消费者发现信息属实，并确实为消费者带来了价值（增值）时，消费者就会感到满意或有趣，并把这一信息传递给自己的朋友，以便共享。如此，"种子"就被复制，不停地进行滚动式传递，达到营销的效果。

3. 网络病毒营销的特点

与其他营销方式相比，网络病毒营销具有以下特点。

（1）具有较强吸引力的"病原体"。网络病毒营销利用了目标消费者的参与热情，但渠道使用的推广成本依然是存在的，只不过目标消费者受商家的信息刺激自愿参与后续的传播过程，原本应由商家承担的广告成本转嫁到目标消费者身上。对于商家而言，网络病毒营销是无成本的。

（2）几何级数增长的传播速度。大众媒体发布广告的营销方式是"一点对多点"的辐射状传播，实际上无法确定广告信息是否真正到达了目标受众。网络病毒营销是自发的、扩张性的信息推广，它并非均衡地、同时地、无差别地传递给社会上每一个人，而是通过类似于人际传播和群体传播的渠道，产品和品牌信息被目标受众传递给那些与他们有着某种联系的个体。例如，目标受众看到一个有趣的Flash动画，他的第一反应就是将这个Flash动画转发给好友、同事，这样一传十，十传百，通过几何级数增长的传播速度，无数"转发大军"就构成了传播的主力。

（3）高效率的接收。大众媒体投放广告有一些难以克服的缺陷，如信息干扰强烈、接收环境复杂、受众戒备抵触心理严重。以电视广告为例，同一时段电视上有各种各样的广告，其中不乏同类产品撞车，大大降低了受众的接受效率。而通过网络病毒营销方式传播的信息，是受众从熟悉的人那里获得或者主动搜索而来的，受众在接受信息过程中自然会有积极的心态，接收渠道也比较私人化，如微信、微博、QQ、电子邮件、论坛私信等（存在几个人同时阅读的情况，这样增强了传播效果）。以上方面的优势，使得网络病毒营销尽可能地克服了信息传播中的噪声影响，增强了传播的效果。

（4）更新速度快。网络产品有自己独特的生命周期，病毒营销的传播过程通常是呈S形曲线的，即在开始时传播速度很慢，当传播范围扩大至受众的一半时速度加快，而接近饱和点时又慢下来。针对网络病毒营销传播力的衰减，一定要在受众对信息产生免疫力之前，将传播力转化为购买力，方可达到理想的销售效果。

8.1.2　网络病毒营销的策略

网络病毒营销有着极富吸引力的"病原体"，其第一传播者传递给消费者的信息不是赤裸裸的广告信息，而是经过加工的、具有很大吸引力的产品和品牌信息。正是这一披在广告信息外面的漂亮外衣，突破了消费者心理的"防火墙"，促使其完成从普通浏览者到积极传播者的变化，成效倍增。美国知名电子商务顾问拉尔夫·F.威尔逊博士将一个有效的网络病毒营销策略的要素归纳为六要素，如图8-1所示。

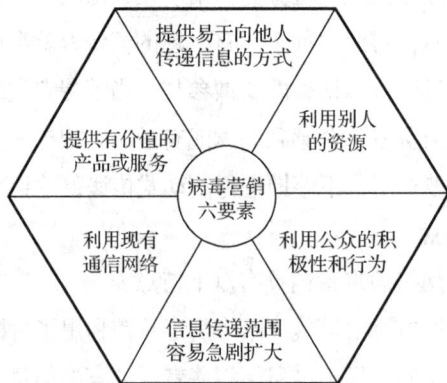

图8-1　网络病毒营销策略六要素

1. 提供有价值的产品或服务

在营销活动中，人们对"便宜""廉价"等词语一般容易产生兴趣，但"免费"更能吸引人们的眼球，大多数网络病毒营销策略就是以提供免费产品或服务来引起人们的注意的。例如，一定期限内免费使用的共享单车、免费的E-mail服务、免费停车、免费试吃、免费广告、具有强大功能的免费软件等。网络病毒营销往往意味着报酬滞后，企业可能短期内不能实现盈利，但是如果能用一些免费服务激发受众高涨的需求或兴趣，那么获利将是很快的事情。

2. 提供易于向他人传递信息的方式

病毒只在易于传染的情况下才会传播，因此，携带营销信息的"种子"必须易于传递和复制，如通过微信、微博、E-mail、短视频等传播"种子"。因为通信服务变得容易而且廉价，数字格式使得复制更加简单，所以网络病毒营销才能够在互联网上发挥出巨大的作用。从营销的观点来看，为了便于传播，必须把营销信息简短化。

3. 信息传递范围容易急剧扩大

为了满足"种子"快速、大规模传播的要求，无论企业的硬件还是软件都必须能够适应这种短时间内信息传递范围急剧扩大的情形。例如Hotmail（世界上知名的免费电子邮件服务提供商）模式的弱点在于免费E-mail服务需要有自己的邮件服务器，如果想让网络病毒营销策略获得成功，就必须迅速增加邮件服务器，否则将会出现访问过量、邮件系统瘫痪的情况，进而抑制需求的快速增加。

营销案例8-1

Hotmail的病毒营销

4. 利用公众的积极性和行为

巧妙的网络病毒营销策略会利用公众的积极性。是什么导致在网络发展初期"Netscape Now"按钮需求数量激增?是人们渴望新奇的感觉，渴望体验新的信息获取方式。在这种信息需求的驱动下产生了数量庞大的网站和E-mail信息，而且越来越多的人加入进来。因此，建立在公众积极性和行为基础之上的网络病毒营销策略将会取得成功。

5. 利用现有通信网络

大多数人都是社会性的，每个人都生活在一个包含有8~12人的亲密关系网络之中，这个网络中包括朋友、家人和同事等。由于每个人所处的社会地位不同，部分较大的人际网络可能包含几百人乃至数千人。现在互联网上的人们也同样发展着网上关系网络，人们出没于微博、微信、贴吧和视频平台等地。通过这些网络，人们可以迅速地把各种信息扩散出去。

6. 利用别人的资源

最具创造性的网络病毒营销策略会利用别人的资源来达到自己的目的。例如，2018年9月29日，支付宝在微博上推出"我就是中国锦鲤"活动，公布活动玩法不到6个小时，就有100万人参与转发，第二天人数直接破200万，成为微博史上转发量最快破百万的企业微博。400万人转评赞，2亿次曝光量，该活动在公布结果后，迅速占据微博热搜第一位，微信指数日环比大涨288倍，中奖用户的微博，一夜间粉丝暴涨到80万人。

课堂测评

测评要素	表现要求	已达要求	未达要求
知识点	能掌握网络病毒营销的含义与特点		
技能点	能初步认识网络病毒营销的策略		
任务内容整体认识程度	能概述网络病毒营销与传统营销的区别		
与职业实践相联系程度	能描述网络病毒营销的实践意义		
其他	能描述本课程与其他课程、职业活动等的联系		

(8.2) 网络病毒营销策划

网络病毒营销策划能够保障网络病毒营销活动顺利开展。那么，什么是网络病毒营销策划？这项工作包括哪些内容？

8.2.1 网络病毒营销策划认知

网络病毒营销的重点在于找到营销的引爆点，找到既迎合目标消费者口味又能正面宣传企业的话题是关键，而营销技巧的核心在于打动消费者，让企业的产品或品牌深入消费者心里去，让消费者认识品牌、了解品牌、信任品牌并依赖品牌。

1. 网络病毒营销策划的含义

网络病毒营销是网络营销中性价比最高的方式之一，能深入挖掘产品卖点，制造适合网络传播的话题，引爆企业产品的网络病毒营销，效果非常显著。策划是网络病毒营销的第一个阶段。网络病毒营销策划涉及的内容较多，需要不同维度策略的综合运用。

重要名词8-2

网络病毒营销策划

网络病毒营销策划是指营销人员在开展网络病毒营销活动之前，设定活动目标，并在分析用户、挖掘其兴趣点的基础之上，对传播策略与推广渠道等做出一系列安排的工作活动。

网络病毒营销策略有很多，如果企业能策划、利用好网络病毒营销，它将带来收益；反之，它就会对企业的形象造成负面影响。要把握好它的特点，规避它的缺点，根据企业的情况，合理运用网络病毒营销策略，进而提升企业的知名度，促进企业产品与服务的销售。

2. 网络病毒营销策划流程

网络病毒营销策划一般包括以下流程。

（1）设定营销目标。开展网络病毒营销活动之前，营销人员首先确立营销目标，这也是开始策划的必要前提。从整体营销策略考虑，开展网络病毒营销活动是想宣传品牌，还是吸引用户购买，或者是为了增加某个网站的流量。这将是后面流程的重要基础。

（2）分析目标用户。在确定了营销目标的基础上，营销人员应该认真找寻、分析自己的目标用户。网络病毒营销的通路决定了其较大的人群覆盖力度，但要求营销人员必须进行人群细分，发现最有价值的人群，并找出他们的特征和共性。

（3）挖掘用户兴趣点。分析用户时，要认真找出这些用户的兴趣点。显然，"70后"和"00后"的兴趣点是不一样的。将恶搞的抖音视频推送给"60后""70后"，很难达到扩散的效果。研究企业用户的兴趣点，是营销创意的真正开始。

（4）确定推广渠道。确定了营销目标，也知道了用户是谁，并且有了一个绝佳的创意，那么，接下来就该考虑通过什么途径进行推广。如今营销手段空前丰富，不管是视频、邮件还是软文等，都让人目不暇接。营销人员必须要找到覆盖目标用户的推广渠道，才能够保证营销活动效果。

8.2.2 网络病毒营销实施的步骤

在实施网络病毒营销的过程中，一般需要经过方案规划和设计、信息源和传播渠道设计、原始信息发布和推广、效果跟踪管理等基本步骤，网络病毒营销才能取得成功。

1. 整体规划网络病毒营销方案

开展网络病毒营销活动之前，营销人员应该进行网络病毒营销方案的整体规划，确认网络病毒营销方案符合网络病毒营销的基本思想，即传播的信息和服务对用户是有价值的，并且这种信息易于被用户自行传播。

2. 精心设计网络病毒营销方案

网络病毒营销之所以吸引人，是因为其创新性，最有效的网络病毒营销形式往往是独创的。因此，在设计方案时，特别需要注意将信息传播与营销目的结合起来。如果仅仅是为用户带来了娱乐价值或者实用功能、优惠服务，而没有达到营销的目的，这样的网络病毒营销方案对企业的价值就不大。相反，如果广告气息太重，则会引起用户反感而影响信息传播。

成功实施网络病毒营销的前提是信息传播力要足够强，企业可以从以下几方面着手。

（1）免费。免费的好东西或者可以给人们带来利益的东西，大多数人都无法拒绝，也最容易形成病毒式营销。例如，E-mail病毒营销。因为邮箱的注册、邮件的收发是完全免费的，那么商家就可以选择通过邮件这一渠道向不限数量、不限地域的潜在用户发送其商品的一些信息，而在最初的时候，很多用户似乎并不排斥这种邮件，所以有些营利组织占据了这一市场优势，就出现了后来的网络病毒营销占领电子邮件市场的现象。免费也成了网络病毒营销引流的重要手段之一，如图8-2所示。

（2）娱乐。用户上网的目的之一就是娱乐，网络上的娱乐内容最容易被转发。例如2022年春节档贺岁电影《小虎墩大英雄》讲述了关于亲情、团圆和梦想的故事，适合春节合家欢的气氛。许多网络"大V"为之点赞，众艺人转发好评，引发了观众和网友的大规模转发。《喜羊羊与灰太狼》相关动画作品在抖音获赞数达5 680.9万次，在哔哩哔哩上播放量超3 362.56万次，在芒果TV上播放量达2.37亿次，在腾讯视频上播放量更是达到63.12亿次。而《喜羊羊与灰太狼之筐出未来》不仅成了2022年开年火爆影片，更是一度引发了观众和网友的共鸣。网络病毒营销的威力可见一斑。

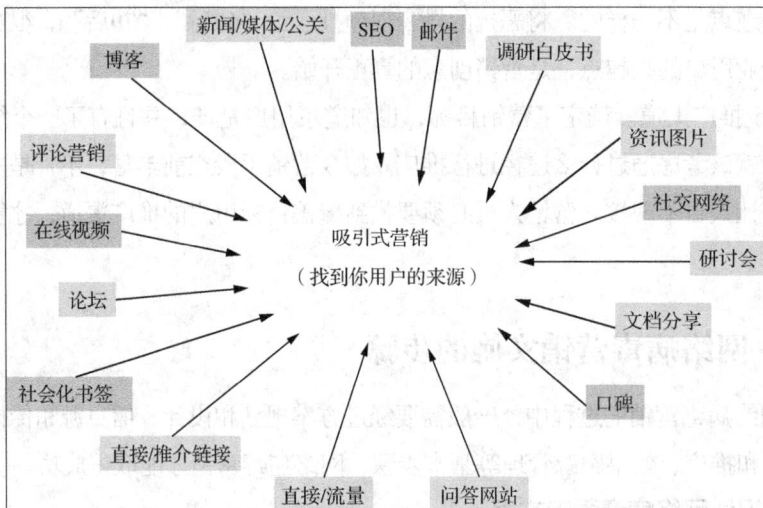

图8-2　网络病毒营销中的免费引流

（3）情感。令人感动的情节往往最易打动人，也最容易成为大众参与并转发的热点。某一年春节，一汽奔腾投放的一则视频感动了无数国人。一个离家三年的年轻人准备开车回家过年，半途接到老板电话，让他立刻赶回公司。在远方的老家，母亲守着一桌菜，父亲坐在门外。年轻人独白："我没算过这条路到底有多长，我只知道，我让他们等了很久！"这则广告结尾时的广告语"别让父母的爱，成为永远的等待；让爱回家，一汽奔腾"更是触动无数春节返乡人员的思乡情结。一汽奔腾的"让爱回家"病毒式广告语变成春节期间网民口中的热词，在网络上引发大面积的自发传播。

营销案例8-2

网易云的网络病毒营销

3. 设计信息源和传播渠道

虽然网络病毒营销信息是用户自行传播的，但是这些信息的信息源和传播渠道需要进行精心的设计。例如要发布一个节日祝福的视频，首先要对这个视频进行精心的策划和设计，使其看起来更加吸引人，并且让人们更愿意自愿传播。仅仅做到这一步是不够的，还需要考虑这种信息的传播渠道。是在社交平台传播，还是在视频平台传播，或者是这两种形式的结合？这就需要对信息源进行相应的配置。

（1）找准易感人群。进行网络病毒营销需要寻找易感人群，针对设计的病毒信息，寻找容易、反馈、参与营销的目标人群。例如目标人群是时尚的年轻人，那么需要事前测试病毒信息的感染性怎么样，时尚的年轻人是否容易传播病毒信息。寻找开展网络病毒营销的平台也是很重要的，时尚的年轻人在互联网上聚集在什么平台，就在这些平台上开展网络病毒营销。

（2）选好病毒信息发布渠道。在传播病毒信息时，应该选择目标人群集中、互动性强、传播迅速的平台。微信朋友圈、微博、视频网站是常用的渠道。

4. 原始信息的发布和推广

如果希望信息可以很快传播，那么对于原始信息的发布也需要认真筹划，原始信息应该发布在用户容易发现且乐于传播的地方（如活跃的网络社区）；如果有必要，还可以在较大的范围内主动传播这些信息，等到自愿参与传播的用户达到一定数量之后，才让其自然传播。

5. 对网络病毒营销效果进行跟踪和管理

当网络病毒营销方案设计完成并开始实施之后，网络病毒营销的最终效果实际上是难以控制的，这时就需要对这种营销效果进行跟踪和管理。实际上，对于网络病毒营销的效果分析是非常重要的，不仅可以及时掌握营销信息传播所带来的反应（如网站访问量的增长），也可以从中发现这项网络病毒营销方案可能存在的问题，以及可能的改进思路，通过积累这些经验为下一次网络病毒营销提供参考。

课堂测评

测评要素	表现要求	已达要求	未达要求
知识点	能掌握网络病毒营销策划的含义		
技能点	能初步认识网络病毒营销策划的步骤		
任务内容整体认识程度	能概述网络病毒营销策划与营销目标的关系		
与职业实践相联系程度	能描述网络病毒营销策划的实践意义		
其他	能描述本课程与其他课程、职业活动等的联系		

8.3 网络病毒营销效果测评

任何一种营销方式都是有风险的，尤其是在网络这个变化多样的虚拟世界。网络病毒营销活动中，也可能出现信息遭恶意篡改、传播路线走偏等情况，从而导致营销效果不佳。那么，怎样进行网络病毒营销效果测评呢？

8.3.1 网络病毒营销效果监测

网络病毒营销实施以后，为了保证最终效果达到预期，营销人员需对营销活动效果进行跟踪与管理。在这一过程中，营销人员可以采取引导策略、控制策略，及时发现问题，并积极改善活动进程，使营销活动获得成功。

1. 及时追踪、收集活动反馈信息

网络病毒营销实施之后，是否能在目标消费群体中形成口碑、口碑是好是坏、是否能够达到预期目的，都应该引起足够的重视，这就要求营销人员必须对反馈进行跟踪。从这些反馈信

息中，营销人员可以了解消费者接触病毒信息的途径和对病毒信息的意见，从而对网络病毒信息病毒营销方案及时做出相应调整。追踪反馈信息有以下7种方法。

（1）定期进行问卷调查。可以使用多种方式公布调查问卷，如发布在公司网站、电子刊物、新闻媒体中，以及放置在产品包装箱内等，也可以张贴在网上信息公告板上或放置在电子邮件讨论列表中。

（2）为消费者创建在线社区。建立官方微博、微信群、留言板、讨论区等，定期了解消费者对网络病毒营销的看法。

（3）创建消费者服务中心小组。邀请10～12个忠诚的消费者定期会面，让他们提供改进服务的意见。

（4）定期与消费者联系。通过电子邮件、电话、微信等形式询问消费者对病毒信息的看法。

（5）通过百度舆情监控或其他数据平台，监控消费者对公司、品牌、产品的看法。

（6）安排客服人员在消费者的生日或假日表达祝福。

（7）邀请消费者出席公司会议、宴会，参观公司或参加讨论会。

企业通过合适的方法收集到反馈信息，就可以了解网络病毒营销的状况，同时也可以进一步了解消费者的需求和市场的变化，这样就能有的放矢地开展后续工作。

2. 及时调整网络病毒营销策略

跟踪反馈信息的目的就是发现问题，及时解决问题。在网络病毒营销中，应根据反馈信息发现要解决的问题，及时对网络病毒营销的策略进行调整，确保其成功实施。如果在反馈信息中发现很多用户不了解或者根本不知道的病毒信息，这说明传播渠道不通畅。针对这样的情况，企业必须对网络病毒营销策略中的渠道与途径因素进行细致的分析，找到问题的症结所在，然后再具体地对营销策略进行调整。如果发现有人开始厌烦此病毒信息了，这说明病毒信息失去新鲜感了，就要及时注入新元素，如升级换代、改善服务、提升价值等。如果发现病毒信息在传播过程中被无意或恶意改变了，就要强化其包含的营销信息，及时纠正偏差，以免造成负面影响。如果发现病毒成为真正的计算机病毒，就应该立即采取措施解决问题，否则造成负面影响将得不偿失。

3. 及时控制病毒信息的负面效应

消除或者控制负面信息的传播在网络病毒营销中尤为重要。第一，充分利用反馈信息，及时发现并修正产品或服务的问题。第二，妥善处理消费者的投诉和抱怨。首先应当做到鼓励消费者投诉，采用各种奖励和补偿方式让对产品或服务不满的消费者主动将心中的不满反映给企业，同时要建立便捷的消费者投诉渠道，使消费者能很方便地将投诉反映到企业；要建立有效投诉处理小组，在最快的时间内对消费者的投诉进行处理，并将投诉处理结果反馈给消费者。第三，诚信为本。如果网络病毒营销确实已经形成负面效应，就要诚心处理。自己存在的错误，要妥善改正，进而提升企业的品牌形象和诚信度，消除网络病毒营销的负面影响。

8.3.2 网络病毒营销效果评估

目前，网络病毒营销往往会和其他营销手段综合运用，对其效果进行测量和评估有一定难度。企业一般可以从产品销售利润、口碑影响力和美誉度3个方面对网络病毒营销的效果进行评估。

1. 产品销售利润

作为一种营销手段，网络病毒营销最直接的目的就是销售企业的产品或服务，获得利润。从Hotmail开始，网络病毒营销就以低成本、高投入产出比备受营销人员的喜爱。因此，评估网络病毒营销是否为企业带来销售额或利润的提升，是最直接也是最可行的评估方法；同时该指标可以量化，说服力强。

2. 口碑影响力

口碑影响力是用于衡量企业在网络病毒营销过程中，对用户、媒体等产生的影响力。其主要包括以下四个基本指标。

（1）用户关注度。用户关注度反映用户对企业的关注程度，主要包括社区用户关注度、用户覆盖人数和用户点击次数三项基本数据。

（2）用户参与度。用户参与度指用户对相关内容的回复率，反映用户参与相关话题的积极程度。

（3）媒体关注度。媒体关注度反映媒体对企业的关注程度，可通过百度新闻和谷歌新闻搜索获得。

（4）广告关注度。广告关注度主要针对网络媒体，反映网络媒体作为广告投放平台的价值，主要包括广告投放量、广告主数量和广告投放金额三项基本数据。

口碑影响力计算公式如下。

口碑影响力=用户关注度×30%+用户参与度×30%+媒体关注度×20%+广告关注度×20%

在实际操作中，口碑影响力并非包括上述所有指标。在非网站类型的网络病毒营销中，口碑影响力只涉及用户关注度、用户参与度和媒体关注度三个指标，其权重可以相应调整为40%、40%、20%。另外，在某些网络病毒营销中，口碑影响力只涉及用户关注度和用户参与度，权重各占一半。

3. 美誉度

美誉度用来衡量用户和媒体对企业的评价，主要包括用户评价和媒体评价两个基本数据。美誉度计算公式如下。

美誉度=用户评价×80%+媒体评价×20%

在实际操作中，网络病毒营销未必会引起网络媒体的关注而对其进行报道，这样就只需要考虑用户评价即可。

网络病毒营销重在口碑效应，不是一个短期的营销行为，而是一个长期的战略，其效果要较长时间之后才能体现出来。同时，网络病毒营销的效果基于网络环境，难以量化，定性的评估缺乏足够的说服力。因此，建立网络病毒营销的效果评估体系是促使其发展的重要动力。

课堂测评

测评要素	表现要求	已达要求	未达要求
知识点	能掌握网络病毒营销效果测评的意义		
技能点	能初步认识网络病毒营销效果监测的技巧		
任务内容整体认识程度	能概述网络病毒营销活动与效果监测的联系		
与职业实践相联系程度	能描述网络病毒营销效果监测的实践意义		
其他	能描述本课程与其他课程、职业活动等的联系		

小　结

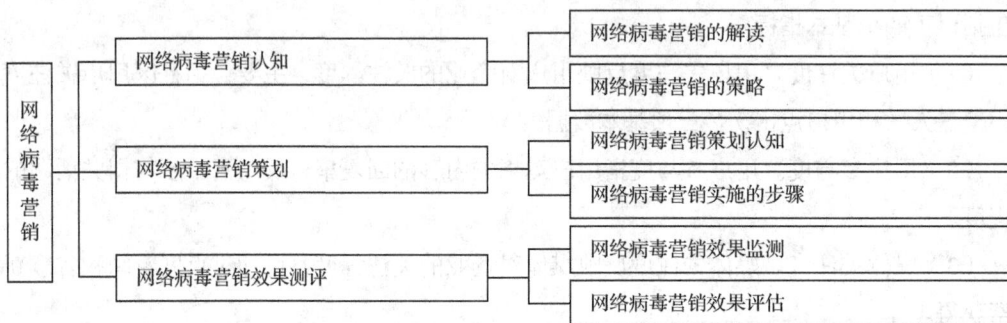

教学做一体化训练

重要名词

网络病毒营销　　网络病毒营销策划

课后自测

一、单项选择

1. 网络病毒营销就是通过提供有价值的产品或服务，"让大家告诉大家"，通过他人代为宣传，实现（　　）的作用。

　　A. 文字广告　　　　　　　　　　　B. 图片广告

　　C. 项目广告　　　　　　　　　　　D. 营销杠杆

2. 病毒传播的是自身，依赖的是自身的特性，而网络病毒营销传播的是（　　）。

　　A. "种子"　　　B. 悬念　　　C. 故事　　　D. 情感

3. 网络病毒营销是（　　）、扩张性的信息推广，它并非均衡地、同时地、无分别地传递给社会上每一个人。

　　A. 自发的　　　B. 强迫的　　　C. 号召的　　　D. 传播的

4. 大多数网络病毒营销策略以提供（　　　）的产品或服务来引起人们的注意。

　　A. 免费　　　　　B. 廉价　　　　　C. 促销　　　　　D. 营业推广

5. 如果发现有人开始厌烦病毒信息了，这说明病毒信息失去了（　　　）。

　　A. 新鲜感　　　　B. 客观本性　　　　C. 商业本性　　　　D. 娱乐本性

二、多项选择

1. 网络病毒营销中，"种子"传播过程的五个阶段包括（　　　）。

　　A. 吸引　　　　　B. 参与　　　　　C. 增值

　　D. 满意　　　　　E. 传递

2. 网络病毒营销的特点包括（　　　）。

　　A. 具有较强吸引力的"病原体"　　　B. 几何级数增长的传播速度

　　C. 高效率的接收　　　　　　　　　D. 更新速度快

3. 网络病毒营销策划流程包括（　　　）。

　　A. 设定营销目标　　B. 分析目标用户　　C. 挖掘用户兴趣点　　D. 确定推广渠道

4. 网络病毒营销的效果可以从（　　　）等方面进行评估。

　　A. 产品销售利润　　B. 口碑影响力　　C. 美誉度　　　　D. 第三方评论

三、判断

1. 因为网络病毒营销没有任何成本，所以企业可以大量采用。（　　　）

2. 网络病毒营销已经成为一种重要的营销方式，特别是在社会公益方面。（　　　）

3. 网络病毒营销可以主打情感牌，打动人心的"种子"更利于传播。（　　　）

4. 网络病毒营销一般结合其他营销方式一起使用。（　　　）

5. 网络病毒营销者可以引导、控制病毒信息发展，甚至可以放弃公共利益。（　　　）

四、简答

1. 什么是网络病毒营销？

2. 网络病毒营销的特点主要有哪些？

3. 网络病毒营销策略要素有哪些？其主要作用是什么？

4. 网络病毒营销策略有哪些？

5. 网络病毒营销效果怎样评估？

案例分析

一汽奔腾的网络病毒营销

同步实训

实训名称：网络病毒营销活动认知。

实训目的：认识网络病毒营销活动，理解其实际意义。

实训安排：

1. 学生分组，搜集商家开展网络病毒营销的典型案例，归纳分析其设计、过程控制、效果评估中成功的地方，选择一些有趣的创意，讨论分析，总结概括出这些营销活动给商家带来的影响。

2. 学生分组，收集身边的一些企业开展网络病毒营销的案例，选取一个企业，分析讨论，并概括其网络病毒营销的目标人群。

3. 分组将讨论成果以PPT形式进行展示，并由教师组织全班讨论与评析。

实训总结： 学生小组交流不同企业、行业的分析结果，教师根据讨论成果、PPT、讨论分享中的表现分别对每组进行评价打分。

学生自我学习总结

通过完成任务8网络病毒营销，我能够进行如下总结。

一、主要知识

概括本任务的主要知识点：

1.

2.

二、主要技能

概括本任务的主要技能：

1.

2.

三、主要原理

你认为，网络病毒营销策略与传统营销策略的关系是：

1.

2.

四、相关知识与技能

1. 网络病毒营销的意义有：

2. 网络病毒营销的特点有：

3. 网络病毒营销策略的意义是：

五、成果检验

1. 完成本任务的意义有：

2. 学到的知识或技能有：

3. 自悟的知识或技能有：

4. 对网络病毒营销活动的初步看法是：

任务 9

网络事件营销

学习目标

1. 知识目标
- 能认知网络事件营销的含义
- 能认知网络事件营销的特点
- 能认知网络事件营销的模式
2. 能力目标
- 能分析网络事件营销的传播原理
- 能策划网络事件营销方案
- 能测评网络事件营销效果
3. 素养目标
- 提升网络文明素养
- 弘扬时代新风
- 培育社会主义核心价值观

视野拓展

网络事件营销
创意原则

任务解析

根据网络营销职业学习活动顺序，本任务可以分解为以下子任务。

9.1 网络事件营销认知

9.2 网络事件营销策划

9.3 网络事件营销效果测评

课前阅读

2018年，俄罗斯世界杯期间，"法国队夺冠 华帝退全款"是国内相当火爆的一句广告词，这则广告的发布者是华帝股份有限公司（以下简称"华帝"）。2018年年初，在上海一家广告公司的牵线下，华帝与法国足球队正式签约，"夺冠套餐"便是双方合作中的一次营销活动。

5月31日，"法国队夺冠 华帝退全款"活动正式发布，华帝承诺：若法国国家足球队在2018年俄罗斯世界杯中夺冠，则对于在2018年6月1日0时至2018年6月30日22时购买华帝"夺冠套餐"的消费者，华帝将按所购"夺冠套餐"产品的发票金额进行退款。

7月1日，在法国队进入八分之一决赛时，华帝又以庆祝法国队进入八强为名将活动延后了3天时间。

7月16日凌晨，俄罗斯世界杯决赛主裁判吹响比赛结束的哨音，法国队获得冠军，正在美国休假的华帝营销总裁韩伟第一时间拿起电话打回设在广东的公司总部，发出"开始退款"的指令。

这天凌晨，华帝全面开启退款通道，并公布了退款细则。确认订单付款时间在2018年6月1日0时至2018年7月3日22时；确认发票开出时间在2018年6月1日0时至2018年7月4日24时；确认购买的是华帝线上官方授权店铺的"夺冠套餐"。凡在此范围内符合条件的消费者，华帝均给予退款。

根据活动预算，华帝在活动期间，线下门店的渠道总零售额预计为7亿元，其中"夺冠退全款"指定产品的终端零售额预计为5 000万元；线上购物平台的渠道总零售额预计为3亿元，其中"夺冠退全款"指定产品的终端零售额预计为2 900万元。通过7 900万元撬动10亿元的销售额，这场"法国队夺冠 华帝退全款"的营销活动，令韩伟及华帝员工喜笑颜开。

事实上，不只是华帝，国内不少家电企业在这次世界杯期间纷纷推出了此类活动，这场营销战役成为商家在世界杯赛场外的狂欢。只不过，世界杯冠军只有一个，华帝幸运地成了足球场外营销战役的最大赢家。

读后问题：

（1）你听说过上文中提到的营销活动吗？

（2）你觉得华帝为什么要与世界杯足球赛这一事件相联系？

（3）你怎样评价这一网络事件营销？

9.1　网络事件营销认知

微课

网络事件营销

营销活动中，网络事件营销是网络营销传播过程中的一把利器，它利用名人效应、新闻价值以及有社会影响的人物或事件，引起媒体、社会团体和消费者的兴趣与关注，以提升企业或产品的知名度、美誉度。那么，什么是网络事件营销？网络事件营销有哪些特点？

9.1.1　网络事件营销的解读

网络事件营销是十分流行的一种公关传播与市场推广手段，集新闻效应、广告效应、公共关系、形象传播、客户关系于一体，并为新产品推介、品牌展示创造机会，能建立品牌识别度和品牌定位，快速提升品牌知名度与美誉度。

1. 网络事件营销的含义

20世纪90年代后期，互联网的飞速发展给网络事件营销的发展带来了契机。通过网络，一个事件或者一个话题可以轻松地进行传播和引起关注，成功的网络事件营销案例开始大量出现。网络事件营销已经成为网络营销独特的手段，被越来越多的商家和网站成功利用。那么，什么是网络事件营销呢？

重要名词9-1

> **网络事件营销**
>
> 网络事件营销是指企业通过策划、组织和利用具有新闻价值、社会影响以及名人效应的人物或事件，吸引媒体、社会团体和消费者的兴趣与关注，以提升企业或产品的知名度、美誉度，树立良好品牌形象，并最终促成产品或服务销售目的的营销手段和方式。

简单来说，网络事件营销就是通过把握新闻的规律，制造具有营销价值的事件，并通过具体的操作，让这一事件得到传播，从而达到营销的效果。

2. 网络事件营销的传播原理

网络事件营销通过制造新闻事件，吸引网络媒体注意，通过网络媒体传播，达到预期的宣传目的。因此，理解网络事件营销的传播原理是进行网络事件营销的前提。

（1）网络事件营销的原始动机——注意力的稀缺。注意力是对于某条特定信息的精神集中度。当各种信息进入人体的意识范围时，人将关注其中特定的一条信息，然后决定是否采取行动。注意力对于企业来说，是一种可以转化为经济效应的资源，把握住大众的注意力，就有了网络事件营销的动力。

（2）网络事件营销的实现桥梁——大众媒介议程设置。简单来说，大众媒介议程设置就是大众传播媒介具有一种为公众设置议事日程的功能，新闻报道和信息传达活动以赋予各种话题不同程度的显著性的方式，影响着人们对周围世界的"大事"及其重要性的判断。因此，如果企业想成功地实施一次网络事件营销，必须善于利用大众媒介，凭借大众媒介开展的新闻传播、广告传播等大众传播活动，营造出有利于企业的社会舆论环境，从而达到借势或造势的目的，引起大范围的公众重视。

（3）网络事件营销的必要途径——整合营销资源。整合营销有两层含义，其一是不同营销手段共同工作，其二是营销部门与其他部门共同工作。企业整合营销资源表现为整合多种媒体发布渠道、整合多种媒体渠道传播的信息、整合多种营销工具。

3. 网络事件营销的特点

网络事件营销的特点如下。

（1）目的性。网络事件营销有明确的目的，这一点与广告的目的性是完全一致的。网络事件营销策划的第一步就是确定目的，然后确定通过什么样的事件可以让事件的接受者达到自己的目的。通常情况下，某一领域的事件只会有特定的媒体感兴趣，并最终进行报道。而这个媒体的读者群也是相对固定的。

（2）低成本。网络事件营销一般主要通过软文形式来表现，从而达到传播的目的，所以网络事件营销的成本要比平面媒体广告的成本低得多。网络事件营销最重要的特性是利用现有的非常完善的新闻机器，以达到传播的目的。网络事件营销应该归为企业的公关行为而非广告行为。

（3）多样性。网络事件营销集新闻效应、广告效应、公共关系、形象传播、客户关系于一体，具有多样性，已成为营销传播过程中的一把利器。

（4）新颖性。网络事件营销往往是通过当下的热点事件来进行营销的，即网络事件营销就是将当下最热门的事情展现给用户，因此它不会让用户觉得很反感。而网络事件营销活动的新颖性越强，就会吸引越多用户参与。

（5）见效快。一般通过一次网络事件营销就可以聚集很多用户一起讨论这个事件，然后很多门户网站都会进行转载，如果反响好，就很容易见到效果。

4. 网络事件营销的要素

一次成功的网络事件营销至少包含下列四个要素之中的一个，这些要素包含得越多，网络事件营销成功的概率越大。

（1）重要性。重要性指事件内容的重要程度。判断内容重要性的标准主要为其对社会产生影响的程度。一般来说，对越多的人产生越大的影响，营销价值越大。

（2）接近性。越是心理上、利益上和地理上与受众接近与相关的事件，营销价值越大。心理接近包含职业、年龄、性别等因素。例如一般人对自己的出生地、居住地和曾经给自己留下美好记忆的地方总怀有一种特殊的依恋。在策划网络事件营销时，企业必须关注事件与受众的接近性。通常来说，事件关联的点越集中，就越能引起人们的注意。

（3）显著性。人物、地点和事件越出名，营销价值也越大。知名人士、历史名城、古迹胜地等往往容易出热点。

（4）趣味性。大多数人对新奇、有人情味的东西比较感兴趣。有人认为，人类本身就具有天生的好奇心或者新闻欲本能。

一个事件只要具备以上任意一个要素就具备营销价值了，如果具备的要素越多、越全，营销价值就越大。

9.1.2 网络事件营销的模式

网络事件营销逐渐受到企业的青睐，营销人员一般进行网络事件营销时会遵循两种模式：借力模式和主动模式。

1. 借力模式

借力模式是指企业将其设定的话题向社会热点话题靠拢，从而实现公众对热点话题的关注向对企业话题的关注的转变。要实现好的效果，必须遵循以下原则。

（1）相关性。相关性是指话题必须与企业的自身发展密切相关，也与企业的目标受众密切相关。

营销案例9-1

华为Mate 50
网络事件营销

（2）可控性。可控性是指事件在企业的控制范围内，如果事件不在企业的控制范围内，有可能无法达到期望的效果。

（3）系统性。系统性是指企业借助外部热点话题策划和实施一系列与之配套的公共关系策略，整合多种手段，实现一个结合、一个转化，即外部话题与企业话题相结合，实现公众对外部话题的关注向对企业话题的关注的转变。

2. 主动模式

主动模式是指企业主动设置一些结合自身发展需要的话题，通过传播，使其成为公众关注的公共热点。主动模式必须遵循创新性、公共性及互惠性等原则。

（1）创新性。创新性就是指企业所设置的话题必须有亮点，只有这样才能获得公众的关注。大多数用户青睐新奇、有趣事件，出其不意的网络事件营销往往更能吸引用户点击。

（2）公共性。公共性是指企业应该避免自娱自乐，设置的话题必须是公众关注的。话题如果太小众，大多数用户会漠不关心，就很难达到企业预期的营销效果。

（3）互惠性。互惠性是指要想人们持续地关注，企业所策划的事件应该是能让用户从中受益的。

课堂测评

测评要素	表现要求	已达要求	未达要求
知识点	能掌握网络事件营销的含义与特点		
技能点	能初步认识网络事件营销的模式		
任务内容整体认识程度	能概述网络事件营销与传统营销的区别		
与职业实践相联系程度	能描述网络事件营销的实践意义		
其他	能描述本课程与其他课程、职业活动等的联系		

9.2　网络事件营销策划

网络事件营销策划统领着网络事件营销的全局。那么，什么是网络事件营销策划？这项工作包括哪些内容？

9.2.1　网络事件营销策划认知

在企业运营过程中，网络事件营销作为一种成本低、获取流量快的线上营销方式，深受企业负责人和营销人员的喜欢。但是，并不是所有的网络事件营销都可以达到预期的效果，这也成为网络事件营销策划不可逾越的一道鸿沟。为了达成预期目标，网络事件营销活动必须精心策划。

1. 网络事件营销策划的含义

现今，网络媒体信息传递速度快、互动性强，有助于更好地发展企业网络营销，使其产生更大的价值，这也是网络事件营销的价值所在。网络事件营销讲究的是方法和创新，网络事件营销和其他的广告形式相比，优势显而易见，一旦成功，带来的效益是不可估量的。

重要名词9-2

> **网络事件营销策划**
>
> 网络事件营销策划是指营销人员在开展网络事件营销活动之前，围绕社会公众利益，制造新闻事件，建立传播话题，有意识地安排某些具有新闻价值的事件在某个选定的时间内发生，并对后续传播与风险控制等做出一系列安排的工作活动。

网络事件营销策划中，选定的事件应有争议性，一件事情越有争议性，传播的速度就越快，传播范围越广，所受的关注度也就越高。而其背后的策划团队能够很好地把控这种争议性，引导大众舆论的方向，以期达到最好的宣传效果。

2. 网络事件营销策划流程

网络事件营销策划一般包括以下流程。

（1）进行事件策划，制订话题传播方案。当确定好网络事件营销的选材内容之后，要依据选材内容进行整合策划，制订一个网络事件营销的传播方案。策划事件就是把所要营销的"故事"编好。"故事"要想得到听众的赏识，就必须动听、完整、曲折。因此，策划事件时，需要力求做到事件完整且有看点。

（2）分析当前舆论环境，制订配套的监测方案和应急方案。制作好网络事件营销的传播方案是远远不够的，当下网络事件营销和过往传统媒体营销的差别较大，互联网可以让一个不起眼的感人小故事火爆网络，也可以让一个不良社会举动遗臭朋友圈。网络是一把"双刃剑"，在网络传播速度日益加快的今天，可以让企业"一念天堂"，也可以让企业"分秒地狱"。这就要求在制作传播方案的同时，也要配备完善的监测方案和应急方案，其主要包括内容传递、舆情监控和媒体报道监控等。

内容传递指我们应保证自己所传递至网络的内容要在保质、保量、保证进度的前提下，有序地进行，确保在传递的过程中减少人为的损耗，保证所传递的信息符合大众主流价值观、遵守法律法规等。

舆情监控主要指监控当前网络是否出现了不利于网络事件营销进行的信息。如果出现了这些信息，应当立即启动应急方案，积极应对，可以及时联系这些信息网络发稿人解释误会，同时联系相关媒体进行正面发稿，将不利言论扩散范围降至最小。危机公关如果做得好，往往可以将剧情反转，甚至对企业做出惊人的贡献；反之，消极面对只能让事态发展得更严重，直至难以收场。

媒体报道监控就是要时刻关注媒体的推广效果，防止出现误读。有些媒体可能不能敏锐地理解事件策划者所要传递的思想价值观，就会造成一些误读，这时也需要联系媒体进行澄清。借助媒体数据，可以了解策划者所传递的内容是否受到网民关注，若未受到网民关注，可及时调整；或者策划者所营销的内容是否按计划出现在指定推广媒体中等。

（3）制订执行方案。当确定了营销内容、传播方案和监测及应对方案之后，就需要制订具体的执行方案。制订执行方案时需要注意以下几点。① 时间节点的控制。明确在什么时间做什么事情非常重要，错过好的时机可能直接导致网络事件营销的失败。② 传播效果的反馈及调整。时刻关注传播效果，及时掌握网民对事件传播的态度，及时对风向进行调整，保证事件发展能够尽量按照计划方案进行下去。③ 与网民、媒体积极互动。积极与网民互动，可以提升网民对事件的信任度；而积极与媒体互动，则可以更好地为企业发声，促进事件积极发展，保证营销效果。④ 对公关危机的及时响应。当出现公关危机时，策划者要及时启动应急方案，做好危机公关。⑤ 渠道整合。执行方案中，要充分做好多渠道配合，只有多渠道有效配合才能使事件传播迅速，高效地达成目标。

9.2.2　网络事件营销运作策略

只有从消费者关心的事情入手，营销策略才能打动消费者，实现营销目标。网络事件营销运作策略包括以下内容。

1. 借势策略

借势是指企业及时抓住广受关注的社会新闻、事件以及人物等，结合企业或产品在传播上欲达到的目的而开展一系列营销活动。借势策略包括明星策略、体育策略和新闻策略。

（1）明星策略。明星是社会发展的需要与大众主观愿望相结合而产生的客观存在。根据马斯洛需求层次理论：当购买者不再把价格、质量当作购买顾虑时，利用明星的知名度增加产品的附加值，可以借此培养消费者对该产品的感情、联想，以赢得消费者对产品的追捧。

（2）体育策略。体育策略主要就是借助赞助、冠名等手段，通过所赞助的体育活动来推广自己的品牌。体育活动已被越来越多的人关注和参与，是品牌非常好的广告载体，其背后蕴藏着无限商机，很多企业已经意识到并投入其间。

（3）新闻策略。新闻策略指企业利用社会上有价值、影响面广的新闻，不失时机地将其与自己的品牌联系在一起，来达到借力发力的传播效果。哪里有热点，哪里就有营销。2022年北京冬奥会官方合作伙伴就有11家，包括中国银行、中国国航、伊利集团、安踏公司、中国联通、首钢集团、中国石油、中国石化、国家电网、中国人保、中国三峡。通过赞助活动，这些企业品牌顺利进入奥运新闻中，既给自己带来强劲的推广效果，也获得更多展示自己产品的机会。

营销案例9-2

鸿星尔克掀起
国货消费潮

2. 造势策略

造势是指企业通过策划、组织和制造具有新闻价值的事件，激发媒体、社会团体和消费者的兴趣并吸引其关注。

（1）舆论策略。企业通过与相关媒体合作，发表大量介绍和宣传企业的产品或服务的软文，以理性的手段传播自己。此类软文现如今已经大范围甚至大版面地出现在各种媒体上。

（2）活动策略。企业为推广自己的产品而组织策划一系列宣传活动，以吸引消费者和媒体的眼球、达到宣传自己的目的。在意大利米兰，国际米兰与AC米兰两支球队每年都争得不可开交，狂热的球迷们也各自为战，见到对方更是分外眼红。对此，可口可乐提出了"友谊第一、比赛第二"，一款可口可乐贩卖机在圣西罗球场亮相了。两台贩卖机分别放置在球场两侧的入口处，在一台贩卖机按下按钮，另一台贩卖机会吐出可口可乐，通过贩卖机能直接与对方球迷对话。

（3）概念策略。概念策略指企业为产品或服务创造一种新理念、新潮流。就像大多数人都知道第一个造出飞机的人是谁，但第二个呢？国内就曾有一位企业家提出过：理论市场和产品市场同时启动，先推广一种观念，有了观念，市场慢慢就会做好。例如农夫山泉宣布停止生产纯净水，只出品天然水，主打"水营养"概念，从而引发在全国范围内的一场有关天然水与纯净水的"口水战"，农夫山泉正是借此树立了自己倡导健康的专业品牌形象。

课堂测评

测评要素	表现要求	已达要求	未达要求
知识点	能掌握网络事件营销策划的含义		
技能点	能初步认识网络事件营销策划的流程		
任务内容整体认识程度	能概述网络事件营销策划与营销目标的关系		
与职业实践相联系程度	能描述网络事件营销策划的实践意义		
其他	能描述本课程与其他课程、职业活动等的联系		

9.3 网络事件营销效果测评

网络事件营销活动中，有可能出现制造一个事件成为新闻太过简单、信息传播过剩和媒体多元化的情况，令很多传播效果大打折扣，从而导致营销效果不佳。那么，怎样进行网络事件营销效果测评呢？

9.3.1 网络事件营销效果监测

网络事件营销是一件有成本的活动，营销人员必须及时对营销效果进行监测。监测是否达成预期目标，如果未达成，就需要找出哪些环节出了问题；如果达成，哪些环节可能被改善。这都是进行二次网络事件营销的数据支持。

很多初创企业为了实现短期内的产品销量爆发而选择网络事件营销，但是往往忽略了网络事件营销需要的支撑，网络事件营销并不是那么容易驾驭的。很多结果导向型的领导一味要求结果，要求曝光率，而往往忽略了自身在网络事件营销过程中的随时监测与舆情引导，导致营销效果不佳。网络事件营销活动中，营销人员切不可在活动开展之后，放任自流，必须做好网络事件营销活动的内容监测、媒体监测和舆情监测等工作。

1. 内容监测

网络事件营销活动中，要对发布的内容进行严密监测，即分析所有的创意与策划是否都落实到具体的行动上；是否发布到预想的媒体平台上；图片是否全部发出；图片的尺寸在媒体平台上的表现力怎样；文案发布之后，工作人员是否按照要求、工作节奏、转发数量采取了实时维护，效果怎样等。

2. 媒体监测

媒体监测主要看媒体平台对发布内容的推荐与转载程度，即媒体是否喜欢事件营销活动中所发布的内容；其推荐、转发的意愿如何；推荐、转发到什么位置；是否及时进行了监测截屏；除了发布的平台，是否有其他平台的内容出现；哪些内容是网民自行转载的，哪些是媒体转载的。通过以上工作，可以随时掌控网络事件营销发展进程，能在很大程度上保障营销活动的成功。

3. 舆情监测

如今的社会处于飞速发展中，日新月异的变化中包含着无数的可能，上演着无数的事件。那么，在一段时期内社会舆论的核心是什么，在这些舆论下所产生的事件有哪些是可为企业所用的，企业又能根据社会环境进行怎样的事件创作，这一切都需要企业时刻洞察，监测社会环境、市场环境、网民兴趣的变化等。

9.3.2 网络事件营销效果评估

网络事件营销集新闻效应、广告效应、公共关系、形象传播、客户关系于一体，是一种快速提升品牌形象的营销手段。那么企业如何衡量网络事件营销的效果；企业最初的目的是否达到；公众对此的看法如何，对品牌的评价又会产生怎样的变化。类似问题可以通过对网络事件营销效果的评估进行回答。

网络事件营销效果的评估，主要分为两个阶段：第一阶段是对事件本身的评估，第二阶段是对品牌形象的评估。对事件本身可以从事件知晓率、信息准确性、信息的获取途径和报道/转载次数及事件评价等方面进行评估；对品牌形象可以从认知、情感和意愿三个层面进行评估。网络事件营销效果评估体系如图9-1所示。

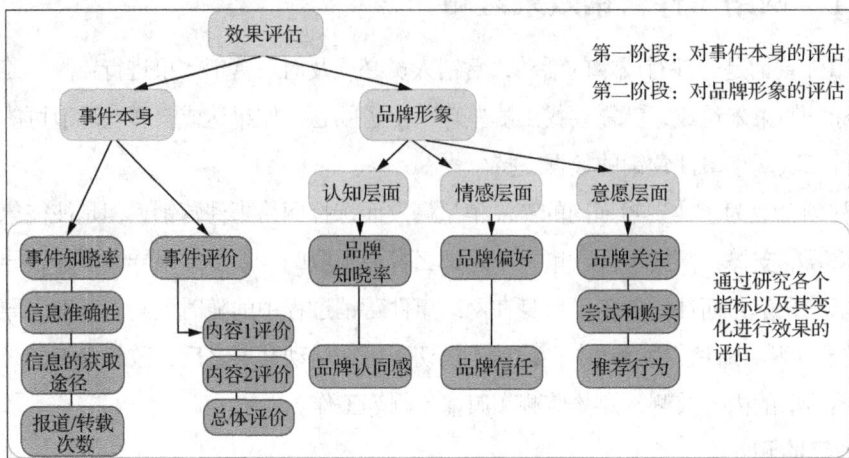

图9-1　网络事件营销效果评估体系

1. 对事件本身的评估

对事件本身的评估涉及事件知晓率、信息准确性、信息的获取途径、报道/转载次数及事件评价等方面。

（1）事件知晓率。事件知晓率是指此次事件有多少人知道，即此次事件本身的影响力。对于一个事件来讲，知晓率是非常重要的，因为它是衡量品牌知晓率的基础。除此之外，对事件中的具体内容进行知晓率的调查，进一步反映受访者对事件的了解程度。

（2）信息准确性。信息准确性是指企业通过事件营销希望传达的信息与受访者真正接收到的信息两者之间的差异。信息在传播的过程中，出于新闻法规、传播者限制、媒介损失等原因，不可避免地会产生一定的偏差。失之毫厘，谬以千里。准确性是一个无法量化的指标，但对准确性进行评估却是一个不可缺少的环节，因此营销人员可以采取定性的方法评估这一方面。

（3）信息的获取途径。信息的获取途径用来了解受访者获取信息的主要方式，以及企业营销对各个主要传播渠道的覆盖情况。另外，营销人员可以将受访者的背景资料进行对比分析，了解各类受访者获取信息的主要渠道，进而便于企业针对目标群体进行更加有效的传播。

（4）报道/转载次数。在网络科技迅猛发展的今天，新媒体异军突起的同时，大多数的传统媒体（如报纸、杂志）都有了电子版，营销人员可以通过"关键词+搜索引擎"方式测量事件被报道/转载次数，从而衡量网络事件营销的效果。

（5）事件评价。分析受访者对事件的总体评价以及对各具体内容的评价，可以通过重要性因素模型，推导出网络事件营销中的薄弱环节，从而有针对性地予以调整，避免在今后出现同样的问题。

2. 对品牌形象的评估

对品牌形象的评估可以从认知、情感和意愿三个层面进行，如图9-2所示。

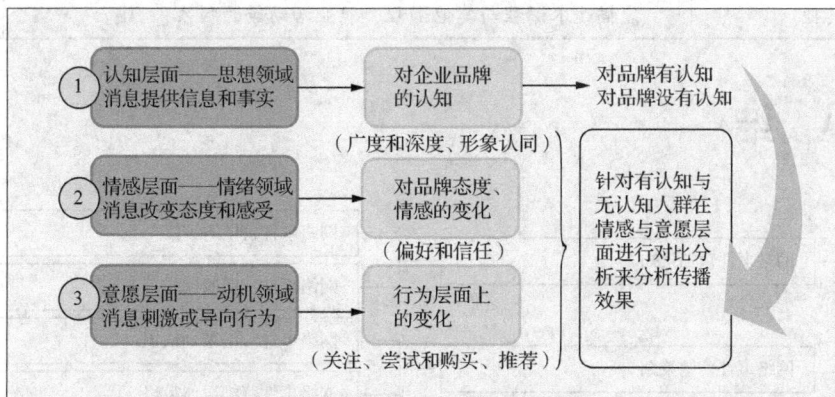

图9-2　网络事件营销对品牌的影响

（1）认知层面。品牌认知包括三层含义：一是认知的广度；二是认知的深度；三是对品牌形象的认同。通过这三个指标，一方面可以衡量经过此次事件后品牌的知晓率，另一方面可以了解品牌被认知的深刻程度。

如何衡量认知的广度？可以在网络事件营销后通过品牌知晓率进行衡量，看看在此次网络事件营销中有多少人知道品牌。无提示下的第一提及率是衡量认知的深度的重要指标。在没有任何提示的情况下，受访者能第一个提到品牌，就说明此次事件对受访者影响较大、受访者对品牌印象较深。对品牌形象的认同，可通过经过此次事件后受访者对品牌形象的认同程度以及变化幅度进行衡量。

（2）情感层面。营销就是和消费者产生联系，与消费者的情感产生联系是走近消费者的有力手段。对情感层面的评估是评估经过此次网络事件营销，公众对于相关品牌在感情上的变化情况。例如通过此次事件是不是更加喜欢品牌了，喜欢程度如何，通过此次事件是不是更加信任品牌了，信任程度如何，以此来较为准确地反映网络事件营销对受访者情感方面的影响。

（3）意愿层面。意愿层面是指受访者经过此次网络事件营销的影响，对品牌在最终行为上的变化程度。例如通过此次事件是不是对品牌更加关注了，通过此次事件是不是更加愿意尝试和购买这个品牌了，通过此次事件今后在家人或朋友要购买相关产品时是不是会优先推荐该品牌。

另外，根据网络事件营销的不同目的，可以有选择性地进行交叉分析，例如那些对品牌有认知的人群与对品牌没有认知的人群在意愿层面的评价有无显著的差异，这些差异说明什么问题等。

课堂测评

测评要素	表现要求	已达要求	未达要求
知识点	能掌握网络事件营销效果监测的意义		
技能点	能初步认识网络事件营销效果评估的要点		
任务内容整体认识程度	能概述网络事件营销活动效果监测与效果评估的联系		
与职业实践相联系程度	能描述网络事件营销效果监测的实践意义		
其他	能描述本课程与其他课程、职业活动等的联系		

小　结

```
                          ┌─ 网络事件营销的解读
          ┌─ 网络事件营销认知 ─┤
          │                 └─ 网络事件营销的模式
网络事件   │                 ┌─ 网络事件营销策划认识
营销   ────┼─ 网络事件营销策划 ─┤
          │                 └─ 网络事件营销运作策略
          │                    ┌─ 网络事件营销效果监测
          └─ 网络事件营销效果测评 ─┤
                               └─ 网络事件营销效果评估
```

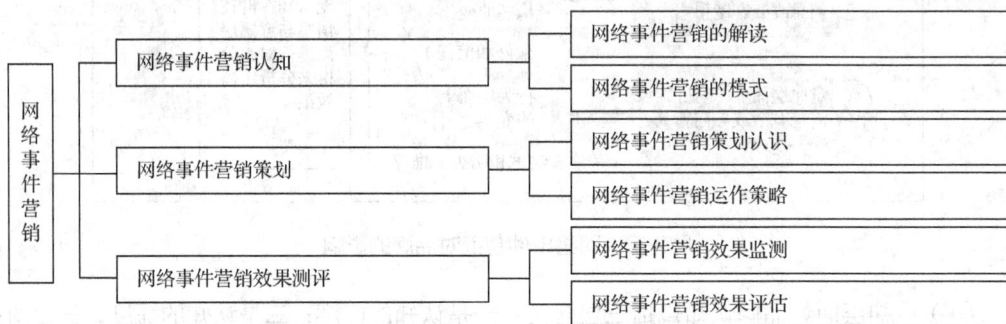

教学做一体化训练

重要名词

网络事件营销　　网络事件营销策划

课后自测

一、单项选择

1. 网络事件营销就是通过把握新闻的规律，制造具有（　　　）的事件，并通过具体的操作达到营销的效果。

　　A. 营销价值　　　　　B. 价值　　　　　C. 关注度　　　　　D. 热点

2. 网络事件营销策划中，选定的事件越有（　　　），传播的速度就越快。

　　A. 争议性　　　　　B. 悬念　　　　　C. 故事　　　　　D. 情感

3. 网络事件营销的借力模式就是企业将其设定的话题向（　　　）话题靠拢，从而实现公众对热点话题的关注向企业话题的关注的转变。

　　A. 舆论

　　B. 社会热点

　　C. 大V

　　D. 明星

4. 网络事件营销的主动模式是指企业主动设置一些结合自身发展需要的话题，通过传播，使之成为公众所关注的（　　　　）。

      A. 话题   B. 焦点

      C. 公共热点   D. 中心

5. 企业赞助世界著名体育大赛属于网络事件营销中的（　　　　）。

      A. 造势策略   B. 品牌广告

      C. 产品广告   D. 借势策略

二、多项选择

1. 事件营销集（　　　　）于一体，并为新产品推介、品牌展示创造机会。

      A. 新闻效应   B. 广告效应   C. 公共关系

      D. 形象传播   E. 客户关系

2. 网络事件营销的特点包括（　　　　）。

      A. 目的性   B. 低成本   C. 多样性

      D. 新颖性   E. 见效快

3. 网络事件营销的要素包括（　　　　）。

      A. 重要性   B. 接近性   C. 趣味性   D. 显著性

4. 网络事件营销中对事件本身的评估可以从（　　　　）等方面进行。

      A. 事件知晓率   B. 信息准确性

      C. 信息的获取途径   D. 报道/转载次数

5. 网络事件营销中对品牌形象的评估可以从（　　　　）进行。

      A. 认知层面   B. 情感层面

      C. 意愿层面   D. 心理层面

三、判断

1. 网络事件营销没有任何成本，企业可以大量采用。（　　　　）

2. 网络事件营销已经成为一种重要的营销方式，特别是在社会公益方面。（　　　　）

3. 网络事件营销可以主打情感牌，以提升活动效果。（　　　　）

4. 网络事件营销可以结合其他营销方式一起使用。（　　　　）

5. 网络事件营销者可以引导、控制事件发展，甚至可以放弃公共利益。（　　　　）

四、简答

1. 什么是网络事件营销？

2. 网络事件营销的特点主要有哪些？

3. 网络事件营销的要素有哪些？

4. 网络事件营销运作策略有哪些？

5. 网络事件营销效果怎样评估？

案例分析

999感冒灵的网络事件营销

📖 同步实训

实训名称： 网络事件营销活动认知。

实训目的： 认识网络事件营销活动，理解其实际意义。

实训安排：

1. 学生分组，选择社会热点事件，策划一个网络事件营销活动，归纳分析活动过程设计、效果监测方法，选择一些有趣的细节，讨论分析，总结概括这些活动能够给商家带来的影响。

2. 学生分组，收集身边的一些企业开展网络事件营销的案例，选取一个企业，分析讨论，并概括其网络事件营销的目标人群。

3. 分组将讨论成果以PPT形式进行展示，并由教师组织全班讨论与评析。

实训总结： 学生小组交流不同企业、行业的分析结果，教师根据讨论成果、PPT、讨论分享中的表现分别对每组进行评价打分。

📈 学生自我学习总结

通过完成任务9网络事件营销，我能够进行如下总结。

一、主要知识

概括本任务的主要知识点：

1.

2.

二、主要技能

概括本任务的主要技能：

1.

2.

三、主要原理

你认为，网络事件营销与传统营销的关系是：

1.

2.

四、相关知识与技能

1. 网络事件营销的意义有：

2. 网络事件营销的特点有：

3. 网络事件营销运作策略的意义是：

五、成果检验

1. 完成本任务的意义有：

2. 学到的知识或技能有：

3. 自悟的知识或技能有：

4. 对我国企业网络事件营销活动的初步看法是：

社会化媒体营销

学习目标

1. 知识目标
- 能认知微博营销的含义
- 能认知微信营销的特点
- 能认知社群营销的含义
2. 能力目标
- 能分析微博营销数据
- 能策划社群营销活动
3. 素养目标
- 传播社会正能量
- 树立诚信经营意识
- 提升团队责任感

视野拓展

社会化媒体营销
创意原则

任务解析

根据网络营销职业学习活动顺序,本任务可以分解为以下子任务。

10.1　微博营销

10.2　微信营销

10.3　社群营销

课前阅读

2022年6月19日，#蜜雪冰城黑化#话题冲上微博热搜第一位，引起广泛热议，截至7月1日，相关话题阅读次数已达5.4亿，讨论次数达到7.6万，夸张的数据让这个奶茶品牌再度爆红。事件本身并不复杂，品牌官方在外卖平台把全部门店Logo上的雪王形象改为黑色，在线上社交平台引导"黑化"相关问题的讨论，把话题集中于品牌之上然后再现身回应，这实则是一次针对桑葚口味新品的营销事件。

从品类创新层面来讲，桑葚是2022年茶饮新品的主力研发方向之一。第三方数据显示，在2022年现制茶饮市场中，除了传统的椰子、柠檬等配料，以桑葚为主要原材料的果茶上市后受到部分消费者喜爱，销量占比为7.83%，仅次于橙柚类饮品。市面上包括喜茶、茶百道和元气森林等厂商均已经推出了不少"黑色"新品，"黑化"其实早在三四月份就曾被用来形容2022年的饮品流行趋势。

茶饮品牌们频繁地策划具备话题性的营销事件，本质上也和这个领域品类创新趋同相关，除了在原材料供应层面的竞争，选用什么品类的水果本身并不能构建较强的优势。

其实不论是蜜雪冰城主题曲的爆火，还是新品营销，都有几个共同点值得借鉴。例如，不去创造新词汇或者新内容，成功的传播更依赖在用户已有心智认知的基础上进行强化；通过重复内容引导用户将品牌与特定词汇相关联，让用户形成心理上的锚定，后续再出现相关内容都可以对品牌资产进行强化；善用UGC的力量。

当然，作为一个门店超2万家的茶饮品牌，蜜雪冰城在品牌力和话题推动层面已经具备基础势能。蜜雪冰城营销宣传负责人王伟龙曾在2021年接受澎湃新闻专访时提到，蜜雪冰城主题曲在哔哩哔哩走红之后，官方为了向其他短视频平台引流，倡导蜜雪冰城所有的店长和店员做内容创作。这一部分宣传量有多大呢？接近10万人！

读后问题：

（1）你听说过上文中提到的营销活动吗？

（2）你觉得蜜雪冰城"黑化"引发关注的原因有哪些？

（3）你怎样评价上文中的营销现象？

(10.1) 微博营销

营销活动中，以微博作为营销平台，每一个微博用户都是潜在的营销对象，企业通过更新自己的微博向网友传播企业信息、产品信息，树立良好的企业形象和产品形象，从而达到营销的目的。那么，什么是微博营销？微博营销

微课

社会化媒体营销

是怎样操作的呢?

10.1.1　微博的解读

2022年11月17日，微博发布了2022年第三季度财务报告。财务报告数据显示，2022年9月，微博的月活跃用户数为5.84亿，同比净增约1 100万用户，移动端用户占月活跃用户数的95%，日均活跃用户数为2.53亿，同比净增约500万用户；第二季度，微博月均活跃用户数为5.82亿，日均活跃用户数为2.52亿。

微博一方面通过优化视频推荐流的内容质量和分发能力，提升用户内容消费体验和频次；另一方面加强对渠道用户兴趣和特征的精准识别，逐步引导用户向超话社区转化，增加用户的主动访问意愿。

1. 微博

微博，即微型博客的简称。2009年8月，新浪推出新浪微博内测版，成为门户网站中第一家提供微博服务的网站。此外，微博还包括腾讯微博（腾讯微博官方在2020年9月4日发布公告称，腾讯微博将于2020年9月28日晚23时59分停止服务和运营，届时将无法登录，建议用户在停服前备份相关信息）、网易微博、搜狐微博等。如若没有特别说明，微博就是指新浪微博。

微博是一个基于用户关系信息分享、传播以及获取的平台。用户可以通过微博组建个人社区，以文字、图片、视频等多媒体形式，实现信息的即时分享、传播互动。微博的关注机制分为单向、双向两种。

2. 微博的特点

微博作为分享和交流平台，能让用户表达出每时每刻的思想和发布最新动态。与博客相比，微博具有以下特点。

（1）便捷性。微博为用户提供了一个交互式的平台，用户可以在平台上作为发布者发布微博供他人阅读，也可以作为浏览者在微博上浏览自己感兴趣的内容。除文字之外，微博还可以发布图片、分享视频等，用户可以在较短的时间内编辑信息并发布，使信息得以快捷地传播。此外，随着移动互联网的发展，微博用户可以通过手机等方式即时更新自己的微博。

（2）创新交互方式。与博客上的交流不同，微博不一定要相互加好友，只需要关注对方，成为对方的粉丝，就可以随时随地地接收到被关注者发布的信息，这一特性被称为"背对脸"。例如，有很多公众人物广受关注，用户通过关注其微博成为其粉丝，可随时接收对方发布的微博。这拉近了广大微博用户和公众人物之间的距离，亲切感油然而生。此外，微博用户之间互相关注也有利于更快速地联系。建立了微博账号，就可以实现信息的传播，同时相当于建立了个人的广播台，可以随时随地地发布信息给自己的粉丝，相关信息可以很精准地传递给目标用户。

（3）原创性。新浪微博2016年11月之前有140个字的字数限制。字数少对用户写作能力的要求相对较低，大量的原创微博内容很容易被生产出来。微博的出现真正标志着个人互联网时代的到来。2016年11月，新浪微博取消140个字的字数限制，这一调整的背后，反映的是一个商业化的微博帝国正在崛起，一个工具型的微博时代已经落幕。

（4）草根性。微博独特的传播模式使每一个使用者都能轻松上阵，成为见证甚至创造新闻的草根记者。微博用户既可以是信息传播者，也可以是信息接收者，信息的传播者和接收者之间地位平等。同时，微博有PC端、网页版、移动端等多种形式，可以形成多个垂直细分的传播领域，信息发布门槛低，方便快捷，可以有效弥补电视、报纸、广播等其他传统媒体的不足。

（5）宣传影响力弹性大。不同微博的宣传影响力有很大差别。微博宣传的影响力与其内容质量高度相关；同时，用户被关注数量也是影响微博影响力的关键因素。一条微博发布的信息的吸引力、新闻性越强，对该信息感兴趣、关注该用户的人越多，其影响力越大。

10.1.2 微博营销的解读

微博的平台特征决定了其商业活动的基础功能，微博营销逐渐受到企业的青睐，在营销人员精准定位、思路明确的基础上，微博营销活动的效果也十分明显。

1. 微博营销的含义

微博的魅力在于互动，对于企业微博来说，粉丝的数量、质量都关系到企业微博最终的商业价值。

重要名词10-1

微博营销

微博营销是指以微博作为营销平台，将每一个微博用户当作潜在营销对象，通过更新微博向用户传播企业信息、产品信息，树立良好的企业形象和产品形象，并与大家交流互动，或者发布大家感兴趣的话题，以达到营销目的的一种新的营销方式。

微博营销与博客营销相比，存在许多不同之处，主要体现在以下方面。

（1）信息的传播模式。微博具有较强的时效性，几天前发布的信息很少有人再去看。此外，微博账号上的信息除了关注微博的粉丝可以直接浏览之外，还可以通过粉丝的转发传播给更多的人群，传播速度十分惊人。

博客的时效性则相对较弱。用户除了直接进入网站或者通过订阅浏览博客之外，还可以通过搜索引擎搜索博客浏览。博客可以被多个用户长期关注，因此实现多渠道的传播对博客营销是很有价值的。

（2）信息的表现形式。微博具有数字化、交互性和视听化等形态特征，其信息的表现形式主要有图文、视频、头条文章和话题等。

博客营销以博客文章的价值为基础，文章可长可短，通常以个人观点表达为主，可以发表软文、企业新闻报道及产品介绍等。

（3）营销传播核心。微博营销以信息的发布者，即微博博主为核心，体现人的核心地位。微博博主在互联网上的地位往往取决于其影响力。

博客营销则以信息为核心，主要体现信息本身的价值，对博主本身影响力的要求则较低。

2. 微博营销的特点

（1）成本低廉。目前，在微博上，用户可以免费享受大部分服务，同时微博平台具有庞大的用户群体，为企业开展微博营销提供坚实的基础。微博的使用者能轻松灵活、随时随地地发布信息，与传统的大众媒体（如报纸、电视等）相比，不仅前期成本投入较少，后期维护成本也更加低廉。

（2）针对性强且传播速度快。关注企业微博的人大多是对企业及其产品或服务感兴趣的人，企业在发布与其产品或服务相关的微博时，这些信息立刻被关注者接收，信息传递及时且有非常强的针对性，往往能达到较好的营销传播效果。

（3）灵活性。微博营销可以利用文字、图片、视频等多种展现形式，更富表现力。同时，微博的话题选择也具有很大的灵活性，微博用户可以自由选择感兴趣的话题，吸引其他用户阅读和参与。微博的开放性，有助于提升用户的参与度，提高营销沟通效果。

（4）互动性强。通过微博，企业或个人能与微博关注者实现实时沟通，及时有效地获得信息反馈。

3. 微博营销活动

微博营销活动具有面向用户群广、传播力强并且能直接带来微博粉丝的特点。营销人员应围绕这些特点，策划出具有一定创意、有利于企业营销效果提升的活动。这里主要介绍6种微博营销活动。

（1）转发抽奖。活动策划方发出一条活动微博，公布活动内容。这种活动一般会设置一些条件，如关注博主、至少@3个人、转发等。在规定时间，参与活动的用户按照要求进行了转发等，活动策划方随后会在参与者中随机抽出中奖用户。转发抽奖主要适用于刚开通官方微博的企业，或新产品发布时期。

（2）抢楼活动。活动策划方发出一条活动微博，要求用户按一定格式回复和转发，通常要求至少@3个人，并进行评论。当用户回复的楼层正好是规则中规定的获奖楼层时（如99楼、200楼），即可获得相应的奖品。

（3）转发送资源。活动策划方发出一条活动微博，要求用户按一定格式转发，要求至少@3个人，并留下邮箱。凡是转发者，邮箱中都会收到一份好资源，如各种软件、工具、优惠券等。

（4）有奖征集。活动策划方发出一条活动微博，就某个内容发出征集令，如给淘宝店铺取名字，给某活动起标题、想口号等，并通过一定奖品吸引用户参与其中。这样既宣传了产品，又得到了某个名字、口号，促使产品的曝光率提高。

（5）免费试用。免费试用是指企业通过微博发布广告促销信息，与传统广告不同，发布的产品是免费试用的。通过这种形式吸引目标用户参与活动，达到提升产品影响力的目的。这种活动中，企业营销人员会审核用户填写的试用申请，然后将产品发放给目标用户。

（6）预约购买。在新产品发布期间，企业一般会通过微博对新产品进行宣传，然后以预约购买模式出售产品。该活动特别适合在企业新产品上市或开设新业务时采用，比较典型的是3C数码产品的预售。

10.1.3 微博营销数据分析

微博数据助手可以从粉丝、博文、互动、相关账号等方面进行数据分析，能够满足营销人员数据分析需求，如图10-1所示。

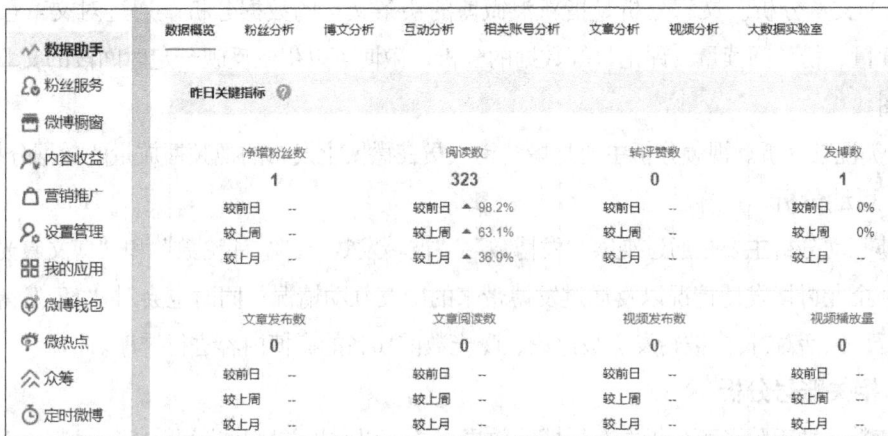

图10-1 微博数据助手

1. 粉丝分析

粉丝分析是指对粉丝的账号状况进行分析。粉丝分析主要从粉丝趋势、粉丝来源、粉丝性别和年龄、粉丝地区分布、粉丝类型等方面进行分析。

（1）粉丝趋势分析。粉丝趋势分析可以帮助用户了解在选定时间段内微博账号每天粉丝数量的变化趋势，包括粉丝总数、粉丝增加数、粉丝减少数、粉丝增长率以及主动取关粉丝数的变化趋势。

（2）粉丝来源分析。粉丝来源分析主要是了解官方微博账号下的粉丝是通过哪些方式和渠道知晓并关注此账号的，以及各种方式所占比重。目前统计的粉丝来源有微博推荐、微博查找、找人及第三方应用。

（3）粉丝性别和年龄分析。粉丝性别和年龄分析主要是从人口统计学角度分析微博粉丝的性别、年龄构成。营销人员通过该项分析能更好地了解粉丝属性，在此基础上，有针对性地发布微博内容。

（4）粉丝地区分布分析。通过对粉丝所处地区进行分析，可以了解哪一地区的粉丝最多，然后有针对性地发布关于该地区粉丝的微博内容；而对于粉丝分布较少的地区，则可适当加强与该地区粉丝的沟通与互动。

（5）粉丝类型分析。官方微博账号的粉丝可以按照账号类型进行细分，以当前时间前一天的粉丝总数为准，账号类型分为认证粉丝（蓝V和橙V）和普通粉丝。识别高质量的粉丝是粉丝类型分析的重要组成部分。

2. 内容分析

微博的推广内容以博文、文章和视频三种形式展现，在进行微博内容分析时，可分别进入数据助手相应的板块查看阅读趋势、阅读人数和转发数等。

（1）博文分析。博文分析包括微博阅读趋势、微博转发评论和点赞数据，以及单条微博的相关数据。

（2）文章分析。文章分析是指新浪微博的头条文章的数据分析。通过对文章量、推荐量、阅读量、粉丝阅读量、评论量等数据的分析，微博可以生成反映一定时间段的文章阅读量的折线图。

（3）视频分析。视频分析主要是指营销人员在微博上发布的视频播放量的数据分析。

3. 互动分析

微博互动分析主要是通过观察"发博数""被转发数""被评论数"和"博文曝光数"，从而得到企业微博发博情况以及通过发博带来的网友互动情况，同时也会对"7日发博内容"进行分析，包括对7日内被转发、被评论、曝光数前10名的微博内容进行排序。

4. 相关账号分析

微博数据助手除了可分析发布微博的效果，还可以对相关账号进行分析，尤其是对微博账号矩阵下的子账号的分析及对竞争对手的情况进行分析等。

营销人员搜索到需要分析的相关微博账号，添加该账号后会展现当前粉丝总数、粉丝增长数、粉丝增长幅度、发微博数、互动数和平均每篇微博互动数。相关账号列表根据粉丝数由高到低进行排列。营销人员可以从已添加的相关微博账号中任选两个，详细对比两个账号在选定时间段内粉丝总数、粉丝增长率、发微博数和互动数的每日变化趋势。

除了可以对相关账号的总体表现进行详细分析对比之外，还可以就相关账号发布的单篇微博效果进行对比分析。这样，可以更深入地分析竞争对手一条微博发布后的互动数的变化趋势，有利于发现竞争对手在微博发布之后的动向。

课堂测评

测评要素	表现要求	已达要求	未达要求
知识点	能掌握微博营销的含义与特点		
技能点	能初步认识微博营销活动		
任务内容整体认识程度	能概述微博营销与传统营销的区别		
与职业实践相联系程度	能描述微博营销的实践意义		
其他	能描述本课程与其他课程、职业活动等的联系		

10.2 微信营销

在今天，微信已经成为一种生活方式。伴随着微信的兴起，一个新型的互联网营销方式应运而生，并且有不少的企业和个人都从中获得利益，发展前景也非常值得期待。那么相对于一些传统的网络营销方式，微信营销有哪些优势呢？

10.2.1 微信营销的解读

腾讯财报数据显示，2022年第三季度，腾讯微信月活跃用户数13.09亿，同比增长3.7%；QQ移动终端月活跃用户数5.74亿，同比增长0.1%；微信小程序日活跃用户数突破 6 亿，同比增长超30%。这主要得益于微信加强了商业生态建设以及加深了在餐饮、零售及交通等行业的渗透。作为头部社交平台，微信已经成为人们生活中不可或缺的要素。

1. 微信营销的含义

微信是腾讯公司在2011年推出的一个为智能终端提供即时通信服务的免费应用程序，截至今天，已经从最初的社交通信工具发展成为连接人与人、人与商业的平台。

重要名词10-2

> **微信营销**
> 　　微信营销是一种创新的网络营销模式，主要利用手机、平板电脑等移动终端中的微信App进行区域定位营销，并借助微官网、微信公众平台、微会员、微推送、微活动、微支付等开展营销活动。

微信不存在距离的限制，用户注册微信后，可与同样注册微信的朋友形成一种联系。用户在微信订阅自己所需的信息，商家通过提供用户需要的信息推广自己的产品，从而实现点对点的营销。

2. 微信营销的特点

微信不同于微博，作为沟通工具，商家、媒体、艺人与用户之间的对话是私密的，不需要公之于众，所以亲密度更高，完全可以推送一些真正满足用户需求与个性化的内容。与微博营销相比，微信营销具有以下特点。

（1）点对点精准营销。微信点对点的交流方式具有良好的互动性，精准推送信息的同时更能形成一种朋友关系。微信拥有庞大的用户群，借助移动端，能够让每个个体都有机会接收到企业推送的消息，继而实现企业对个体的点对点精准营销。

（2）形式多样。微信平台除了基本的聊天功能外，还有朋友圈、语音提醒、公众平台、二维码、摇一摇等功能。用户可以通过扫描二维码识别或添加好友，关注企业公众号；企业可以通过扫码优惠的方式吸引用户，开展O2O营销；企业也可以通过公众平台与用户进行互动，进行口碑营销。

（3）曝光率高。微信营销不同于微博营销时时刷新，微信在某种程度上可以说是强制推送信息，因为用户接收信息前必须关注企业公众号，因此，微信公众平台信息的到达率是100%的，还可以实现包括用户分组、地域控制在内的精准消息推送，这也是微信营销更为吸引人的地方。做微信营销的企业不需要将时间花在投放大量的广告上，只需要制作好精美的文案，定时定量，控制好粉丝接收信息的频率与质量，以保证粉丝的忠诚度。

10.2.2　微信营销的方法

微信营销平台主要包括微信个人账号、微信公众号两大部分，其中，微信公众号又包含服务号、订阅号和企业号，同时微信还支持接入第三方平台。下面将对企业如何利用微信营销平台开展营销活动进行具体的介绍。

营销案例

小米"9：100万"微信客服模式

1. 微信个人账号营销

随着微信用户群体不断扩大，朋友圈中做微商的人越来越多了。那么，如何利用微信个人账号开展营销活动呢？

（1）注册微信账号。只要有手机号，就可以免费注册微信账号。首先需要下载微信App，安装后，点击"注册"按钮就可以选择用手机号注册微信。

（2）装饰微信个人账号。微信个人账号就像自己的一张名片，微信头像、昵称、签名、地区、朋友圈等代表自己的形象。客户通过微信与你交流，最先看到的就是你的个人账号信息。从营销角度来讲，好的个人信息能够减少沟通成本，提升客户的信任度。

（3）增加微信好友数量。微信好友数量及质量是直接影响微信营销效果的关键因素。商家添加微信好友的方法一般有通讯录导入、扫二维码添加、搜索好友添加、微信摇一摇、查找附近的人等方式。

（4）朋友圈广告宣传。在微信个人账号营销中，朋友圈是一个非常重要的商品信息推送窗口。

（5）客户服务。微信朋友圈中，如果有好友想购买某件商品，一般会进行进一步的询问，商家可以通过微信进行回复，帮助其下单，完成交易。

2. 微信公众号营销

微信公众号主要包括服务号、订阅号和企业号。下面将对企业服务号与订阅号（见图10-2）分别进行介绍。

（1）利用服务号提供客户服务。企业只有不断地探求客户需求、满足客户需求，才能使客户满意，赢得更多的客户。服务号正是这样一种方便的工具，通过建立服务导向系统、便捷的服务体系、杰出的服务组织等为客户提供优质服务，满足客户的个性化需求，从而提升客户的满意度和维护长期客户关系。

（2）利用订阅号为客户提供增值服务。订阅号旨在为客户提供信息，本质是通过一系列的内容展示吸引客户、获得客户、与客户互动，宣传企业形象。其方法主要是通过订阅号的功

能——每日向客户发送一条群发消息，这则消息可以是文本、图片、视频等，配合优秀的内容策划、推送策略以及互动设计等，向客户进行高质量的内容展示，通过客户关系的维持进行销售。目前，微信订阅销售模式已经被应用在各行各业，从美食、服装、出行到休闲娱乐行业，都取得了很大的成功。

图10-2　微信服务号与订阅号

3. 微信第三方接入应用

微信开放平台是微信4.0版本时推出的功能，应用开发者可通过微信开放接口接入第三方应用，并且可以将应用的Logo放入微信附件栏中，让微信用户方便地在会话中调用第三方应用进行内容选择与分析。常用的第三方接口有微店、微盟、有赞、点点客等。

（1）微店。微店本质上是微信提供的让微商入驻的平台，很大程度上类似PC端建站的工具，主要利用HTML5技术生成店铺页面。商家可以直接装修店铺，上传商品信息，还可通过自主分发链接的方式进行引流，完成交易。

（2）微盟。微盟是基于微信为广大企业提供开发、运营、培训、推广的一体化解决方案，实现线上线下的互通服务、社会化客户关系管理、移动电商服务和轻应用的综合类业务服务。

（3）有赞。有赞原名为口袋通，旨在为商户提供强大的微商城和完整的移动零售解决方案，即帮助商家管理他们的客户，服务客户，并通过各类营销手段，产生交易获得订单。只要将有赞账号绑定微信公众号后，就可以把店铺经营做到微信上，然后就可以向粉丝推送活动通告、上新通知，和粉丝直接交流与沟通，粉丝可以直接通过公众号点击进入店铺浏览商品，并完成最终的购买。

（4）点点客。点点客的全称是点点客信息技术股份有限公司，主要致力于用科技造就移动电商，提供涵盖社交电商软件、运营、咨询、培训、合规、供应链服务的一站式社交电商解决方案，主要产品包括人人店、到店小程序、合规服务等。

10.2.3　微信营销的模式

微信有以下几种主要的营销模式。

1. 草根广告式——查看附近的人

微信中有基于LBS的功能插件——查看附近的人，用户点击后，可以根据自己的地理位置查找到周围的微信用户。被查找到的微信用户，除了显示用户名等基本信息，还会显示用户签名档的内容。因此，用户可以利用签名档为自己的产品做免费的广告宣传。如果查看附近的人使用者足够多，这个简单的签名档就会变成移动的广告位。

2. O2O折扣式——扫一扫

对于坐拥上亿活跃用户的微信来说，加入二维码扫描这种线上到线下（Online to Offline，O2O）的方式，能够大大提升其商业价值。但这种商业模式要想真正做到深入人心，就必须要激发用户的真正兴趣。

3. 互动营销式——微信公众平台

对于大众化媒体、艺人以及企业而言，微信开放平台与朋友圈的社交分享功能，已使微信成为移动互联网上一条不可忽视的营销渠道，而微信公众平台的上线使这种营销渠道更加细化和直接。

4. 微信开店

这里的微信开店（微信商城）并非微信精选商品频道升级后的腾讯自营平台，而是由商户申请获得微信支付权限并开设微信店铺的平台。申请微信支付权限需要具备三个条件：第一，必须是服务号；第二，需要申请微信认证，以获得微信高级接口权限；第三，缴纳微信支付接口押金。商户申请了微信支付权限后，就能进一步利用微信的开放资源搭建微信店铺。

课堂测评

测评要素	表现要求	已达要求	未达要求
知识点	能掌握微信营销的含义		
技能点	能初步认识微信营销的特点		
任务内容整体认识程度	能概述微信营销与传统营销的关系		
与职业实践相联系程度	能描述微信营销的实践意义		
其他	能描述本课程与其他课程、职业活动等的联系		

10.3　社群营销

在互联网时代，无论是PC端，还是移动端，社群营销都是市场营销的主阵地。对于大部分企业而言，社群营销是针对每一个特定群体的活动，可以说是小众化营销。从某种意义上来讲，社群是最好的营销对象。那么，什么是社群？社群营销又是怎样的呢？

10.3.1 社群认知

网络营销活动中，人们常常说起社群，那么，社群究竟是什么呢？

1. 社群的含义

我们可以从广义和狭义两个角度理解社群的定义。广义的社群是指在一定范围内（如地区等）产生作用的所有社会关系；狭义的社群则是指具有共同特性、爱好的个体集合而成的兴趣共同体。在移动互联网时代，我们经常提到的社群指的便是狭义的社群，它往往通过网络集合的方式实现。

2. 社群的要素

一个完整的社群包括以下五个要素。

（1）同好。这是社群的第一要素。同好就是对某种事物有共同认可的人。有的人是基于拥有某一个产品而聚到一起的，如拥有苹果手机、小米手机；有的人是基于某一种爱好（标签）而聚到一起的，如爱旅游的驴友群、爱阅读的读书会；有的人则是基于某一种空间而聚到一起的，如业主群、同乡会等。

（2）结构。这是社群的第二个要素，它决定了社群的存活。很多社群很快走向沉寂，是因为最初没有对社群的结构进行有效的规划。这个结构包括组织成员、交流平台、加入原则、管理规范。这四个组成结构越好，社群生存得越长。

（3）输出。它决定了社群的价值。没有足够价值的社群迟早会成为鸡肋，群主和群成员就会选择解散群或者退群。好的社群一定要能给群成员提供稳定的服务输出，这是群成员加入群、留在群里的价值。

（4）运营。它决定了社群的寿命。一般来说，通过运营要建立"四感"：仪式感，如加入要通过申请，群成员要接受群规等，以保证社群规范；参与感，如通过有组织的讨论、分享等，以保证群内有话说、有事做、有收获；组织感，如通过对某主题事物的分工、协作、执行等，以保证社群战斗力；归属感，如通过线上线下的互助、活动等，以保证社群凝聚力。

（5）复制。它决定了社群的规模。一个社群如果能够复制出多个平行社群，会形成巨大的规模。在复制之前需要考虑是否具备充足的人力、物力、财力，是否能形成一种群体沟通的亚文化等。

3. 社群的类型

网络营销中的社群包括以下类型。

（1）粉丝型组织。这种社群是通过自发组织建群的方式，将周围的人聚集起来，形成的具有相似价值观点和心理需求的群体。例如，在艺人演唱会现场，很多粉丝会自发组织起来，通过一起喊口号、在群中发送照片等形式，支持自己喜欢的艺人，分享自己的现场感受。

（2）兴趣型组织。兴趣型组织往往源于共同的兴趣和爱好。一般来说，很多人会因为想要在某一方面提升自己，并和同好之人形成有益的交流，所以选择入群。例如线上读书会、在线课堂等，都是典型的兴趣型组织。

（3）功能型组织。这种社群具有极强的功能性，往往是由于特殊人群的特殊需要而形成的，其主要表现形式就是工作中创立的各种办公群。此类社群的活跃度一般较差，群中所谈事项往往是各类工作和任务，因此比较正式。

10.3.2　社群营销认知

社群在互联网时代得到了很大的发展，其营销价值的凸显更是引起了很多营销者的注意，营销者开始纷纷进入社群营销的领域，希望能够在社群内开展精准营销活动，从而达到推广产品和品牌的目的。

1. 社群营销的含义

社群营销是基于社群而形成的一种新的营销模式。社群营销利用互联网的传播效应，借助社群成员对社群的归属感和认可度而开展，通过良好的互动体验，增强社群成员之间的黏性，使社群成员自觉传播品牌，甚至销售产品，从而达到营销目的。

重要名词10-3

> **社群营销**
> 社群营销就是基于相同或相似的兴趣爱好，利用某种载体聚集人气，通过产品或服务满足群体需求而产生的商业形态。社群营销的载体不局限于微信以及各种平台，甚至线下的平台和社区都可以做社群营销。

社群营销以人为中心，以消费者的心理、行为、兴趣为出发点进行营销。在自媒体时代，面对越来越理性与成熟的消费者心理、越来越碎片化的触媒行为、越来越多样化的兴趣，要做好社群营销需突破两点。一是把社群成员转变为目标用户。通俗地讲，就是变现，这是社群营销的一大难题。很多社群做营销，社群成员很容易进来，产品也容易有，但是把社群成员变成目标用户却很困难。二是让社群保持持久的热度。社群是有寿命的，用过微信或者QQ群的人都知道，当你刚加入一个群时非常热闹，但随着时间的推移渐渐就安静下来了。因此，让社群保持持久的热度是社群营销的第二个突破点。

2. 社群营销的特点

社群营销也有着自己的特点，主要表现在以下五个方面。

（1）弱中心化。社群是一种扁平化网状结构，人们可以一对一或多对多地实现互动，进行传播。社群中并不是只有一个组织和一个富有话语权的人，而是每个人都能说，使得传播主题由单一走向分散，这也是一个弱中心化的过程。

（2）多向互动性。社群成员之间的互动交流，包括信息和数据的平等互换，使每一个成员成为信息的发起者，同时也成为传播者和分享者。正是这种多向的互动性，为社群营销创造了良好的机会。

（3）具有情感优势。社群是由有共同的爱好、兴趣而聚集在一起的人组成的，因此，成员间很容易建立起情感关联。社群成员能够产生点对点的交叉影响，并且还能协同产生叠加能量，从而合力创造出涌现价值，使企业获得利益及有价值的信息。

（4）自行运转。由于社群的特性，社群营销在一定程度上可以自我运行、创造、分享，甚至进行各种产品和价值的生产与再生产。在这个过程中，社群成员的参与度和创造力能催生多种有关企业产品的创新理念或完善企业产品、服务功能的建议，使企业交易成本大幅度下降。

（5）碎片化。社群的资源性和多样性，使社群呈现出多样化、信息发布方式松散的特点，这就意味着社群营销具有碎片化的趋势。虽然碎片化会使社群缺乏统一性，给企业的社群营销带来很多的不确定因素，但只要企业善于挖掘、整理，就能开发出社群的价值。

3. 社群营销的方式

在移动互联网时代，企业应该有效抓住社群的优势发展业务。下面介绍企业应如何进行社群营销。

（1）培育意见领袖。社群虽然不像"粉丝经济"那样依赖个人，但它依旧需要一个意见领袖，这个意见领袖必须是某一领域的专家或者权威人士，这样才能推动社群成员之间互动、交流，树立起社群成员对企业的信任感，从而传递价值。

（2）提供优质服务。企业通过社群营销可以提供实体产品或某种服务，以满足社群个体的需求。在社群中十分普遍的行为就是提供服务，例如个体加入会员得到某种服务，进入某个社群能得到某位专家提供的咨询服务等，这些能吸引不少人群的注意力。

（3）打造优质产品。无论是在工业时代还是在移动互联网时代，产品都是销售的核心。企业做社群营销的关键是产品，如果没有有创意、有卖点的产品，再好的营销也得不到消费者的青睐。

（4）进行口碑传播。企业有了好的产品之后，以什么样的方式展现出来显得尤为重要。在移动互联网时代，社群营销是十分好的选择。社群成员之间的口碑传播，就像一条锁链一样，一环套一环，若成员间信任感较强，口碑比较容易传播。

（5）选择开展方式。社群营销的开展方式是多种多样的。例如，企业自己建立社群，做好线上、线下的交流活动；与部分社群领袖合作开展一些活动。总之，企业只有在开展社群营销方面多下功夫，才能达到良好的社群营销效果。

10.3.3　社群营销活动策划

策划并开展社群营销活动是保持社群活力的有效途径。一个社群要想做得有声有色，不让成员感到无聊乏味，使成员有成就感、荣誉感等，策划并开展社群营销活动必不可少。

1. 社群营销线上活动策划

社群营销线上活动的形式非常丰富，常见的有社群分享、社群福利、社群打卡、征集活动、拼团砍价活动等。

（1）社群分享。为了保证分享质量，营销者在社群进行分享前应该确认分享内容、分享模式。在分享期间或分享结束后，营销者可以引导社群成员宣传分享情况，也可以总结分享内容，在各种社交媒体平台上进行传播，打造社群的口碑，扩大社群的整体影响力。

（2）社群福利。社群福利是指给予表现优异的社群成员的各种福利，常见的社群福利包括物质福利、现金福利、学习福利、荣誉福利等。

（3）社群打卡。社群打卡是指社群成员为了养成一种良好的习惯而采取的一种督促方式。对于营销者而言，打卡活动可以活跃群氛围，掌握群成员的活跃数据，筛选群成员。常见的社群打卡方式有阅读打卡和任务打卡等。阅读打卡常见于知识性社群，如某个读书分享社群，设置打卡时间为30天，要求社群成员每天在固定的时间段以截图的形式在群内分享读到的精彩句子或段落。任务打卡适合大多数社群，不同类型的社群，任务打卡的方式不同，如亲子类社群通过记录亲子活动进行打卡；课程学习类社群通过提交作业进行打卡；摄影类社群通过上传摄影作品进行打卡等。

（4）征集活动。征集活动的形式十分多样，如品牌形象代言人征集、品牌口号征集、社群榜样征集、素材征集（如与活动主题相关的图片征集、故事征集）等。征集活动往往会设置互动环节，如在社群内或社交平台上，通过投票、点赞等方式，选择出作品及作品发布者，这种方式可以让参与活动的社群成员发动朋友一起关注活动，扩大活动的影响力，进行品牌口碑传播。

（5）拼团砍价活动。社群开展拼团砍价活动，通过组团享优惠、老客拉新等方式，不仅可以提升社群成员活跃度，还可以为社群引流，刺激产品销售。例如，母婴社群在群内发布"邀请朋友组团（2人成团）购买奶粉可享受买一桶送一桶的优惠。"的活动通知。

2. 社群营销线下活动策划

一个社群在从线上走到线下的过程中，可以建立起成员之间的多维联系，让感情联系不再局限于网络。

（1）线下活动的类型。对于社群而言，线下活动的类型主要包括核心成员聚会、核心成员和外围成员聚会、核心成员地区性聚会等。在这几种聚会形式中，核心成员和外围成员聚会人数较多，组织难度较大；核心成员地区性聚会则组织方便，很容易成功。当然，不管选择哪一种聚会形式，在聚会过程中，都可以实时发布一些聚会情况到社群或社交平台。一方面可扩大社群影响力，增强社群成员的黏性；另一方面也可以持续激发和保持社群活跃度，刺激更多成员积极参加线下活动。

（2）制订活动计划。无论开展什么样的活动，做好活动计划都是必不可少的。首先，明确活动的目的，包括联系社群成员感情、培养社群管理运营人才、宣传营销内容等；其次，选择活动形式，确定活动名称、举办日期、报名方式、活动地点、活动流程、费用、奖品及邀请的嘉宾。这样开展的活动才有针对性，质量才会高，吸引的人才会多。

（3）活动内容策划。要想策划一场有影响力的社群营销线下活动，高品质的活动内容是关键。在内容为王的互联网时代，只有拥有优质的活动内容，社群成员才会对活动有所期待。用心做好每一次线下活动，并为下一次活动做好铺垫，自然能够在社群成员中积累口碑，吸引更多的人加入社群，扩大社群的影响力。

（4）活动宣传推广。在确定活动相关信息后，可以组织线上管理人员对活动进行推广，如在公众号、微博、豆瓣、知乎等平台进行宣传，并进行活动海报的设计和发布等；也可收集活动参与人员对活动的建议，进一步对活动方案进行优化。另外，在活动开展过程中，营销者还可以对活动进行直播，发布参与人员的合影照片，利用对线下活动的呈现促使线上转发传播，从而引发成员对下一次活动的期待。

（5）总结复盘。总结复盘是指对活动的效果进行总结和反馈。营销者可将活动总结生成复盘报告，为下一次的线下活动总结经验。

课堂测评

测评要素	表现要求	已达要求	未达要求
知识点	能掌握社群营销的含义		
技能点	能初步认识社群营销的特点		
任务内容整体认识程度	能概述社群营销与传统营销的联系		
与职业实践相联系程度	能描述社群营销的实践意义		
其他	能描述本课程与其他课程、职业活动等的联系		

小 结

```
                        ┌─────────────────────┐
                 ┌──────┤ 微博的解读          │
                 │      └─────────────────────┘
        ┌────────┤      ┌─────────────────────┐
        │ 微博营销├──────┤ 微博营销的解读      │
        │        │      └─────────────────────┘
        │        │      ┌─────────────────────┐
        │        └──────┤ 微博营销数据分析    │
        │               └─────────────────────┘
社      │               ┌─────────────────────┐
会      │        ┌──────┤ 微信营销的解读      │
化      │        │      └─────────────────────┘
媒   ───┤        │      ┌─────────────────────┐
体      │ 微信营销├──────┤ 微信营销的方法      │
营      │        │      └─────────────────────┘
销      │        │      ┌─────────────────────┐
        │        └──────┤ 微信营销的模式      │
        │               └─────────────────────┘
        │               ┌─────────────────────┐
        │        ┌──────┤ 社群认知            │
        │        │      └─────────────────────┘
        └────────┤      ┌─────────────────────┐
          社群营销├──────┤ 社群营销认知        │
                 │      └─────────────────────┘
                 │      ┌─────────────────────┐
                 └──────┤ 社群营销活动策划    │
                        └─────────────────────┘
```

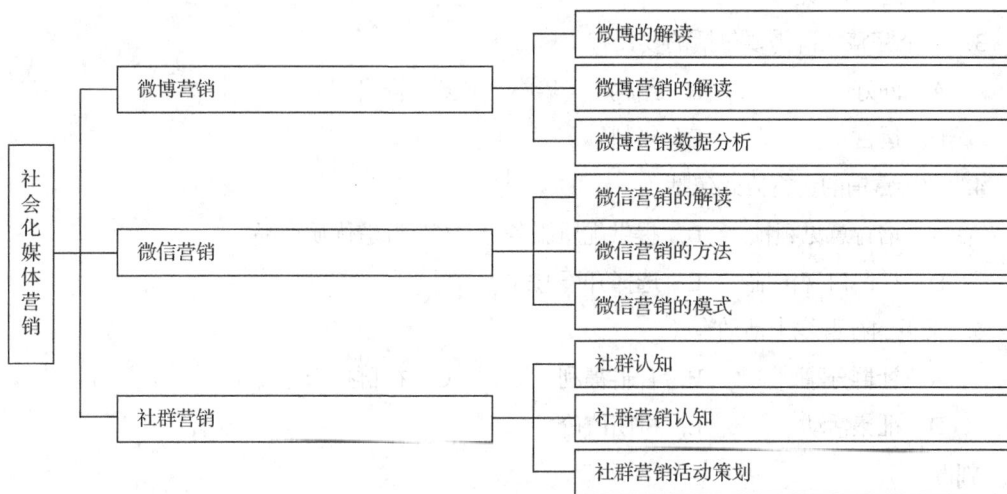

教学做一体化训练

重要名词

微博营销　　微信营销　　社群营销

课后自测

一、单项选择

1. 微博创新交互方式也被称作（　　　）。

    A. "背对背"　　　　　　　　　　B. "脸对脸"

    C. "手拉手"　　　　　　　　　　D. "背对脸"

2. 微博营销的预约购买活动适合在（　　　）期间开展。

    A. 新产品研发　　　　　　　　　B. 老产品促销

    C. 老产品退市　　　　　　　　　D. 新产品上市

二、多项选择

1. 商家添加微信好友的方法一般有（　　　）。

    A. 通讯录导入　　　B. 扫二维码添加　　　C. 附近的人

    D. 搜索好友添加　　　E. 微信摇一摇

2. 申请微信支付权限需要具备的三个条件是（　　　）。

    A. 必须是服务号

    B. 需要申请微信认证，以获得微信高级接口权限

    C. 缴纳微信支付接口押金

    D. 通过审核

3. 一个完整社群需要包括的要素有（　　　）。

    A. 同好　　　　　　B. 结构　　　　　　C. 输出

    D. 运营　　　　　　E. 复制

4. 社群营销的运行方式包括（　　　）。

    A. 培育意见领袖　　　B. 提供优质服务　　　C. 打造优质产品

    D. 扩散口碑传播　　　E. 选择开展方式

5. 常见的社群线上活动有（　　　）。

    A. 社群分享　　　　B. 社群福利　　　　C. 社群打卡

    D. 征集活动　　　　E. 拼团砍价

三、判断

1. 微博营销与博客营销没有区别，所以企业可以大量采用。（　　　）

2. 微博营销成本较高。（　　　）

3. 微博营销活动中企业不能与消费者开展互动。（　　　）

4. 微信营销和微博营销一样，也需要时时更新。（　　　）

5. 微信公众号中的企业号主要帮助企业进行内部管理。（　　　）

四、简答

1. 什么是微博营销?
2. 微博营销的特点主要有哪些?
3. 微信营销活动有哪些?
4. 微信公众号中的订阅号的作用有哪些?
5. 什么是社群营销?

案例分析

伊斯坦布尔机场的微信营销

📖 同步实训 ●●●●

实训名称: 社会化媒体营销活动认知。

实训目的: 认识社会化媒体营销活动,理解其实际意义。

实训安排:

1. 学生分组,选择不同社会化媒体类型,搜集一些营销活动案例,归纳分析活动过程设计、效果监测方法,选择一些有趣的细节,讨论分析,总结概括出这些活动能够给商家带来的影响。

2. 学生分组,收集身边的一些企业开展社会化媒体营销的案例,选取一个企业,分析讨论,并概括其社会化媒体营销的目标人群。

3. 分组将讨论成果以PPT形式进行展示,并由教师组织全班讨论与评析。

实训总结: 学生小组交流不同企业、行业的分析结果,教师根据讨论成果、PPT、讨论分享中的表现分别对每组进行评价打分。

📈 学生自我学习总结

通过完成任务10社会化媒体营销,我能够进行如下总结。

一、主要知识

概括本任务的主要知识点:

1.

2.

二、主要技能

概括本任务的主要技能:

1.

2.

三、主要原理

你认为，社会化媒体营销策略与传统营销策略的关系是：

1.

2.

四、相关知识与技能

1. 社会化媒体营销的意义有：

2. 社会化媒体营销的特点有：

3. 社会化媒体营销策略的意义是：

五、成果检验

1. 完成本任务的意义有：

2. 学到的知识或技能有：

3. 自悟的知识或技能有：

4. 对我国企业开展社会化媒体营销活动的初步看法是：

任务 11

电商平台营销

学习目标

1. 知识目标
- 能认知电商平台营销的含义
- 能认知电商平台的营销策略和类型
- 能认知电商平台营销工具

2. 能力目标
- 能分析电商平台运营数据
- 能策划电商平台营销活动
- 能应用电商平台营销工具

3. 素养目标
- 关注科技创新
- 培养电商助农兴趣
- 理解网络强国理念

视野拓展

直播电商激发
消费潜力

任务解析

根据网络营销职业学习活动顺序，本任务可以分解为以下子任务。

11.1 电商平台营销认知

11.2 电商平台营销准备

11.3 电商平台营销工具应用

课前阅读

2022年7月29日，以"推动新电商 促进新消费 助力新发展"为主题的第二届中国新电商大会在吉林长春举行。会上发布的《中国新电商发展报告2022》显示，新电商在加速经济社会数字化转型、推动数字经济高质量发展中发挥着重要作用。近年来，消费模式加速向线上转移、消费场景不断创新丰富、消费内容持续扩展延伸，我国新电商产业呈现加速渗透、多元发展、提质扩容、助力转型的良好态势。

该报告指出，我国新电商服务市场加速变迁，不断丰富活跃。作为电子商务的新形态新模式，新电商通过对"人、货、场"的重构，以消费需求牵引"短链"供给变革，以"去中间化"提高经济流通效率，畅通商产融合，促进要素融通，进一步赋能消费升级和中小企业转型，构建了新的产业服务生态。

近年来，围绕消费端变革的社交电商、直播电商、社区电商等新业态新模式快速发展。同时，围绕产业端发展的产业新电商凭借各类数字化工具向智能化工具的转化，效率进一步提高，规模不断扩大。多种新电商模式相互融合发展，在赋能乡村振兴及外贸发展等方面起到了重要作用。

在新电商环境建设方面，该报告指出，我国信息技术突破创新、新型基础设施快速推进，为新电商发展提供了坚实产业支撑。我国相关主管部门加大政策支持力度，从产业指导、资源保障、示范推广等多个方面，为新电商发展营造良好的政策环境。随着"放管服"改革深入推进，新业态新模式相关法律体系不断完善，监管服务进一步优化，更加规范的市场环境有力激发新电商发展活力。

该报告中还提到，新电商应用场景日趋丰富，生产、流通、销售等各环节不断优化，"人、货、场"三个基本要素在各应用场景下的内涵不断延伸。

其中，"人"指消费模式呈现新转变。社会经济发展驱动消费理念升级，以人为中心，实现品质化、个性化等消费模式，消费行为由功能式消费向体验式消费转变，消费对象由物质消费向精神消费延伸。

"货"指产业供给形成新变革。新电商平台将生产者与消费者直接连接在一起，用订单撬动供给侧转变，通过"数商兴农"助力乡村振兴，医疗、教育等领域开启数字服务的新交易，并催生一批老字号"国货"品牌、诞生一批新"国货"品牌。

"场"指供需双方形成新链接。新电商平台在稳链、保链、促就业、保民生等方面发挥着重要作用，催生绿色基础设施、绿色供应链、绿色消费等新业态新模式，并成为零工经济快速发展的催化剂。

读后问题：

（1）这里的新电商指什么？

（2）新电商服务市场有哪些变化？

（3）你怎样评价新电商服务市场加速发展的现象？

11.1 电商平台营销认知

随着互联网的快速发展和信息技术的进步，电商平台的出现为企业的运行省去很多中间费用的同时，也逐步提高了我国中小企业整体的外贸开拓能力。在新的发展形势下，充分挖掘优化电商平台的营销功能显得尤为重要。那么什么是电商平台营销呢？

11.1.1 电商平台营销的解读

电商平台是在互联网上进行商务活动的虚拟网络空间，通过协调和整合信息流、物流、资金流等保障商务活动顺利开展，为买卖双方提供信息交流、产品交易及电子交易过程中的增值服务等。

1. 电商平台营销的含义

电商平台营销以电商平台为核心，通过整合电商平台的信息集成优势，优化大规模定制营销组织系统，实现大规模定制营销，提高大规模定制营销的效率。

重要名词11-1

电商平台营销

电商平台营销是指企业、个人商家利用电商平台提供的网络基础设施、支付平台、安全平台、管理平台等共享资源，高效、低成本地开展营销活动的行为。

电商的发展异常迅速，用户越来越依赖于电商平台进行购物。各大电商平台也推出了相应的服务，如通过比较典型的"超级品牌日"，整合全网生态力量，打造属于品牌自己的"双十一"，形成和用户的深度链接，为品牌带来声量和销量的双重爆发。

2. 电商平台营销的特点与优势

电商平台营销以平台自身功能为载体，具有自身的特点与优势。

（1）电商平台营销的特点。电商平台营销的特点是开展定制营销的核心和组织者是电商平台。电商平台充分发挥信息集成和处理的优势，通过提供高效的定制信息平台，将供应商、销售商、第三方物流、用户等整合到一个集成化动态供应链系统中，以便大规模定制营销顺利开展。

（2）电商平台营销的优势。①信息优势。电商平台营销的显著优势是信息优势。它依托电商平台的信息集成和处理、电子商务技术、信息平台建设等方面的专业优势，以电商平台为核心，发挥电商平台的信息采集、处理、整合、传递等作用。②技术优势。电商平台拥有大量硬件、软件、系统、数据分析等方面的人才，无论是在电商平台建设，还是在市场信息调研、数据分析、系统组建和协调等方面，都具有优势。③平台优势。电商平台通过建设定制系统平台、在线支付平台、信息系统平台，为用户提供优质的服务，为定制系统合作伙伴提供统一、共享的信息交互平台，实现相互间的协调配合，从而降低系统的信息沟通成本和企业、供应商开展大规模定制营销的门槛。

11.1.2　电商平台营销策略

随着互联网的快速发展和信息技术的进步，企业通过电商平台可在全球采购产品，这不仅为企业的运行省去了很多中间费用，同时也逐步提高了我国中小企业整体的外贸开拓能力。在新的发展形势下，优化电商平台的营销策略显得尤为重要。

1. 提供个性化服务

提供个性化服务是根据用户的设定实现的，依据各种渠道对资源进行收集、整理和分类，向用户提供和推荐相关信息，以满足用户需求。整体看，提供个性化服务能够充分利用各种资源的优势，主动开展以满足用户个性化需求为目的的全方位服务。企业应通过电商平台收集不同用户的资料，分析用户的不同偏好和不同需求，才能更好地提供满足不同用户需求的个性化服务。

2. 不同价格策略

电商平台上同一款产品的价格可能不同。一般来说，相同产品、不同价格的情况是由营销策略决定的。

（1）低价定价策略。低价定价策略包括直接低价定价策略和折扣策略。①直接低价定价策略。直接低价定价策略指采用考虑成本和一定利润，有的甚至是零利润的方式定价。②折扣策略。折扣策略指采用在原价基础上进行打折的方式定价，这可以让用户直接了解产品的降价幅度，以促进用户购买。

在采用低价定价策略时，企业需要注意以下三点：①由于互联网是从免费共享资源发展而来的，用户一般会认为从网上购买的产品比从一般渠道购买的产品更便宜，因此不宜将低价定价策略用于价格敏感、难以降价的产品；②在网上公布价格时要注意区分对象，一般要为一般用户、零售商、批发商、合作伙伴分别提供不同的价格信息发布渠道，否则低价定价策略可能导致营销渠道混乱；③在网上发布价格时要注意比较同类平台公布的价格。

（2）定制生产定价策略。定制生产定价策略是指在企业能实行定制生产的基础上，利用网络技术和辅助设计软件，帮助用户选择配置或者自行设计能满足自己需求的个性化产品，同时承担需要付出的价格成本。

（3）拍卖策略。根据供需关系，拍卖策略有以下三种。①竞价拍卖。竞价拍卖指企业交易商向交易市场提出申请，拟订产品详细资料并交给交易市场，确定产品拍卖的具体时间，通过交易市场预先公告后挂牌报价，然后用户自主加价，在约定交易时间内无人继续加价后，产品拍卖结束，价高者得。②竞价拍买。竞价拍买是竞价拍卖的反向过程，用户提出一个价格范围，求购一产品，由企业出价，出价可以是公开的或隐藏的，用户将与出价最低或最接近的企业成交。③集体议价。多个购买者联合购买同一类产品时会形成一定的购买规模，以此获得优惠售价的交易方式。

（4）免费价格策略。免费价格策略就是将企业的产品或服务免费提供给用户使用，以满足用户需求。

3. 满足用户预期

在电商平台营销中，由于用户预期与使用平台的成本、收益技术标准和习惯有密切关系，因此满足用户预期策略可从以下四个方面发力。

（1）提前宣布将要推出的产品，吸引用户对平台和推出的产品持续关注，使用户对新产品有所期待。

（2）影响预期的直接方式是组成技术标准战略联盟，加入技术标准战略联盟的成员越多，这种技术或产品越受欢迎。同时，企业可以通过大量的广告宣传，强调其优势和受欢迎程度等。

（3）企业在吸引用户进行消费之前，不能控制和约束其行为。

（4）企业可向用户承诺未来将提供大量价格便宜、种类繁多、性能优良的互补产品，以消除用户的后顾之忧。

4. 拓展增值服务

随着差异化竞争的加强和消费群体的逐渐成熟，电商平台服务提供商不再一味追求用户引流和营销生态圈的进一步扩张，而是转向拓展增值服务。简单来说，增值服务是为用户提供产品以外的服务，以提升产品的价值。增值服务的种类和质量是电商平台服务水平的重要体现。

5. 推行品牌策略

电商平台营销的重要任务之一就是在互联网上建立并推广企业的品牌。知名企业的线下品牌可以在网上得以延伸，一般企业可以通过互联网快速树立品牌形象，并提升企业整体形象。在一定程度上，网络品牌的价值甚至高于企业通过网络获得的直接收益。

▎11.1.3　电商平台的类型

电商平台可以依据不同标准进行分类。根据运营深度和广度的不同，将电商平台分为水平型电商平台、垂直型电商平台和公司型电商平台。

营销案例11-1

盒马鲜生进军
社区电商

1. 水平型电商平台

根据运营模式的不同，将水平型电商平台分为水平型B2B（企业对企业）电商平台、水平型B2C（企业对消费者）电商平台和水平型C2C（用户对用户）电商平台。

（1）水平型B2B电商平台。与传统的商务活动相比，企业通过水平型B2B电商平台开展的商务活动能够降低采购成本、库存成本，节省产品周转时间，增加市场机会。同时，由于水平型B2B电商平台不涉及产品或服务本身，重点在于平台的建立和服务，因此，这类平台往往有十分强大的技术研究团队，比企业网站具有更强的竞争力。目前，比较典型的水平型B2B电商平台有阿里巴巴国际站、敦煌网、中国制造网等。

（2）水平型B2C电商平台。水平型B2C电商平台建立了企业与个体用户之间的沟通与联系渠道，大幅度降低了交易成本。有一些专属的互联网品牌，从诞生之初就形成了前店后厂的模式，没有各级代理商，在减少销售环节的同时降低了成本。从用户关系及体验来看，自助式购物体验使用户的消费过程更轻松。目前，综合实力较强的水平型B2C电商平台有京东商城、天猫商城、苏宁易购、当当、唯品会等。

（3）水平型C2C电商平台。水平型C2C电商平台对所有人免费开放，用户既可以是买家又可以是卖家。水平型C2C电商平台把传统的大商场、特色小店、地摊市场融合到一起，商品信息多且品质参差不齐，既有全新的商品又有二手的商品，既有大工厂统一生产的商品又有个人作坊制作的商品。由于水平型C2C电商平台上参与交易的买卖双方通常是个人，购买的物品一般是单件或者少量的，因此成本低、利润薄、批次多是目前大部分水平型C2C电商平台上商家面临的现实。

2. 垂直型电商平台

垂直型电商平台是集中全部力量打造的专业性信息平台。与水平型电商平台相比，垂直型电商平台旗下产品是同一类型的产品，如酒仙网等。

🎓 **重要名词11-2**

垂直型电商

　　垂直型电商是指在某一个行业、细分市场精细化运营的一种电子商务模式。垂直型电商通常专业经营同一类型产品，满足某个领域需求，可以很快赢得用户信任，加深用户印象，并利于品牌传播。

垂直型电商平台上的所有货源统一由供应商供给，产品质量问题由供应商承担，可保障用户利益；物流体系与传统渠道物流相结合，可使产品在物流中的损耗降到最低。对于采购商而言，垂直型电商平台解决了一站式采购的问题，产品价格透明，品质有保障，物流费用低、效率高。对于用户而言，可获得供应商直供产品，品质有保障，降低了中间费用。垂直型电商平台多为某一行业的专用电商平台，如化工网等。

3. 公司型电商平台

公司型电商平台是企业为自身产品创建的，便于用户进行网上交易与洽谈的平台。这类电商平台是完全独立的电商平台，不受第三方平台的约束和限制，具有数据处理能力强、网络运行效率高等优势，但是网络平台的安全管理能力较弱且技术支持相对缺乏。

公司型电商平台不仅为企业自身的产品销售提供了场地，还有利于企业形象的塑造。对于用户而言，有了了解产品生产商的渠道，对掌握产品质量、了解产品背后的故事都有帮助。随着互联网的发展，大多数公司都有了自己的网站，但这些网站更多的是起到信息展示的作用，只有一些大型公司才拥有可进行购物与商务洽谈的平台，如海尔商城、华为商城、小米商城等。

课堂测评

测评要素	表现要求	已达要求	未达要求
知识点	能掌握电商平台营销的含义		
技能点	能初步认识电商平台营销的策略		
任务内容整体认识程度	能概述电商平台营销与传统营销的区别		
与职业实践相联系程度	能描述电商平台营销的实践意义		
其他	能描述本课程与其他课程、职业活动等的联系		

11.2 电商平台营销准备

根据层级的不同，电商平台营销的准备也不同。那么，电商平台营销准备工作有哪些，操作过程又有哪些基本要求呢？

电商平台营销准备工作主要包括店铺数据分析、店铺商品搜索优化和店铺商品内容优化等方面。这里以淘宝网网店为例进行介绍。

11.2.1 店铺数据分析

数据分析是电商运营的重要基础，对营销的很多方面都有着直接的影响，包括用户获取、营销组合、粉丝维护、市场细分和促销策略等。不管是市场、用户，还是竞争环境，只要通过数据分析的形式表现出来，就可以使店铺运营更加科学、有效。

1. 店铺数据分析的意义

随着数据时代的到来，各行各业的经营发展开始注重数据分析思维。通过数据，店铺运营人员可以了解产品的好坏、用户的喜爱程度，从而用数据解决产品存在的问题。

（1）发现问题。与专业的数据分析师相比，商家主要分析的是店铺数据，要做到随时监控全店各类数据，及时发现数据异常状况并及时制订解决方案。店铺数据反映店铺的经营状况，如果店铺数据突然出现异常，表明存在一些不利因素。

（2）分析问题。商家在发现店铺数据问题后，需要解决问题，解决方案一般应做到有的放矢。例如，店铺浏览量和访客数波动不大，但是成交额却大幅度下滑，出现这样的数据，说明经营异常。这时，商家首先要分析数据波动的原因，如果浏览量和访客数都没有发生变化，说明引流没问题，是转化率下降了。接着观察成交额波动的时间点，即从什么时候开始下滑、在成交额下滑的时间点店铺是否发生变化，如是否更改了店铺或产品详情页的装修。如果店铺未发生变化，再分析产品的应季情况，并通过行业市场分析目前的成交情况等。

（3）积累经验。分析异常数据不仅可以优化店铺运营，还可以帮助商家积累经验，建立历史档案。除了分析异常数据外，如果店铺运营状况较好，商家也可以观察数据规律，积累相关经验，将其应用到其他产品推广上，为店铺带来更大的收益。

（4）决策建议。数据分析在店铺运营中体现了多重功能，可以为商家的运营决策提供很多参考，如测款、选款、预测库存周期、预测市场变化等。商家通过数据的对比分析，可以选择更加适合推广的产品，减少盲目投入。此外，通过观察和对比分析用户行为数据，商家还可以制定更合适的促销活动或推广方案。

2. 店铺数据分析的操作

店铺数据分析主要通过观察、调查、测验等手段，将店铺运营的各方面情况通过数据反映出来，以帮助商家了解店铺的基本情况，及时进行店铺运营策略的调整。因此，运营人员必须学会各种数据分析操作。按时间顺序，店铺数据分析主要分为以下3个阶段的分析。

（1）店铺定位阶段的数据分析。电商店铺运营有一个基本前提，就是能够找到有潜力的市场和稳定、优质的货源。对于想要从事电子商务行业的人员来说，首先要对自己的资金、货源进行预估，对当前市场的销售情况、市场前景、市场竞争环境和发展趋势进行判断；然后根据市场的实际情况选品，并对产品进行定位，如适合做低端、中端还是高端产品等；最后在对各种主要数据进行分析的基础上，为自己的店铺建立一个清晰的定位。

（2）店铺运营规划阶段的数据分析。运营人员需要对店铺的运营方向进行规划，如产品标题设置、产品上架时间规划、推广人群规划和推广策略规划等。产品上架前，运营人员可以分析行业类目上架时间、目标用户群浏览时间、上一年度行业类目销售情况等数据，得出产品适合上架的时间，提前做好规划维护，争取抢占部分市场。同时，分析访客流量入口多、二次跳转率高的页面和畅销产品页面，做好相应的规划，尽可能提高流量的利用率。在推广产品或店铺时，运营人员可以分析产品的适合推广人群、目标消费人群的性别组成、适合推广的地域等，根据分析结果设置适合的店铺风格和制订相应的推广方案。如果店铺经营类目具有明显的季节性，还需要根据淡季和旺季的销售情况制定不同的运营策略。

（3）店铺运营中的数据分析。在产品上架销售后，商家需要时刻关注产品的数据情况，如产品访客、流量、转化率、复购率、客单价、浏览的页数、跳失率、平均停留时长等，通过这些数据了解产品在一个固定时间段内的销售情况，并根据得出的数据及时做好产品销售策略的调整。此外还要注意，在分析产品数据变化趋势的过程中，客服数据、物流数据等也是不容忽视的部分，其对店铺运营效果有很大影响。

营销案例11-2

拼多多上线穿搭电商App

11.2.2　店铺商品搜索优化

店铺商品搜索优化隶属于SEO，是其特有的一个分支。为了更好地实现电商平台的营销工作，店铺商品搜索优化是非常必要的前期准备工作。这里以淘宝搜索为例，介绍进行店铺商品搜索优化（淘宝SEO）时需要掌握的内容。

1. 淘宝搜索的优化

淘宝搜索主要针对淘宝网进行站内搜索，为用户提供C2C的购物搜索结果。淘宝SEO是指通过各种优化技术和手段，获取更多淘宝站内的自然流量，提高店铺或商品的展示量，达到提高销售量的目的。淘宝SEO包含的内容较多，综合排名SEO、移动端淘宝SEO、人气排名SEO等都属于淘宝SEO的范畴。其中，综合排名SEO是淘宝SEO的重点。综合排名页面是淘宝搜索的默认展示页面，在用户搜索过程中，几乎90%的搜索结果都是以综合排名的方式进行展现的。

2. 淘宝搜索的基本逻辑

淘宝搜索的基本逻辑主要包括搜索、展现、点击、浏览四个部分。用户搜索关键词的过程就是淘宝搜索的过程，店铺或产品的大部分自然流量都产生于该过程。由于淘宝网上商家众多，用户在搜索产品后有成千上万种选择，他们不可能浏览所有产品，通常只关注淘宝搜索结果中前几页的产品。因此，商家要想获得更多流量，就必须让自己的产品排名靠前，这也是店铺运营人员优化淘宝搜索的主要原因。

3. 淘宝标签

淘宝标签是淘宝搜索引擎筛选产品的一种标志，是淘宝SEO中必不可少的一个因素。商家为店铺商品添加标签后，对商品排名、商品点击率和商品转化率的提高都十分有益。

此外，添加标签的商品更加容易定位到精准的用户人群。例如，当用户搜索提供"赠送退货运费险""7天无理由退货"等服务的商品时，拥有这些标签的商品将优先展示，从而获得更多的展示机会。

4. 与搜索量相关的主要因素

淘宝平台的店铺运营中，其中最重要的就是店铺中的商品排名，如果商品排名不是很高，出现在搜索结果中的概率就非常小。只有拥有足够的搜索量、足够的展示机会，店铺和商品才有可能获得足够多的免费流量，进而实现提高转化率的目的。

（1）三大排序形式。淘宝网上，商品的搜索排名有综合排序、销量排序、信用排序三种主要形式。①综合排序。这是淘宝网默认的搜索排序模式，也是众多商家研究和关注的重点。综合排序是由淘宝后台系统对同类型商品的各个权重进行计算后得出的排名，影响淘宝商品综合排序的因素有很多，如商品相关性、综合评分、商品人气等。其中，商品相关性主要包括类目、属性、标题三个要点，即店铺发布的商品必须与商品的标题、类目和属性等相符，如果涉嫌弄虚作假，商品将难以获得展示机会。综合评分就是店铺的动态评分，其内容主要包括商品与描述的符合性、商家服务态度以及商家发货速度等方面，评分越高，商品可获得的自然流量越多。商品人气是指商品的受欢迎程度，影响商品人气的主要因素包括销量、收藏量、好评率、流量、点击率等。②销量排序。销量排序是指按照商品的收货人数进行排序。③信用排序。信用排序是指按照商家信用等级排序。影响商家信用等级的主要因素是用户对商家的综合评价。

（2）关键词。淘宝网中商品标题由多个关键词组合而成。①按照关键词类型分类。如果按照关键词类型分类，可将淘宝网中商品标题关键词分为核心词、意向词和长尾词。核心词是指描述商品主要特质的词语，如连衣裙、衬衣等。意向词即次要关键词，是附加描述商品性质的词语，如新款、棉麻等。长尾词是指搜索量不大、竞争不激烈，但转化率较高的关键词。长尾词通常较长，多由2～3个词语或短语组成，如海边度假雪纺连衣裙。②按照搜索量和竞争热度分类。如果按照关键词的搜索量和竞争热度进行划分，可以将淘宝网中商品标题关键词分为热词、温词和冷词。一般来说，热词是指用户经常搜索且竞争激烈的词语，即大部分用户喜欢使用该词语搜索商品，同时大部分店铺也会将该词语放入商品标题中，如长裙、修身长裙等。温词也称一般关键词，相对于热词而言，搜索人数少，同时竞争不那么激烈，如学生长裙、品牌长裙等。冷词的搜索量一般非常低，同时竞争也不激烈，如草原长裙、莫代尔长裙等。

（3）点击率。提高商品搜索量的目的是获得更高点击率，点击率的高低直接决定商品流量的多少。例如，某商品展现1 000次，点击率为1%，表示点击该商品的人数是10人；如果点击率为10%，表示点击该商品的人数是100人。当然，商品点击率不仅会影响商品流量，还会影响商品排名。淘宝商品的排名受多种因素的影响，其中店铺转化率是主要因素之一。店铺转化率包括浏览转化率和下单付款转化率。浏览转化率即用户浏览商品后成功交易的概率，如果商品的点击率低，浏览转化率就低。当淘宝后台系统检测出商品的展示率高但点击率低时，就会降低商品的排名。

11.2.3 店铺商品内容优化

淘宝SEO的目的是让用户看到商品，所以接下来需要优化商品的主图和详情页。其中，主图优化的目的是让用户点击查看商品，详情页优化的目的是让用户购买商品。

1. 主图设置环境引导

环境引导是指通过将商品放置到实际使用环境中展示，让用户产生代入感，从而增强用户的购物欲望，提高点击率，如棉鞋的环境对比拍摄效果、文字衬托茶叶罐的效果等，如图11-1所示。

图11-1 主图设置环境引导

2. 主图展示卖点

对于部分实用商品，特别是功能性商品而言，要想引入大量流量，仅设置美观的图片是不够的，还需要展示足够的卖点来激发消费者的购买欲望。卖点一般在商品详情页中展示。为了快速抓住消费者，也可在主图中展示有代表性的卖点。由于主图图片大小有限，因此卖点必须简练明确，这就需要商家深入分析目标消费人群的特点，挖掘他们真正的需求。一般来说，商品性能、特点、价格、质量、促销信息、细节等都是消费者想要了解的信息，都可作为卖点展示在主图中，如以商品使用图、细节图的形式进行展示，还能以商品的配套件或赠品的形式进行展示，也可搭配文案进行展示。图11-2所示的主图突出了手机钢化膜的"复古"卖点。

图11-2　主图展示卖点

3. 主图文案优化

主图文案内容应比较简洁，能够直击要点。同时，主图在排版、文案颜色、图文比例上也有一定的要求。

（1）排版。文案通常有左右排版、中心对称排版、中心环绕排版、上下排版等排版方式，具体采用哪种排版方式要根据实际效果决定。例如，较规则的、整体呈长方形的产品，可以采用中心对称排版或左右排版的排版方式，不规则的产品可以采用上下排版或中心环绕排版的排版方式。文案排版如图11-3所示。

图11-3　文案排版

（2）文案颜色。文案颜色应尽量根据商品颜色来确定，如选择同色系或者补色系，以保持整个主图效果的和谐。

（3）图文比例。为了使主图效果重点突出，在搜索结果页面中更具优势，一般产品所占比例应保持在整个版面的2/3以上，文案内容建议不超过整个版面的1/2。

4. 详情页内容定位

分析目标消费人群，是为了找准详情页内容的定位，结合产品特征整理出完整的思路，设计出符合目标消费人群的内容。例如，某零食店分析出的目标消费人群为年轻女性，可针对年轻女性的性格特征设计与她们喜好相符的页面风格；某店的目标消费人群是小朋友及其家长，可以设计童趣的卡通风格来迎合小朋友及其家长的喜好。一般来说，目标消费人群定位应尽量建立在数据分析的基础上，不要凭借主观臆断做决定，避免定位错误。

5. 详情页展示商品细节

展示商品细节通常就是展示商品质量，质量也是用户关注的问题之一。质量好的商品可以提高用户的购买欲望，提高用户的访问深度，提高商品转化率。质量的展示可以是多方面的，功能、性能、工艺、参数、材质、细节、性价比等都是展示商品质量的因素。商家在展示商品质量时，应该注意展示方法，如在展示参数、性能、工艺等时，不要直接使用烦琐的文字和数据，应使用简单、直白的图文搭配方式进行展示，让用户能够一目了然。在展示功能、细节、性价比时，通常使用图片搭配简单文案的方式，以图片为主，以文案为辅，注意详情页的整体视觉效果，突出商品本身。详情页展示商品细节如图11-4所示。

图11-4　详情页展示商品细节

课堂测评

测评要素	表现要求	已达要求	未达要求
知识点	能掌握电商平台营销准备的内容		
技能点	能初步认识电商平台营销准备的操作		
任务内容整体认识程度	能概述电商平台营销与传统品牌营销的关系		
与职业实践相联系程度	能描述电商平台营销的实践意义		
其他	能描述本课程与其他课程、职业活动等的联系		

11.3　电商平台营销工具应用

大多数电商平台上都有着十分丰富的营销工具，用来帮助平台商家顺利开展营销活动。一般来讲，电商平台为商家提供的营销工具都需要付费使用，如果运用得当，可以给商家的店铺带来可观的流量。那么，这些工具有哪些呢？

电商平台上营销工具的针对性不同，所带来的营销效果也不同。这里主要以淘宝网中的淘金币、淘宝直通车、淘宝超级直播等营销工具具体介绍电商平台营销工具的应用及对商家开展营销活动的影响。

11.3.1　淘金币的应用

淘金币工具指淘宝平台向活跃的高质量用户奖励淘金币（淘宝网的一种虚拟积分），用户在提供淘金币抵扣的产品交易中使用淘金币可获得一定折扣，卖家在交易中赚取淘金币，并通过花费淘金币获得平台流量，增强店铺用户黏性。卖家通过开通淘金币工具可以获得更多优质用户、稳定流量和提高转化率。

卖家可在淘宝网首页顶部导航栏中单击"千牛卖家中心"超链接，进入千牛卖家中心后台，单击左侧功能面板中"营销中心"选项右侧的展开按钮，在打开的列表中单击"淘金币"超链接，打开"淘金币卖家服务中心——首页"页面，在"金币工具推荐"栏中可查看淘金币工具类型，包括全店金币抵扣、金币频道推广、金币店铺粉丝运营等。

1. 全店金币抵扣

开通卖家全店金币抵扣工具后，买家下单购买店铺支持抵扣的商品时，可使用淘金币抵扣一定比例的商品金额（通常是100金币抵扣1元），可促进销售。同时，卖家可获得相应的淘金币（抵扣金币的70%存入卖家淘金币账户，30%回到淘金币平台）。例如店铺中A商品金币抵扣比例为5%，活动价为100元，当用户金币足够时，购买商品实际支付金额为"95元+500金币"；店铺可获得350（500×70%）金币。卖家获得的淘金币，可用于置换淘金币频道官方流量资源，供后期店铺营销活动使用。符合开通条件的卖家可以在"金币工具推荐"栏中单击"全店金币抵扣"选项中的"去看看"按钮，进入"淘金币卖家服务中心——工具页"页面，在"淘金币全店抵扣工具"栏中单击"未开通"按钮，开通该工具，然后设置全店商品的淘金币抵扣比例、参与高比例抵扣活动的商品、不参与淘金币抵扣活动的商品。

2. 金币频道推广

卖家开通金币频道推广工具后，店铺中的商品将获得淘宝网中淘金币频道的推荐。需要注意的是，全店金币抵扣工具的开通，是店铺参与淘金币频道推广的必要条件，并且店铺至少应有10 000淘金币。

卖家开通金币频道推广工具3~5天，店铺的抵扣商品可被淘宝平台抓取到淘金币频道，进行个性化推广，商品展示不收取淘金币，当用户点击商品时，系统同步扣除卖家店铺的淘金币，不同类目、不同类型的商品扣除的淘金币数量不同（其推广原理为：卖家提供淘金币让平台推荐商品，获得展示机会，当用户点击商品后，消耗掉一定数量的淘金币）。淘宝平台抓取推广商品时，会择优选择品牌知名度高、店铺综合能力强、商品综合质量高、用户偏好度高的淘金币抵扣商品。符合开设条件的卖家可以进入"淘金币卖家服务中心"页面，在"金币工具"选项卡的"淘金币频道基础推广"栏中开通该工具。

3. 金币店铺粉丝运营

金币店铺粉丝运营是淘宝网中店铺的引流增粉营销工具，要开通该工具，店铺至少应有10 000淘金币，且必须开通全店金币抵扣工具。金币店铺粉丝运营工具的应用与金币频道推广工具的应用相似，卖家开通金币店铺粉丝运营工具后，淘宝通过推荐算法帮助卖家精准找到潜在用户和已购用户，对完成浏览店铺、关注店铺、点击定向商品或观看直播等任务的用户给予淘金币作为奖励，以此为店铺引流增粉。符合开设条件的卖家可以进入"淘金币卖家服务中心"页面，在"金币工具"选项卡的"淘金币店铺粉丝运营"栏中开通该工具。

11.3.2　淘宝直通车的应用

淘宝直通车是阿里妈妈旗下的付费营销工具。根据店铺的实际情况和推广需求，淘宝商家可以选择适合自己的直通车推广方案。商家进入千牛卖家中心，在"营销中心"栏中单击"我要推广"超链接，在打开的页面中选择"淘宝／天猫直通车"选项，进入直通车推广页面后，在"我的推广计划"栏中单击"新建推广计划"按钮，即可开始制订直通车推广方案。图11-5所示为淘宝/天猫直通车入口。

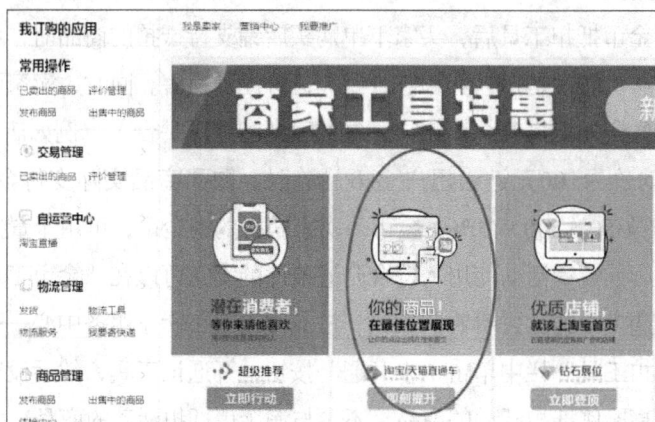

图11-5　淘宝/天猫直通车入口

直通车推广是卖家通过设置关键词来推广商品，淘宝会根据用户搜索的关键词在直通车展示位展示相关商品，用户点击商品产生流量，淘宝网依据直通车流量的点击数和点击单价进行收费。用户点击展示位的商品后，将产生一次店铺跳转流量；用户通过该次点击继续查看店铺其他商品时，可产生多次店铺跳转流量，从而形成以点带面的关联效应。此外，直通车可以多维度、全方位地提供各类报表以及信息咨询。

1. 直通车推广的优势

拥有足够的流量，才有可能拥有更高的成交量、收藏量、加购量、转化量和盈利。对于很多中小卖家来说，直通车是其获得流量经济较快捷的方式。

（1）优选位置展现。直通车推广在淘宝的手机端和PC端都有专门的展示位置，这些展示位置十分显眼，非常容易被用户看到。排序越靠前，展示位置越好。

（2）降低推广费用和风险。直通车推广采用免费展现、点击收费模式。只有当消费者点击了产品后，才会产生费用；同时系统会智能过滤无效的点击，帮助卖家精准定位合适的用户人群。

（3）中小卖家的推广利器。淘宝直通车推广对中小卖家比较友好，不但推广效果十分明显，可以在短时间内提高店铺流量，而且推广费用也在中小卖家的可接受范围内。小投入、大收益，可帮助卖家在运营前期快速积累店铺资质。

2. 直通车产品展现原理

淘宝直通车具有精准推广的特点，其展现对象一般是具有精准购物需求的潜在消费者。直通车产品展现原理为：卖家设置关键词，直通车匹配关键词给用户，用户点击商品产生流量。其具体展现形式如下。

（1）卖家为需要推广的商品设置相应竞价词、出价和推广标题，淘宝直通车根据卖家设置的关键词，将商品推荐到搜索该关键词的用户的搜索页面。

（2）用户在淘宝网中输入关键词或按照商品分类搜索时，就会在直通车的展示位置看到相关的直通车商品。

（3）直通车展示免费，点击计费。用户在直通车推广位置点击展示的商品图片进入商品详情页时，系统会根据推广时设定的关键词出价或类目收费。

3. 直通车排名

与淘宝搜索排名一样，直通车排名越靠前，展示就越靠前。直通车排名是由关键词出价和质量分综合决定的。关键词出价是指卖家在进行关键词竞价时设置的价格，即用户点击直通车展示位的商品、查看商品详情时的最高价格。关键词出价越高，直通车排名就越靠前。质量分是根据推广创意的效果、关键词与商品的相关性、用户体验等因素综合评定的分数。高质量分可以让卖家花费更少的推广费用，获得更靠前的排名。直通车推广实行点击扣费，单次点击扣费计算公式如下。

$$单次点击扣费=（下一名出价 \times 下一名质量分）/本人质量分+0.01元$$

直通车单次扣费的最高额度为卖家设置的关键词出价，依据公式计算得出的金额小于关键词出价时，系统将按照计算公式的值扣费。卖家的质量分越高，需要付出的单次点击扣费就越少。因此，质量分越高，不但直通车排名越靠前，而且所需要付出的推广费用也越少。

11.3.3 淘宝超级直播的应用

淘宝超级直播是一款专为淘宝主播和卖家提供的在直播过程中快速提高观看量、增加粉丝互动，进而促进转化的直播营销工具。

1. 淘宝超级直播的优势

（1）简单。只需要通过淘宝主播App或PC直播后台，在直播中单击"推广"按钮，设置营销目标后，即可一键推广。

（2）极速。算法机制升级，极速引流，配合直播节奏，实时投放，实时获取流量，最少可设置半小时维度的推广。

（3）高效。匹配不同的营销诉求，智能人群推荐，精选人群，配合人群定向，可以快速帮助卖家圈定人群，获取流量，提升优化效果。

2. 淘宝超级直播展示原理

系统会依据卖家的投放方式智能匹配和卖家直播间相契合的消费人群，帮助卖家的直播间获取更多观看次数，有助于提高卖家商品的收藏加购。超级直播单次投放金额100元起，系统会依据卖家的投放方式预估直播带来的观看次数，预估值仅供参考，详细数据以系统实际的展现效果为准。

3. 淘宝超级直播效果监测

淘宝超级直播工具提供了实时效果和历史效果的查看功能。淘宝超级直播实时报表能够查看耗费、直播间观看次数；淘宝超级直播历史报表能够查看耗费、直播间观看次数、直播间互动量、均匀互动次数、均匀观看时长（秒）等。

（1）实时效果。通过淘宝主播App进入正在直播的直播间，从下方"更多"位置进入，单击"推行"按钮即可看到当前正在投放的订单效果及订单详情。

（2）历史效果。通过淘宝主播App首页找到"付费推行管理"选项，进入推行管理订单列表页面，可以看到汇总的直播订单效果数据，如想要查看单个直播间的历史投放效果，单击"直播订单"按钮即可查看详细数据；借助淘宝直播PC流量宝典——超级直播，进入推行管理页面，能够在"我的订单"页面中查看详细的效果数据。

课堂测评

测评要素	表现要求	已达要求	未达要求
知识点	能掌握电商平台营销工具的类型		
技能点	能初步认识电商平台营销工具的应用		
任务内容整体认识程度	能概述电商平台营销工具与网络营销的联系		
与职业实践相联系程度	能描述电商平台营销工具的实践意义		
其他	能描述本课程与其他课程、职业活动等的联系		

小　结

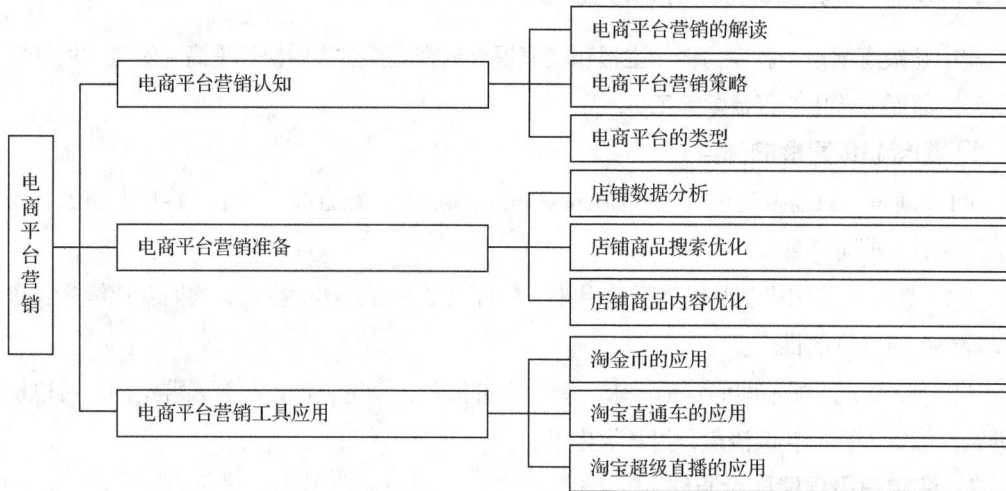

教学做一体化训练

重要名词

电商平台营销　　垂直型电商

课后自测

一、单项选择

1. 电商平台营销的特点是开展定制营销的核心和组织者是（　　）。

   A. 电商平台　　　　　　　　　B. 电商技术

   C. 信息技术　　　　　　　　　D. 电商卖家

2. 直接低价定价策略指采用考虑成本和一定利润，有的甚至是（　　）的方式定价。

   A. 高利润　　　　B. 低利润　　　　C. 负利润　　　　D. 零利润

3. （　　）是淘宝SEO优化的重点。

   A. 综合排名SEO　　　　　　　B. 移动端淘宝SEO

   C. 人气排名SEO　　　　　　　D. 互动SEO

4. 关键词出价越高，直通车排名就越（　　）。

   A. 靠前　　　　B. 靠后　　　　C. 明显　　　　D. 有大的影响力

5. 开通金币店铺粉丝运营工具，店铺至少应有（　　）淘金币。

   A. 1 000　　　　B. 10 000　　　　C. 100　　　　D. 10

二、多项选择

1. 电商平台营销的优势包括（　　）。

   A. 信息优势　　　B. 技术优势　　　C. 平台优势　　　D. 价值的转化

2. 根据运营模式的不同，将水平型电商平台分为（　　）。

   A. 水平型B2B电商平台　　　　B. 水平型B2C电商平台

   C. 水平型C2C电商平台　　　　D. 垂直型电商平台

   E. 专业型电商平台

3. 淘宝搜索基本逻辑主要包括（　　）。

   A. 搜索　　　B. 展现　　　C. 点击

   D. 浏览　　　E. 转化

4. 淘宝直通车产品展现原理为（　　）。

   A. 卖家设置关键词　　　　　　B. 直通车匹配关键词给用户

   C. 用户点击商品产生流量　　　D. 具体展现商品形象

5. 淘宝超级直播的优势包括（　　）。

   A. 简单　　　B. 极速　　　C. 高效　　　D. 低效

三、判断

1. 公司型电商平台与第三方平台构成互相制约关系。　　　　　　　　　　（　　　）
2. 影响商家信用等级的主要因素是电商平台对商家的综合评价。　　　　（　　　）
3. 分析电商运营数据时，只要关注销售数据就行，客服数据、物流数据可以忽略。
　　　　　　　　　　　　　　　　　　　　　　　　　　　　　　　　（　　　）
4. 温词也称作一般关键词。　　　　　　　　　　　　　　　　　　　　（　　　）
5. 淘宝直通车可以实现精准推广。　　　　　　　　　　　　　　　　　（　　　）

四、简答

1. 什么是电商平台营销？
2. 电商平台营销的特点主要有哪些？
3. 电商平台营销的策略有哪些？
4. 垂直型电商平台有哪些特点？

案例分析

抖音的兴趣电商
助农活动

📖 同步实训

实训名称：电商平台营销活动认知。

实训目的：认识电商平台营销活动，理解其实际意义。

实训安排：

1. 学生分组，选择不同类型的电商平台，搜集一些营销活动案例，归纳分析活动过程设计、效果监测方法，选择一些有趣的细节，讨论分析，总结概括出这些活动能够给商家带来的影响。

2. 学生分组，收集身边的一些企业开展电商平台营销活动的案例，选取一个企业，分析讨论，并概括其电商平台营销的目标人群。

3. 分组将讨论成果以PPT形式进行展示，并由教师组织全班讨论与评析。

实训总结：学生小组交流不同企业、行业的分析结果，教师根据讨论成果、PPT、讨论分享中的表现分别对每组进行评价打分。

📈 学生自我学习总结

通过完成任务11电商平台营销，我能够进行如下总结。

一、主要知识

概括本任务的主要知识点：

1.

2.

二、主要技能

概括本任务的主要技能：

1.

2.

三、主要原理

你认为，电商平台营销与传统营销的关系是：

1.

2.

四、相关知识与技能

1. 电商平台营销的意义有：

2. 电商平台营销的特征有：

3. 淘宝直通车推广的意义是：

五、成果检验

1. 完成本任务的意义有：

2. 学到的知识或技能有：

3. 自悟的知识或技能有：

4. 对我国开展电商助农活动的初步看法是：

网络营销策划

学习目标

1. 知识目标
- 能认知网络营销策划的含义
- 能认知网络营销策划的要素
- 能认知网络营销策划的流程
2. 能力目标
- 能分析网络营销策划方案
- 能策划网络品牌营销方案
- 能策划网站推广方案
3. 素养目标
- 激发创新意识
- 树立国货自信心

视野拓展

三只松鼠网络
品牌策划

任务解析

根据网络营销职业学习活动顺序，本任务可以分解为以下子任务。

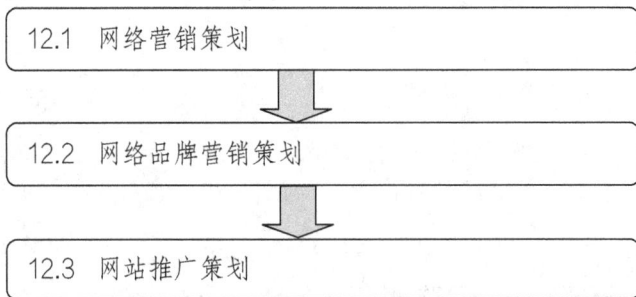

12.1 网络营销策划

12.2 网络品牌营销策划

12.3 网站推广策划

课前阅读

2023年春运期间，哔哩哔哩做了一个特别策划，发布了视频短片《第3 286个站》，该短片围绕"过年回家"的主题，内容朴实真诚，直击人心，记录了春运期间无数个感人的瞬间。

《第3 286个站》用镜头记录了那些行色匆匆的年轻人在回家途中的各种真实场景，既展现了中国年轻人的春运日常，也表达了他们的真情实感。该视频短片发布后，在哔哩哔哩、视频号、微博等平台的播放量迅速突破百万。在春节气氛的渲染下，每个人都能从该视频短片中找到熟悉的自己。

"真诚永远是网络营销的必杀技"。在2023年春运的最后一天，中国铁路给哔哩哔哩回信了。在回信中，中国铁路以拟人的视角告诉第3 286个站——哔哩哔哩，全国3 285个站不仅完成了哔哩哔哩的嘱托，安全护送了往返故乡的年轻人，更真实记录了全国百万铁路工作者的辛劳付出和默默坚守。

每一个车站都是一个家乡，每一张车票都是一份牵挂。在15.5万千米的铁路线和4.2万千米的高铁线上，在所有的3 285个客运站里看得见或看不见的地方，中国铁路的火车司机、检修工、接触网工、养路工、上水工、信号工等工作人员都坚守在岗位上，只为圆更多人回家过年的梦想，只为让故乡到远方的脚步充满力量，让远方到故乡的思念不再漫长。

中国铁路的意外回信，不仅引发了全国各地铁路官方账号纷纷转发，甚至新华社、央视新闻等众多央媒也积极参与转发。央视新闻等权威媒体的背书，拔高了哔哩哔哩品牌春节营销的立意。

品牌春节营销案例有很多，仔细研究，就可以发现一些营销策划技巧上的共性。有的策划从打造超级符号入手，也有的策划通过群像式手法沟通，讲好过年故事，唤醒大众的共情心理，还有的策划走仪式感营销路线，营造迎新气氛，与用户群体建立起深度的情感链接。

无论选择哪一种网络营销策划，唯有洞察才能得人心，唯有真诚才是永远的必杀技。

读后问题：

（1）你怎样评价哔哩哔哩的营销策划？

（2）从活动效果看，你觉得哔哩哔哩获得了哪些营销效果？

12.1 网络营销策划

网络营销活动中，营销人员首先应该对整体工作做出规划，包括制定网络品牌策略、网站推广策略、产品策略、价格策略、促销策略、渠道策略以及客户服务策略等。营销人员进行网络营销策划时既要考虑系统性，还需考虑创新性。那么，网络营销策划具体指什么呢？

微课

网络营销策划

12.1.1　网络营销策划的解读

"凡事预则立，不预则废"，这就是策划的意义所在。那么，什么是策划呢？简单来说，策划是让实践活动获取更佳效果的智慧，它是一种创造行为。

1. 网络营销策划的含义

策划是个人、企业为了达到一定的目的，在充分调查市场环境及相关联的环境的基础之上，遵循一定的方法或者规则，对未来即将发生的事情进行系统、周密、科学的预测并制定科学可行的方案的过程。

重要名词12-1

网络营销策划

简单来讲，网络营销策划就是企业营销人员为了达成特定的网络营销目标而进行的策略思考和方案规划的过程。

网络营销策划可以划分为网络营销盈利模式策划、网络营销项目策划、网络营销平台策划、网络推广策划和网络营销运营系统策划。

2. 网络营销策划的要素

企业要想做好网络营销策划，必须运用系统思维，在网络营销策略、网络营销创意和网络营销运营系统三个核心要素方面下足工夫。

（1）网络营销策略。策略从市场分析中来，只有深入分析行业、竞争对手、目标消费者和企业自身，得出自己的优势、劣势、机会和威胁，才能扬长避短、抓住机会，找到适合自己的正确策略。不同行业、不同企业、企业的不同阶段均有不同的策略，企业需要根据自身的实际资源发挥自己的优势，理清自己的网络营销模式、用户定位，定位网络营销策略。

（2）网络营销创意。创意是打破常规的哲学。一般情况下，传统中小企业在网络营销中的创意主要用在产品销售、品牌策划和网络传播中。

（3）网络营销运营系统。运营系统简单来说就是执行策略、达成目标的执行系统。其重点是建立企业网络营销推广体系及推广制度，包括主流网络营销推广系统的账号体系建立等。构建网络营销运营系统，要做到人岗匹配、各司其职。需要注意的是，系统一定要根据策略构造，否则就会出现不匹配的问题。

营销案例12-1

同仁堂网络营销策划

12.1.2　网络营销策划的流程

网络营销策划包含以下环节。

1. 确定营销目标

伴随着互联网的快速发展，越来越多的企业开始注重网络营销，但很多企业在网络营销方面投入了大量资金，却没有得到理想的效果。这些企业的失误在哪里？这是因为这些企业没有走好网络营销的第一步——营销目标定位。很多企业对自己的网络营销目标没有任何定位，只要求自己的网站访问量越高越好，而忽略了企业自身的特点以及相对应的营销模式。所以在做网络营销策划前，首先要明确营销目标，要明确这次营销是追求IP形象、追求流量、追求注册量，还是追求销售量、追求品牌知名度等。如果目标不明确，推广工作做得越多，资金使用越多，反而越迷茫，这就是传统企业转型互联网企业后容易产生迷茫的地方。

2. 识别目标用户

确定营销目标后，接下来就要认真识别企业的目标用户，如营销目标是追求IP形象，就要了解哪些用户最容易点击网站；如果营销目标是追求销量，就要了解哪些用户最愿意购买企业的产品。

在网络营销策划中，往往有多种不同的营销目标。例如对一家带有商务性质的论坛来说，既要追求品牌与口碑，又要追求流量；既要追求注册用户数，又要追求帖子量；更重要的是追求转化率和销售额。而能够帮助这个网站进行口碑传播的，不一定是论坛里面的活跃用户；天天在论坛里面不停发帖的，不一定会产生消费；而那些有购买需求的用户，可能根本就不愿意在论坛注册。此时要明确不同目标针对的不同用户群，给目标用户分类。对于网络营销来说，用户可以分为能够带来收入的用户、能够带来流量的用户、能够带来内容的用户、能够带来口碑的用户等。

3. 目标用户画像

识别目标用户只是初步明确了用户定位，营销人员还需要进一步分析哪些用户是企业的精准用户，明确目标用户的特征，得出用户画像。

不同自然属性、社会属性的用户喜好不同，针对他们的营销策略也就不同。例如，年龄偏小的用户，喜欢追逐时尚潮流，针对他们进行营销时，页面风格要时尚一些，文字要体现出前卫感。而年龄偏大的用户，则比较成熟稳重，喜欢有内涵的内容，对这类用户进行营销时，页面风格要成熟一些，文字要有内涵。

除了自然属性、社会属性，还要研究用户需求，弄清楚用户喜欢哪方面的内容、信息、资源以及想解决的问题或困难等。

4. 找寻目标用户集中的平台

分析目标用户的需求后，要找寻、明确目标用户集中的平台。营销人员要根据大数据分析结果，结合用户特征和需求进行分析。如果发现用户的主要需求是浏览文章，就需要寻找目标用户常去浏览文章的网站；如果用户上网做得最多的事是与人交流，就需要把用户常去的社交平台筛选出来；如果用户喜欢在QQ群交流，就要明确是哪一类主题的QQ群；如果用户喜欢用搜索引擎查找信息，就需要将用户经常搜索的关键词列出来。将上述信息列出来，越详细越好。

5. 撰写并执行网络营销策划方案

经过前面的步骤，网络营销的用户、卖点、渠道都已经比较明确，接下来需要将网络营销策划方案撰写出来并按照方案执行到位。

（1）网络营销盈利模式策划。该过程主要解决通过什么途径盈利的问题。

（2）网络营销项目策划。该过程主要解决我们是谁、我们做什么、我们的核心优势是什么、我们的目标是什么、我们应该怎样实现目标等宏观层面的问题，同时需要为具体的行动编制行进路线和进行进度控制。

（3）网络营销平台策划。是建设网站，还是借助第三方平台做营销？这需要和盈利模式相匹配。例如建设网站，该过程要解决网站在结构逻辑、视觉、功能、内容、技术等方面怎么规划的问题。

（4）网络推广策划。该过程要解决网站怎么推广、品牌或产品怎么推广、怎么吸引目标用户、通过什么手段进行推广、有什么具体的操作细节和技巧、怎么执行等问题。

6. 营销活动效果检测与评估

进行营销活动效果检测与评估需做以下工作。

（1）营销数据监测。通过监控网站数据，营销人员可随时了解网站基本情况。营销数据监测工具包括CNZZ、百度统计等，也可以建立详细的数据检测表。

（2）采用合理的营销指标。营销指标包括IP数、PV、注册用户数、活动参与人数、作品转载数、订阅数等。作为评估依据，指标的选取要合理。指标可以依据经验推算、实际测试得出，可与同行数据、行业数据或与传统渠道数据进行对比。

重要信息12-1

网络营销策划书

课堂测评

测评要素	表现要求	已达要求	未达要求
知识点	能掌握网络营销策划的含义		
技能点	能初步认识网络营销策划流程		
任务内容整体认识程度	能概述网络营销策划与传统营销策划的区别		
与职业实践相联系程度	能描述网络营销策划的实践意义		
其他	能描述本课程与其他课程、职业活动等的联系		

12.2 网络品牌营销策划

在今天，品牌是让产品产生溢价、增值的一种无形的资产，增值的源泉来自用户心中形成的关于其载体的印象。那么，网络品牌营销策划是什么呢？

12.2.1 网络品牌认知

品牌是人们对一个企业及其产品、售后服务、文化价值的一种评价和认知，是一种信任。品牌是一种商品综合品质的体现和代表，当人们想到某一品牌时会和时尚、文化、价值等联系到一起。当品牌文化被市场认可并接受后，品牌才产生市场价值。

1. 网络品牌的含义

品牌是制造商或经销商加在商品上的标志，由名称、符号、象征、设计及它们的组合构成。那么，网络品牌指什么呢?

网络品牌有两个方面的含义:一是通过互联网手段建立起来的品牌,二是互联网对线下既有品牌的影响。

网络品牌实际上是企业产品或者线下品牌在互联网上的延伸。如果企业想在互联网上发展和营销,需要在互联网中心登记注册网络品牌,保证线下品牌在互联网上的安全使用。

重要名词12-2

网络品牌

简单来讲,网络品牌是企业在国家市场监督管理总局注册的商标在互联网上的应用场景延伸,是企业的无形资产。广义的网络品牌是指一个企业、个人或者组织在网络上建立的产品或者服务在人们心目中美好的形象。

2. 网络品牌的层次

品牌营销是极有效率的推广手段,品牌形象具有极大的经济价值。在网上购物,品牌更为重要。网络品牌包含以下三个层次。

(1)网络品牌要有一定的表现形式。一个品牌要想被认知,首先应该有其表现形式,即可以表明这个品牌确实存在的信息。网络品牌具有可认知的、在网上存在的表现形式,如域名、网站(网站名称和网站内容)、电子邮箱、网络实名/通用网址等。

(2)网络品牌需要一定的信息传递手段。网络品牌需要通过一定的手段和方式向用户传递有关信息,才能为用户所了解和接受。网络营销的主要方法如搜索引擎营销、网络广告营销等都具有网络品牌信息传递的作用。网络营销的方法和效果之间具有内在的联系,例如在进行网站推广的同时也达到了品牌推广的目的,只有深入研究其中的规律,才能在相同营销资源的条件下实现综合营销效果的最大化。

(3)网络品牌价值的转化。网络品牌的最终目的是获得忠诚用户并增加销售,因此网络品牌价值的转化过程是网络品牌建设中最重要的环节之一。用户从对一个网络品牌有了解到形成一定的转化,如网站访问量上升、注册用户人数增加、对销售的促进效果等,这个过程就是网络营销活动的过程。

12.2.2 网络品牌营销策划认知

好的营销不是建立庞大的营销网络,而是利用品牌符号把无形的营销网络铺建到社会公众心里,把产品输送到用户心里。品牌营销就是利用营销手段使用户形成对企业品牌和产品的认知的过程。企业要想不断获得和保持竞争优势,必须构建高品位的营销理念。

营销案例12-2

支付宝网络品牌营销

品牌营销的实质就是企业基于用户对产品的需求,用对产品或服务的质量、文化以及独特性的宣传来促进用户对品牌价值的认可,最终形成品牌效益的营销策略和过程。这一过程是运用各种营销策略使目标用户形成对企业品牌和产品、服务的认知、认识、认可的一个过程。

🎓 **重要名词12-3**

网络品牌营销

简单来讲，网络品牌营销是指企业、个人或其他组织机构以互联网为媒介，利用各种网络营销推广手段进行产品或者服务的推广，在用户心中树立良好的品牌形象，最终在满足用户需求的同时实现企业自身价值的过程。

---

1. 网络品牌营销的含义

网络品牌营销的重要任务之一就是在互联网上建立并推广企业的品牌，以及让企业的线下品牌在线上得到延伸和拓展。

网络营销为企业利用互联网建立品牌形象提供了有利的条件，无论是大型企业还是中小企业都可以用适合自己的方式展现品牌形象。

2. 网络品牌营销策划

网络品牌营销策划是网络营销策划的一部分，主要指为企业产品、店铺、网站等在网络上树立品牌形象和打造品牌定位进行的一系列策划。网络品牌营销策划主要包括以下步骤。

（1）企业网站中的网络品牌形象建设。企业网站是网络营销的基础，也是网络品牌建设和推广的基础，在企业网站中有许多可以展示和传播品牌的机会，如网站上的企业标志、网页上的内部网络广告、网站上的企业介绍和企业新闻等有关内容。

现在很多企业网站的问题是，要么缺乏良好的形象，难以抓住网民的眼球；要么一味追求美观，忽略了针对搜索引擎优化的设计。因此，营销人员一定要充分了解自己在网站建设方面需要做什么，不能做什么。

（2）网络广告宣传中的品牌传播。各企业都喜欢做广告，也把广告作为自己的制胜法宝。网络广告的作用主要表现在两个方面：品牌推广和产品促销。需要注意的是，做网络广告，一定要注意目的、方法和实施中的细节。竞争战略大师迈克尔·波特指出：只有不断坚持自己的战略且从不发生偏离，才能获得最终的胜利。只有保持广告主题和内容的统一性，才能在用户心中留下明确的品牌形象。

（3）搜索引擎营销中的网络品牌推广。搜索引擎是用户发现新网站的主要方式之一，用户在某个关键词检索的结果中看到的企业网站/网络品牌信息，是一个企业网站/网络品牌留给用户的第一印象。这一印象的好坏则决定了这一网站/网络品牌是否有机会进一步被用户认知。

网站被搜索引擎收录并且在搜索结果中排名靠前，是利用搜索引擎营销手段推广网络品牌的基础。这也说明，搜索引擎的品牌营销是基于企业网站的营销方法。

（4）电子邮件中的网络品牌建设和传播。企业每天都可能发送大量的电子邮件，其中有一对一的用户服务邮件，也有一对多的产品推广邮件或用户关系信息邮件。通过电子邮件向用户传递信息，已成为传播网络品牌的一种手段。

利用电子邮件传递营销信息时，邮件内容是最基本的，品牌信息的传播只有在保证核心内容优质的基础上才能获得额外的营销效果。

（5）网络事件营销中的品牌传播。作为需要充分利用网络优势打造品牌的企业，必须十分注重公关活动和网络事件营销，而品牌形象的树立和推广需要较高的品牌忠诚度和良好的口碑效应。根据企业规模和资金实力不同，在这方面的投入也应有所不同，关键是把握好广告费用和公关费用的平衡。

（6）用网络病毒营销推广品牌。网络病毒营销对网络品牌推广同样有效。例如，搞笑短视频是很多网友喜欢的内容之一。一个优秀的短视频往往会在很多网友中互相传播，在传播过程中，浏览者在欣赏画面内容的同时也会注意到视频中的品牌信息，这样就达到了品牌传播的目的。

（7）利用社会化媒体营销推广品牌。企业可以通过社会化媒体营销，如微博、微信、论坛、百度百科、问答等，与用户互动，传播企业品牌文化；也可以借助社会化媒体进行网络事件营销、病毒营销和软文营销。

重要信息12-2

怎样推广自己的网站

课堂测评

测评要素	表现要求	已达要求	未达要求
知识点	能掌握网络品牌营销的含义		
技能点	能初步认识网络品牌营销策划的步骤		
任务内容整体认识程度	能概述网络品牌营销与传统品牌营销的关系		
与职业实践相联系程度	能描述网络品牌营销的实践意义		
其他	能描述本课程与其他课程、职业活动等的联系		

12.3 网站推广策划

在互联网时代，企业建立一个网站似乎是很容易的，但这还远远不够。网站建立了，却没有人访问，那么就形同虚设了。因此，为了提高网站的营销能力和盈利能力，需要对网站进行推广。那么，什么是网站推广？

12.3.1 网站推广的解读

随着各大搜索引擎公司对自家搜索引擎进行改进，现在搜索引擎变得更加智能化，各个行业争夺排名的竞价成本越来越高，各企业的网站推广活动水平也越来越高。

1. 网站推广的含义

实践经验及相关研究表明，用户获取企业网站信息的主要途径包括搜索引擎、关联网站、网站链接、口碑传播、电子邮件、社会化媒体、网络广告等。每种网站推广方式都需要相应的网络工具，或者推广资源。

重要名词12-4

网站推广

简单来讲，网站推广就是以互联网为基础，借助平台和网络媒体的交互性来辅助营销目标实现的一种新型的市场营销方式。

网站推广可分为付费推广和免费推广，即SEM和SEO两种推广方式。简单来说，SEM是投钱买广告位，费用高、时效性强，但一旦停止投放就会失去所有效果，一般不能作为网站长期发展的推广方式；SEO则是通过搜索引擎优化技术对相关的网站页面做优化，使页面在搜索引擎上有良好的排名，从而获得流量，一旦网站有靠前的排名后，网站正常运营和定期更新页面有助于网站的排名保持稳定。SEO的缺点是时效性弱，需要一定的时间才可能有效果。

2. 网站推广的阶段

从网站推广运营的规律来看，网站推广一般会经历以下4个阶段。

（1）网站策划与建设期。在这一阶段，真正意义上的网站推广并没有开始，网站没有建成上线，也就不存在访问量的问题，但是这个阶段的网站推广仍然具有非常重要的意义。网站策划与建设期有以下几个方面的问题需要注意：营销人员应该开始重视网站推广问题，抓住有利时机；选择具有网络营销意识的专业人员，统筹协调工作任务，保证网站的建设质量；随时进行论证，使网站推广的负面影响降到最低。

（2）网站发布初期。网站发布初期通常指网站正式开始对外宣传之后半年左右的时间。企业营销人员应该尽可能在这个阶段尝试应用各种常规的基础网络营销方法，同时要注意合理利用营销预算。如果企业对有些网络营销方法的有效性尚没有很大的把握，过多的投入可能导致后期推广资源的缺乏。在这个阶段所采用的每项具体网站推广方法，都有相应的规律和技巧。

（3）网站访问量增长期。经过网站发布初期的推广，网站拥有了一定的访问量，并且访问量在快速增长中，这个阶段仍然需要继续保持网站推广的力度，并对前一阶段的效果进行分析，发现最适合本网站的推广方法。在这一阶段，营销人员仅靠对网站推广基础知识的了解和应用可能是不够的。这一阶段对网站推广的方法、目标和管理都提出了更高的要求，有时甚至需要借助专业机构的帮助才能取得进一步的发展。这也就说明，这个阶段对网站进入稳定期具有至关重要的影响，如果没有借助专业的手段而任其自然发展，网站的访问量很可能在较长时间内只能维持在较低水平上，最终限制网络营销效果的发挥。

（4）网站稳定期。网站从发布到进入稳定期，一般需要很长的时间。网站发展到稳定期并不意味着推广工作的结束，网站的稳定意味着前期的推广工作达到阶段目标，保持网站的稳定并谋求进入新的增长期仍然是一项艰巨的任务。

12.3.2 网站推广策划认知

网站推广策划是网络营销策划的组成部分。网站推广策划不仅是网站推广的行动指南，也是检验推广效果是否达到预期目标的标准。网站推广策划的基础是分析用户获取网站信息的主要途径，也是发现网站推广的有效方法。

1. 网站推广策划的含义

网站推广策划是指企业在特定的网络营销环境和条件下，为达到一定的营销目标而进行的策略思考与方案规划的过程，其目的是制订一个有效且符合企业自身条件的网络营销方案。

2. 网站推广策划的内容

与完整的网络营销策划相比，网站推广策划相对简单。一般来讲，网站推广策划包括以下内容。

（1）环境分析。① 企业网站现状分析。统计企业网站的流量数据，包括流量来路统计、浏览页面和入口分析、客流地区分析、搜索引擎与关键词分析、客户端分析，以及站点页面分析、网站运用技术和设计分析、网络营销基础分析、网站运营分析等，了解企业网络营销和网站推广的现状和存在的问题。② 竞争对手网站推广分析。竞争对手网站推广分析包括分析竞争对手的网站现状、使用的推广方法和媒介、搜索引擎收录情况、链接情况、PR、IP、PV等。③ 网站推广SWOT分析（态势分析）。分析企业自身和网站的优势与劣势，以及外部的机会与威胁，明确推广的重点。

（2）设定网站推广目标。① 阶段性目标，包括每天IP访问量、PV、各搜索引擎收录量、外部链接每阶段完成量、网站的排名、PR值权重、关键词数量，以及各搜索引擎排名情况、网络推广实际转化的客户数量等。例如通过网站推广直接或间接带来的电话量目标、销售额目标、用户注册数目的目标（主要针对行业综合网站）。② 明确网站推广的目标用户。列出目标用户群体，明确目标用户的特征，明确目标用户集中的平台。

（3）选择网站推广方法和策略。分析收集的资料，选择网站推广方法与策略，列出将要使用的推广方法，如搜索引擎营销、微博营销、微信营销等，对每一种网络推广方法的优劣势及效果等做分析及确定具体实施措施。

（4）工作进度及人员安排。依据方案制订详细的计划进度表，控制方案执行的进程，详细罗列推广活动，安排具体的人员负责落实，确保方案得到有效的执行。

（5）确认网站广告预算。通过规划控制让广告费用发挥最大的网络推广效果，定期分析优化账户结构，减少资金浪费，让推广效果最大化。

（6）效果监测评估。利用监控工具对数据来源、点击量等进行监测跟踪，帮助企业及时调整推广的策略，并对每阶段进行效果评估。

（7）风险预案。提前制作风险预案，当市场变化时，实时调整、优化自己的方案，使网站推广效果最大化。

课堂测评

测评要素	表现要求	已达要求	未达要求
知识点	能掌握网站推广策划的含义		
技能点	能初步认识网站推广策划的内容		
任务内容整体认识程度	能概述网站推广策划与传统营销策划的联系		
与职业实践相联系程度	能描述网站推广策划的实践意义		
其他	能描述本课程与其他课程、职业活动等的联系		

小　结

```
                        ┌──────────────┐      ┌──────────────────┐
                        │  网络营销策划  │─────│  网络营销策划的解读  │
                        └──────────────┘  │   └──────────────────┘
┌────┐                                    │   ┌──────────────────┐
│网  │                                    └───│  网络营销策划的流程  │
│络  │                                        └──────────────────┘
│营  │─── ┌──────────────┐      ┌──────────────────┐
│销  │    │网络品牌营销策划│─────│  网络品牌认知        │
│策  │    └──────────────┘  │   └──────────────────┘
│划  │                      │   ┌──────────────────┐
└────┘                      └───│  网络品牌营销策划认知 │
                                └──────────────────┘
         ┌──────────────┐      ┌──────────────────┐
         │  网站推广策划  │─────│  网站推广的解读      │
         └──────────────┘  │   └──────────────────┘
                           │   ┌──────────────────┐
                           └───│  网站推广策划认知    │
                               └──────────────────┘
```

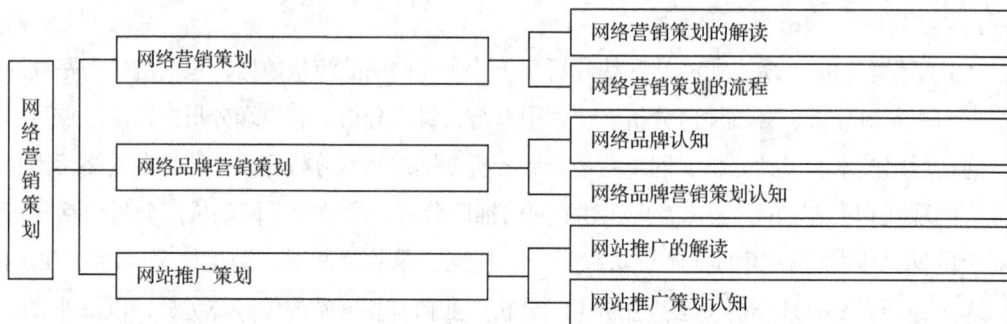

教学做一体化训练

重要名词

网络营销策划　　　网络品牌　　　网络品牌营销　　　网站推广

课后自测

一、单项选择

1. 下列不属于网站推广阶段的是（　　　）。

　　A. 网站策划与建设期　　　　　　　　B. 网站访问量增长期

　　C. 网站发布初期　　　　　　　　　　D. 网站衰退期

2. 营销人员可以通过分析（　　　）找到影响用户决策的关键点。

　　A. 用户行为　　　　　　　　　　　　B. 用户思想

　　C. 用户动作　　　　　　　　　　　　D. 用户体验

3. 网络营销策划中，效果监控与评估指标数据目标要（　　）。

  A. 计算　　　　　　　　　　　B. 合理

  C. 原创　　　　　　　　　　　D. 互动

4. 网络品牌是企业的（　　）。

  A. 无形资产　　　　　　　　　B. 网站象征

  C. 营销通路　　　　　　　　　D. 表现形式

5. 网站推广的基本工具与资源都是一些常规的（　　）。

  A. 微信内容　　　　　　　　　B. 网络软文

  C. 互联网应用内容　　　　　　D. 第三方内容

二、多项选择

1. 网络品牌包含（　　）三个层次。

  A. 有一定表现形式　　　　　　B. 有一定信息传递手段

  C. 价值的转化　　　　　　　　D. 企业博客

2. 网络事件营销中的品牌传播与（　　）等因素有关。

  A. 企业规模　　　　　　　　　B. 资金实力

  C. 广告费用与公关费用的平衡　　D. 企业博客

3. 网站推广的阶段性目标指标包括（　　）。

  A. 每天IP访问量　　　　　　　B. PV

  C. 各搜索引擎收录量　　　　　D. 外部链接每阶段完成量

4. 从网站推广运营的规律来看，网站推广一般会经历（　　）。

  A. 网站策划与建设期　　　　　B. 网站发布初期

  C. 网站访问量增长期　　　　　D. 网站稳定期

三、判断

1. 网络营销策划只对网络功能部分进行策划。　　　　　　　　（　　）

2. 网络营销策划不需要考虑企业的整体营销定位。　　　　　　（　　）

3. 网络品牌是企业注册商标在互联网上的体现。　　　　　　　（　　）

4. 网站推广只需建设好网站，不需要分析用户。　　　　　　　（　　）

四、简答

1. 什么是网络营销策划？

2. 网络品牌营销策划的步骤主要有哪些？

3. 网站推广的阶段有哪些？

4. 网站推广效果怎样评估？

📖 同步实训

实训名称：网络营销策划活动认知。

实训目的：认识网络营销策划活动，理解其实际意义。

实训安排：

1．学生分组，选择不同新媒体类型，搜集一些网络营销策划活动案例，归纳分析活动过程设计、效果监测方法，选择一些有趣的细节，讨论分析，总结概括出这些活动能够给商家带来的影响。

2．学生分组，收集身边的一些企业开展网络营销策划活动的案例，选取一个企业，分析讨论，并概括其网络营销的目标人群。

3．分组将讨论成果以PPT形式进行展示，并由教师组织全班讨论与评析。

实训总结：学生小组交流不同企业、行业的分析结果，教师根据讨论成果、PPT、讨论分享中的表现分别对每组进行评价打分。

📈 学生自我学习总结

通过完成任务12网络营销策划，我能够进行如下总结。

一、主要知识

> 概括本任务的主要知识点：
>
> 1．
>
> 2．

二、主要技能

> 概括本任务的主要技能：
>
> 1．
>
> 2．

三、主要原理

> 你认为，网络营销策划与传统营销策划的关系是：
>
> 1．
>
> 2．

四、相关知识与技能

1. 网络营销策划的意义有：

2. 网络品牌的层次有：

3. 网站推广的意义是：

五、成果检验

1. 完成本任务的意义有：

2. 学到的知识或技能有：

3. 自悟的知识或技能有：

4. 对我国老字号品牌网络营销策划活动的初步看法是：

参考文献

[1]赵轶. 市场营销[M]. 3版. 北京：清华大学出版社，2018.

[2]唐乘花. 数字新媒体营销教程[M]. 北京：清华大学出版社，2016.

[3]谭贤. 新媒体运营——从入门到精通[M]. 北京：人民邮电出版社，2017.

[4]秦阳,秋叶. 社群营销与运营[M]. 北京：人民邮电出版社，2017.

[5]肖凭. 新媒体营销实务[M]. 北京：中国人民大学出版社，2018.

[6]何晓兵. 网络营销基础与实务[M]. 2版. 北京：人民邮电出版社，2021.

[7]惠亚爱,乔晓娟. 网络营销：推广与策划[M]. 北京：人民邮电出版社，2016.

[8]凌守兴,王利锋. 网络营销实务[M]. 北京：人民邮电出版社，2017.

[9]江礼坤. 网络营销与推广——策略、方法与实战[M]. 北京：人民邮电出版社，2017.

[10]陈德人. 网络营销与策划——理论、案例与实训[M]. 2版. 北京：人民邮电出版社，2022.

[11]黄守峰,黄兰,张瀛. 直播电商实战[M]. 北京：人民邮电出版社，2022.

[12]黎军,周丽梅. 直播电商基础与实务[M]. 北京：人民邮电出版社，2022.